AtV

Caroline Hanken wurde 1956 in Kanada geboren. Sie wuchs in den U.S.A. auf, studierte Geschichte und promovierte in Amsterdam über die Stellung der königlichen Mätressen. Heute arbeitet sie als Journalistin für Rundfunk und Fernsehen.

Die Autorin entwirft ein detailreiches, nuanciertes Bild jener Frauen, die im 17. und 18. Jahrhundert als königliche Matressen die höfische Gesellschaft prägten. Ihre Studie versammelt klangvolle Namen wie Madame de Maintenon, Madame de Montespan und Madame de Pompadour, um das komplexe Machtgefüge des königlichen Umfeldes zu analysieren. Ohne sich in biographischen Details zu verlieren oder im Quellenmaterial zu ertrinken, gelingt ihr ein neues, umfassendes Porträt dieser Zeit.

Caroline Hanken

Vom König geküßt

Das Leben der großen Mätressen

Aus dem Niederländischen
von Christiane Kuby

Aufbau Taschenbuch Verlag

Die Originalausgabe mit dem Titel
Gekust door de koning
erschien 1996 bei J. M. Meulendorff bv in Amsterdam.

ISBN 3-7466-1590-9

1. Auflage 1999
Aufbau Taschenbuch Verlag GmbH, Berlin
© 1996 Caroline Hanken
© 1996 Berlin Verlag
Verlagsbeteiligungsgesellschaft mbH & Co KG
Umschlaggestaltung Preuße & Hülpüsch Grafik Design
unter Verwendung des Gemäldes »Jeanne Antoinette Poisson,
Marquise de Pompadour (1721–1764)«
von Francois Boucher, AKG Berlin
Druck Clausen & Bosse, Leck
Printed in Germany

FÜR HANS VAN ZWOL

INHALT

EINLEITUNG

L udwig XIV. hatte Verhältnisse mit mehreren Frauen, doch über die Liebe hegte er keine Illusionen. Seine Stellung machte ihm eine unbefangene Beziehung zu einer Frau nahezu unmöglich. »Das Herz eines Fürsten ist Angriffen ausgesetzt wie eine Festung«[1], schreibt er im Jahre 1667 in seinen Memoiren und warnt seinen Sohn vor Frauen, die es darauf anlegen, für sich und ihre Familie jeden nur möglichen Vorteil herauszuschlagen. Der König hatte allen Grund zur Vorsicht.

Die Höflinge wunderte diese nüchterne Einstellung zur Liebe nicht, denn Berechnung spielte am Hof in fast allen Beziehungen eine gewisse Rolle. Persönliche Angelegenheiten vermischten sich mit geschäftlichen, und je höher einer in der Hierarchie stand, um so mehr war er von Leuten umringt, die ihre eigenen Interessen über die Freundschaft stellten. Auch in der Geschichte der königlichen Mätressen geht es daher um mehr als um Romantik und Leidenschaft.

Dieses Buch stützt sich auf Tatsachen, wie sie uns aus zeitgenössischen Briefen, Memoiren und Biographien bekannt sind.

Über die berühmtesten Mätressen der französischen Könige gibt es zahlreiche Biographien, in denen ihre Affären jedoch ausnahmslos als private Liebesgeschichten behandelt werden. Hier soll jedoch die Stellung der Mätresse als Institution sichtbar werden, wie sie sich innerhalb einer sich wandelnden Hofkultur entwickelte.[2]

Die Stellung der königlichen Mätresse hat sich im Lauf der Jahrhunderte gewandelt. Zwischen 1444 und 1774 stieg die

Mätresse vom unbedeutenden Animiermädchen zur einfluß-
reichsten Frau am Hof auf. Nach der Französischen Revolution
verschwand sie fast völlig, und heute beschäftigt sich vor allem
die Regenbogenpresse mit ihr. Diese Entwicklung läßt sich nicht
einfach vom subjektiven Empfinden der Beteiligten herleiten.

Norbert Elias prägte 1969 den Begriff der »Figuration«, mit
dem er den engen Zusammenhang zwischen dem Verhalten des
Königs und dem der Höflinge sowie aller anderen Individuen
am Hof darstellte.[3] Auch das vorliegende Buch will Geschichte
nicht als eine Reihe von Ereignissen beschreiben, die von einzelnen Menschen verursacht wurden, sondern vielmehr als ein
sich ununterbrochen wandelndes Geflecht menschlicher Beziehungen. So beschrieb Elias Ludwig XIV. auch nicht als
Monarchen, der mit absoluter Macht über seine Untertanen
herrscht, sondern als einen Mann, der, um sein Prestige zu wahren, fortwährend auf seine Verwandten, auf die Höflinge und
auf die Bürgerschaft achten muß.

Während sich Elias' wichtiges Buch *Die höfische Gesellschaft*
auf die Beziehung zwischen dem König und den Höflingen konzentriert, werden die Königin und die königliche Mätresse dort
nahezu ganz außer acht gelassen. Wie sich zeigen wird, spielte
aber vor allem die Mätresse eine wichtige Rolle am Hof. In
einer solchen Perspektive wird auch deutlich, daß die Liebschaft des Königs nicht »privat« ist, sind doch die Kategorien
»privat« und »öffentlich« selbst starken historischen Veränderungen unterworfen.

Im 15. Jahrhundert war der Hof nicht viel mehr als ein
Heereslager. Der König zog mit seinen Rittern kämpfend und
plündernd durchs Land, während die Frauen das Lehen verwal-
teten.[4] Dem Heer folgte ein ganzer Troß von Prostituierten;
eine Mätresse von adliger Herkunft wäre in dieser Umgebung
fehl am Platze gewesen, wie es das Beispiel der Agnès Sorel
zeigt, die 1444 die Mätresse Karls VII. wurde. Der König mußte
sie zu Hause lassen, zum großen Ärger der Königin, in deren

Hofhaltung er sie unterbrachte. Als Agnès Sorel sechs Jahre später im Wochenbett starb, sollte es über sechzig Jahre dauern, bis eine neue Mätresse in Erscheinung trat.

Ab der zweiten Hälfte des 15. Jahrhunderts begann die Hofkultur sich allmählich zu verändern. Es war dem König gelungen, feste Steuern einzuführen, mit denen ein stehendes Heer finanziert werden konnte. Der Hof bekam immer mehr die Funktion eines Verwaltungszentrums und bestand nicht mehr ausschließlich aus Rittern. Der Königshof wuchs ständig, und die Königin nahm mehr und mehr Frauen in ihren Haushalt auf. Durch diese Entwicklungen verlor die militärische Kultur an Gewicht, und der Einfluß der Frauen wuchs.[5]

So wurde der Aufenthalt am Königshof für Frauen wesentlich angenehmer, und ab Anfang des 16. Jahrhunderts finden wir dort verschiedene königliche Mätressen, wie etwa Anne d'Heilly, Diane de Poitiers und Henriette d'Entragues. Ihre Beziehung zum König wurde mehr oder weniger offiziell anerkannt, wenn ihr Einfluß auch noch beschränkt war.

Mit der Regierung Ludwigs XIV. änderte sich die Position der Mätresse grundlegend. Der Hof hatte sich allmählich zu einem schwerfälligen bürokratischen Apparat mit Tausenden von Menschen entwickelt. Mit der zunehmenden Distanz zwischen dem König und seinen Höflingen[6] nahm die Macht der Mätresse zu. Als Vermittlerin für diejenigen, die ihre Gesuche an den König über sie einreichen mußten, konnte sie allmählich eine eigene Klientel aufbauen. Damit wuchsen ihre Möglichkeiten, ihren Einflußbereich bei Hof zu vergrößern, und ihr Ansehen stieg innerhalb von hundert Jahren in einem solchen Maße, daß ihr Status dem der wichtigsten Minister des königlichen Kabinetts vergleichbar wurde. Deshalb setzt die Geschichte der Stellung der Mätresse in diesem Buch mit der ersten außerehelichen Beziehung Ludwigs XIV. ein, einer Affäre, die noch als einfache Romanze begann, in die jedoch rasch der ganze Hof verwickelt wurde.

VON DACHSTUBEN UND PRUNKSÄLEN

DIE UNTERKUNFT DER MÄTRESSE
IM KÖNIGLICHEN PALAST

Am französischen Hof des 17. und 18. Jahrhunderts gingen täglich Tausende von Menschen ein und aus: Die einen wohnten dort, andere machten Geschäfte, wieder andere kamen aus reiner Neugier. Es war ein ständiges Gedränge auf den Treppen, in den Galerien und Antichambres. An hohen Feiertagen war der Palast manchmal so voll, daß ein wahres Getümmel entstand, wie ein Amsterdamer Kaufmann berichtet, der Versailles im Juni 1778 besuchte:[1]

> Zuerst sahen wir den König zur *Paroisse* oder Hauptkirche ausfahren; die große Anzahl der Leibwächter und Hellebardiere, das Gefolge der hohen Herren und prächtig gekleideten Damen sind für einen Fremden ein erstaunlicher Anblick. Die Damen werden zuerst aus ihren Gemächern in Tragstühlen die Treppen hinauf und ins Gemach des Königs gebracht. [...] unzählige Menschen, gemeine Bauern, Bürger und Edelleute, stürmten die Treppen hinauf, spazierten die Galerien entlang, traten in Gemächer ein [...]. Die Menge der Menschen in der Kirche kann man sich gar nicht vorstellen: Wir wurden fast plattgedrückt. Als wir aus der Kirche kamen, sahen wir uns im Hof um; durch die Eingänge mußte man sich so drängeln, daß ich befürchtete, unsere Kleider würden zerrissen ...[2]

Der Palast erfüllte viele Funktionen: Er war sowohl Residenz des Königs und seiner Familie als auch Sitz der Landesg und der höchsten Gerichtsbarkeit; außerdem diente mächtigsten Adligen Frankreichs als Wohnsitz und Arbeitsplatz. Durch diese Verflechtung der verschiedenen Funktionen war das Gebäude ständig überfüllt.

Im Mittelpunkt des Menschenstroms stand der König, auf ihn waren aller Augen gerichtet. Mit einem einzigen Wort konnte er über das Schicksal eines Menschen entscheiden, denn er allein verwaltete und verteilte die Reichtümer des Landes. Die nie nachlassende Aufmerksamkeit für seine Person forderte große Selbstbeherrschung von ihm. Wollte er die Macht, die er ausübte, dauerhaft aufrechterhalten, dann mußte er ständig auf seine Wirkung bedacht sein; er mußte Distanz wahren, jede spontane Regung unterdrücken und sich würdevoll und gemessen durch den Palast bewegen.[3] Dennoch wagte er es, sich eine Freiheit herauszunehmen, die in den Augen vieler eine Schande bedeutete: Er nahm sich neben seiner Ehefrau eine Mätresse. Obwohl die königlichen Mätressen in späteren Jahren eine wichtige Rolle in der Öffentlichkeit spielen sollten, befriedigten sie doch in erster Linie das Bedürfnis des Königs nach einer intimen Beziehung. Zu diesem Zweck mußte sich der König allerdings mit seiner Mätresse zurückziehen können. Wie war das in seiner Position zu verwirklichen? Wo konnte er, von so vielen Schaulustigen umstellt, eine Frau unterbringen, mit der er sich regelmäßig allein treffen wollte?

Im Zeitraum zwischen 1661 und 1774 lösten Ludwig XIV. und Ludwig XV. dieses Problem auf unterschiedliche Weise. Da die Unterkunft der Mätressen nicht geheimzuhalten war, mußte eine für die Höflinge wie auch für die königliche Familie und den Klerus akzeptable Lösung gefunden werden. Darum sind die verschiedenen Unterkünfte der Mätressen im Palast nie von der Entwicklung ihrer Stellung am Hof zu trennen.

Man ist versucht, auf einem Grundriß einzuzeichnen, wo die Höflinge untergebracht waren, und daraus zu folgern, in welcher Beziehung sie zueinander standen.[4] Ein Grundriß kann jedoch nicht mehr sein als die statische Wiedergabe einer dynamischen Situation. Da menschliche Beziehungen ständig in Bewegung sind, halten Menschen sich auch nicht immer dort auf, wo man sie ihrer Stellung entsprechend erwarten würde. Zudem ist die Verteilung des Raumes nicht nur das Resultat einer sozialen Entwicklung, sie ist selber ein Teil davon. Die Nutzung des Raums ist nur eines der Mittel, das Menschen einsetzen, um sich ihren Platz innerhalb einer Gruppe zu erobern, vergleichbar etwa mit der Art und Weise, wie eine Armee die Bedingungen des Schlachtfeldes nutzt, um den Verlauf der Kampfhandlungen zu beeinflussen.

Die Unterkunft einer Mätresse entsprach denn auch nicht immer genau ihrer Position. Ein bescheidenes Domizil fern vom höfischen Rampenlicht hielt die Entrüstung der Höflinge in Schranken, während auf der anderen Seite eine Unterbringung über ihrem Stand der Mätresse Gelegenheit gab, ihre Stellung zu verteidigen und zu stärken. Vieles hing von anderen Entwicklungen ab, die mit ihrem Status zu tun hatten.

Auch die sich wandelnde Position des Königs spielte eine wichtige Rolle. Die wachsende Spannung zwischen seinen öffentlichen Verpflichtungen und seinen privaten Bedürfnissen versuchte er zu vermindern, indem er den Raum immer von neuem einteilte und anderen mehr oder weniger zugänglich machte. An diesem Prozeß war die Mätresse unmittelbar beteiligt, da der König einen Teil seiner Zeit mit ihr allein verbringen wollte. Denn obwohl er über geradezu unbeschränkte Mittel verfügte und so viele Paläste bauen und umbauen lassen konnte, wie er wollte, war es für ihn schwierig, sein Bedürfnis nach einer Intimsphäre zu befriedigen. Dem enormen Druck, den seine Umgebung auf ihn ausübte, hielt auf die Dauer keine Mauer stand.

HEIMLICHE LIEBSCHAFT
UND ÖFFENTLICHES LEBEN
(1661–1664)

Kaum ein Jahr nachdem Ludwig XIV. 1660 mit der spanischen Infantin Maria Teresa (Marie-Thérèse) verheiratet worden war, fing er eine Beziehung zu Louise de La Vallière an. Im Gegensatz zu den französischen Königen des 15. und 16. Jahrhunderts fühlte er sich anfangs genötigt, die Beziehung geheimzuhalten. Seit fünfzig Jahren hatte es keine königliche Mätresse mehr gegeben, und eine Liebesbeziehung wurde daher am Hof nicht mehr ohne weiteres akzeptiert.[5] Zwar hatte Louise berühmte Vorgängerinnen wie Agnès Sorel und Diane de Poitiers, doch diese hatten unter völlig anderen Umständen gelebt; damals hatte der König sein Land als Heerführer regiert, und die Männer waren noch in erster Linie Ritter gewesen. Der königliche Hof war wesentlich kleiner, das Leben weniger reglementiert.[6] Seit dem 17. Jahrhundert wurden zudem außereheliche Beziehungen vom Klerus aufs strengste verurteilt und konnten mit Exkommunikation bestraft werden. Daher hielten die Adligen ihre Affären möglichst geheim, und es geschah des öfteren, daß unverheiratete, von ihrem Herrn geschwängerte Dienstmädchen aus dem Haus oder sogar aus ihrem Dorf verjagt wurden. Nur Könige und mächtige Adlige konnten sich bisweilen uneheliche Kinder ganz offen erlauben.[7] Ludwig XIII. (1601–1643) hatte den Gedanken an eine Liaison verabscheut, und so hatte es während der dreiunddreißig Jahre seiner Herrschaft keine königliche Mätresse am Hof gegeben. Als Louise de La Vallière 1661 die Geliebte Ludwigs XIV. wurde, konnte sie sich nicht mehr selbstverständlich in eine Mätressentradition einreihen.[8]

Ezechiel Spanheim, Gesandter des Kurfürsten von Brandenburg, verfaßte beim Verlassen seines Postens einen detaillierten Bericht über den Hof Ludwigs XIV., dessen erster Teil einige Seiten über die guten und schlechten Eigenschaften des Königs enthält und dabei auch dessen außereheliche Beziehungen erwähnt. Ludwig hatte sich, so Spanheim, vor seiner Affäre mit Louise mehreren anderen Hofdamen genähert, die jedoch aus Angst, ihre Chancen auf dem Heiratsmarkt zu verspielen, nicht auf seine Avancen eingegangen waren. Die Position der königlichen Mätresse galt demnach noch als unehrenhaft. Daß Louise dem König schließlich nachgab, habe seinen Grund darin, daß sie einer verarmten adligen Familie entstammte, was ihre Aussichten auf eine gute Heirat verringerte. Dem Gesandten zufolge war sie auch weniger schön als die anderen Damen, die den König abgewiesen hatten.[9]

Louise mußte sich an einem Hof zurechtfinden, der aus der königlichen Familie und etwa zehntausend Höflingen mit ihrer Dienerschaft bestand.[10] Ein Höfling war ein Adliger im Dienst des Königs; er konnte im Heer dienen oder ein Amt am Hof bekleiden, zum Beispiel als Kammerherr oder als Mundschenk beim Großen Gedeck. Posten in der Hofhaltung waren meist zeremoniell und beinhalteten wenig mehr als einen Tisch zu decken oder dem König Wein einzuschenken. Höhere Ämter brachten mehr Verantwortung mit sich, doch heißbegehrt waren sie vor allem dadurch, daß sie ihren Trägern ermöglichten, sich täglich in der Nähe des Königs aufzuhalten. Obwohl der zeremonielle Inhalt des Amtes peinlich genau festgelegt war, ergab sich doch reichlich Gelegenheit, die aus ihm erwachsenden Vorteile zu nutzen. Die Art und Weise, wie ein Amt ausgeübt wurde, hing völlig von der Person ab, die es innehatte. Wer aus einer einflußreichen Familie mit vielen Verbindungen stammte und einen scharfen Blick für die politischen Verhältnisse hatte, konnte am Hof viel erreichen; wer jedoch mit einer kleineren Anhängerschaft auf dem gleichen Posten saß, erreichte gar nichts.[11] Da an die Hofbeamten keine formalen

Anforderungen gestellt wurden, konnte sich auch die Mätresse einen Platz am Hof erobern. Es gab keine Gesetze oder Regeln, die ihre Anwesenheit hätten verbieten können, und so konnte sie sich wie alle anderen um die Gunst des Monarchen bemühen.

Die Höflinge waren fortwährend in einen harten Konkurrenzkampf miteinander verwickelt. Um sich zu behaupten, mußte die Mätresse sich an diesem Wettstreit beteiligen. Alle bemühten sich um Privilegien, um Orden oder ehrenvolle Stellungen für sich selber oder für ein Mitglied des eigenen Clans. Ränke wurden geschmiedet, andere Kandidaten angeschwärzt, und die weniger begüterten Adligen baten die Ranghöheren, ihnen beim König Gehör zu verschaffen. Viele Höflinge hofften, der König würde seine Mätresse durch eine Frau aus ihrer Clique ersetzen und ihnen damit zu mehr Einfluß verhelfen. Daher mußte die Mätresse ständig vor Verdächtigungen und Komplotten auf der Hut sein. Von Tag zu Tag endeten die Scharmützel abwechselnd mit Gewinn oder Verlust, doch über die größere Zeitspanne von 1661 bis 1774 betrachtet, wuchs das Ansehen der Mätresse. Sie nahm auf immer mehr Bereiche des Hoflebens Einfluß und wurde mit immer größerem Respekt behandelt. Den einfachsten und konkretesten Hinweis auf ihr wachsendes Prestige bietet der Status der Unterkünfte, die der König ihr zuwies.[12]

Unter Ludwig XIV. wurde der Lage einer Wohnung im Palast großes Gewicht beigemessen, da der Hof als wichtigster Aufenthaltsort des Adels galt. Die Vorgänger Ludwigs XIV. waren noch nomadische Könige gewesen, die mit ihrer gesamten Hofhaltung von einer Burg zur anderen zogen und auch des öfteren ihre Zelte unter freiem Himmel aufschlugen. Durch die wachsende Zentralisierung der Macht und Entwicklungen in der Infrastruktur des Landes änderte sich diese Lebensweise. Im 15. und 16. Jahrhundert verweilte der Hof nie lange an einem Ort. Die Bauern konnten so viele Menschen ganz einfach nicht über einen längeren Zeitraum verpflegen. Erst mit der Zunahme des Handels und dem allmählichen Übergang von der Tausch- zur Geldwirtschaft konnten so viele Vorräte angelegt werden, daß das Reisen weniger dringlich wurde. Zudem waren Reichtum und Macht des Königs inzwischen so gewachsen, daß er Verschwörungen des Hochadels weniger zu befürchten hatte und nicht mehr alle Teile des Landes zu über- wachen brauchte.[13] Unter Ludwig XIV. wurde Frankreich im- mer mehr von einer zentralen Stelle aus regiert. In den An- fangsjahren seiner Herrschaft befand sich der Hof in Paris, ab 1682 in Versailles. Der König hielt sich zwar noch manchmal in seinen kleineren Schlössern wie Fontainebleau, Marly und Saint-Germain-en-Laye auf, doch dies entsprang seinem Bedürfnis, sich dem Druck der Hofetikette zu entziehen, und diente keinem logistischen oder militärischen Zweck.[14]

An den Palästen des Königs wurde unablässig gebaut. Der Louvre wurde zwischen 1546 und 1664 mehrfach um neue Flügel und Anbauten erweitert, und dennoch war er nie groß genug, um alle bequem unterzubringen. Da der Hof der Ort war, an dem Privilegien und wichtige Ämter verteilt wurden, übte er eine große Anziehungskraft auf alle aus, die es zu Amt und Würden bringen wollten. Darum war es dort immer voll, und man mußte dauernd zusammenrücken. Zimmer wurden vom König zugeteilt, Kosten oder Bequemlichkeit spielten da- bei eine untergeordnete Rolle. Das wichtigste Kriterium bei der Verteilung des Wohnraums war der Rang des zukünftigen Bewohners.[15]

Der Status einer Unterkunft hing von der Größe des Raums, von der Aussicht und vom Reichtum der Ausstattung ab, aber viel mehr noch von dem Verhältnis, in welchem das Zimmer sich zu den Gemächern des Königs befand. Je größer die Nähe zum König im wörtlichen Sinne, um so höher das Ansehen. Zimmer in der direkten Umgebung des Königs gab es jedoch nur wenige, und die meisten Höflinge mußten sich mit einer

kleinen Unterkunft inmitten von Hunderten ihresgleichen
begnügen, in der Hoffnung, irgendwann einmal zu einem bes-
seren Logis zu kommen.

Als Ludwig ein Verhältnis mit Louise begann, war sie Ehrenjungfer bei seiner Schwägerin, Prinzessin Henriette von England. Sie wohnte mit den anderen Hofdamen im Pavillon der
Prinzen. Ludwig bewohnte die Prunkgemächer des königlichen
Palastes, in denen tagtäglich unzählige Hofleute ein und aus
gingen. Da der König das ganze Land als sein persönliches
Eigentum betrachtete, gab es für ihn keine deutliche Trennung
von öffentlichem und privatem Bereich. Das Schloß war seine
Wohnung, und die Hofleute waren seine Diener. Jeden Morgen erschienen sie an seinem Bett, um dem *lever* beizuwohnen
und zuzusehen, wie privilegierte Höflinge ihm beim Ankleiden
halfen. Den ganzen Tag über war er von Höflingen umringt,
die jede seiner Bemerkungen und Gebärden genauestens verfolgten und daraus zu schließen versuchten, ob und wie sehr
sie in seiner Gunst standen. Der König hatte kaum Gelegenheit, sich unauffällig zurückzuziehen, denn auch seine Abwesenheit fiel sofort auf.[16]

Unter diesen Umständen war es schwierig, eine heimliche
Liaison zu pflegen. Dennoch gelang es Ludwig bisweilen, sich
mit Louise in eine kleine Kammer auf der obersten Etage des
Palais zu flüchten, die ihnen ein Höfling bereitwillig zur Verfügung gestellt hatte. Manchmal ritten sie auch nach Versailles, wo damals nur ein kleines Jagdschloß stand und wo sie
sich weniger beobachtet fühlten.

Obwohl es dem König also unmöglich war, die Beziehung
wirklich geheimzuhalten, war er anfänglich darauf bedacht,
Diskretion zu wahren. Als Louise 1663 jedoch schwanger
wurde, konnte sie nicht länger im Dienst der Prinzessin bleiben; sie mußte den Hof verlassen. Da der König in seiner
eigenen Hofhaltung keine Frauen hatte, konnte er sie nicht
bei sich aufnehmen. Doch da er sie in seiner Nähe behalten

wollte, kaufte er ihr ein kleines Schloß unweit vom Palais-
Royal, das er für sie einrichtete und mit Personal versah. Dort
führte sie ein zurückgezogenes Leben; Ludwig besuchte sie fast
täglich. Unter strengster Geheimhaltung wurden zwei ihrer
Kinder geboren, die ihr sofort nach der Geburt wieder genommen wurden, um im verborgenen großgezogen zu werden. Ihre
bevorzugte Stellung brachte Louise wenig Vorteile: Ihr Leben
glich dem der römischen Kurtisanen des 16. Jahrhunderts, die
niemals mit ihrem Geliebten unter einem Dach wohnten, sondern ihn in luxuriös eingerichteten Boudoirs voller Kunstwerke
und exotischer Kleinodien empfingen, wo üppige Mahlzeiten
aufgetragen wurden.[17]

DIE ZWEI HAUSHALTE DES KÖNIGS
(1664–1682)

Athénaïs de Montespan, eine der Freundinnen, die Louise
regelmäßig besuchten, kam am liebsten dann, wenn der König
zugegen war. Sie war Hofdame der Königin und stand in dem
Ruf, eine der lebhaftesten und schönsten Frauen am Hof zu
sein.[18] Durch ihre Freundschaft mit Louise lernte sie den König
in der ungezwungenen Atmosphäre des Hauses seiner Mätresse kennen, und wenige Jahre später, 1668, sollte sie ihre
Nachfolgerin werden.

Inzwischen hielt Ludwig seine Beziehung zu Louise nicht
länger geheim. Er hatte sie nach und nach bei immer mehr
Zusammenkünften und Festen als seine Mätresse eingeführt.
Schließlich hatte sich auch die Königin mit der Situation abgefunden, und nach einiger Zeit erschien Louise sogar zu den
privaten Abendgesellschaften.[19]

Doch die neue Favoritin des Königs, Madame de Montespan, machte dies alles zunichte. Da sie verheiratet war und ihr Mann sich dem Verhältnis widersetzte, konnte sie nicht sofort als *maîtresse en titre* ins Rampenlicht treten. Die Beziehung wurde geheimgehalten, da Ludwig fürchtete, der Marquis de Montespan könnte die unehelichen Kinder seiner Frau für sich beanspruchen. Vor dem Gesetz hatte der Marquis das Recht dazu, doch für den König hätte dies eine Demütigung bedeutet, die es um jeden Preis zu verhindern galt. Daher mußte Louise gute Miene zum bösen Spiel machen und nach außen hin weiter als Ludwigs Mätresse auftreten.

Zu ihrem Leidwesen wies der König den beiden Frauen angrenzende Zimmer in seinem Landhaus in Saint-Germain-en-Laye zu. Der Priester Choisy beschreibt in seinen Memoiren, wie der König, wenn er von der Jagd heimkehrte, zu Louise ins Zimmer trat, die Stiefel auszog, sich puderte und sie flüchtig begrüßte, um danach durch eine Zwischentür in Madame de Montespans Zimmer zu verschwinden, wo er den Rest des Abends verbrachte. Da Madame de Montespan schon bald schwanger wurde, der Geheimhaltung wegen jedoch nicht am Hof niederkommen konnte, mietete sie ab 1669 wie ihre Vorgängerin ein Haus in der Nähe des Louvre, in der Rue de l'Echelle.

Als Ludwig dann Versailles als festen Wohnsitz plante, ließ er weiterhin äußerste Vorsicht bei der Wahl der Unterkunft seiner Mätresse walten. Er machte Madame de Montespan ein kleines Schloß unweit des Palastes zum Geschenk, ein luxuriös eingerichtetes Gebäude mit Salons und Galerien, die auf schön angelegte Gärten hinausgingen. Es sollte später vor allem von den Kindern bewohnt werden, die bis dahin mit ihrer Gouvernante in Paris gelebt hatten und die nie an den Hof kamen. Erst nachdem Madame de Montespans Scheidung 1674 nach sechs Jahren komplizierter Verhandlungen offiziell ausgesprochen worden war,[20] wurden sie in Saint-Germain untergebracht. Louise erhielt endlich die Erlaubnis, den Hof zu verlassen, und Madame de Montespan konnte sich in aller Öffentlichkeit als die *maîtresse en titre* zeigen.

Acht Jahre lang, von 1674 bis 1682, führte der König dann vor den Augen des ganzen Volkes zwei getrennte Haushalte: Mit seiner Gemahlin und ihren Kindern lebte er im Palais-Royal und mit seiner Mätresse und deren Kindern in seinem Lustschloß außerhalb der Stadt. Die Grenze zwischen den beiden Haushalten war nicht scharf gezogen, denn die Mätresse hielt sich als Hofdame der Königin oft im Palais auf, und die Königin konnte, wenn sie Lust hatte, den König nach Saint-Germain begleiten. Durch ihre glänzende Erscheinung bei Hoffesten und ihre geistreiche Konversation fand Madame de Montespan als Mätresse allgemeine Zustimmung. Doch sie hatte weiterhin mächtige Feinde, die dafür sorgten, daß ihre Stellung unsicher blieb. Daher konnte der König sie nicht ohne weiteres im Palais unterbringen.

Nachdem sich Madame de Montespan ab 1674 ganz offen königliche Mätresse nannte, setzten mit aller Macht die Angriffe des Klerus und der königlichen Familie ein. Kurze Zeit sah es sogar so aus, als sei ihre Position unhaltbar geworden. Die Geistlichen weigerten sich, das Verhalten des Königs weiterhin zu tolerieren. Doch nach langen Verhandlungen wurde eine Übereinkunft mit dem Bischof erzielt, und Madame de Montespan konnte ihre Stellung wieder einnehmen.

DIE ÜBERSIEDLUNG NACH VERSAILLES
IM JAHRE 1682

Es kostete den König große Mühe, auch nur seine nächsten Verwandten und den Hochadel im Louvre auf gebührende Weise unterzubringen. Für Tausende von Höflingen gab es keinen Platz. Es mußte jedoch für dieses Problem eine Lösung gefunden werden, da sich viele Adlige auf den ausdrücklichen Befehl des Königs im Palast aufhielten. Denn der junge Ludwig hatte zwischen 1648 und 1653 einen Aufstand erlebt, die Fronde, bei der sich ein Teil des Hochadels gegen die absolute Monarchie aufgelehnt hatte. Der Aufstand war mißlungen; die mächtigsten Adligen waren entwaffnet worden und sahen sich gezwungen, sich unter die Aufsicht des Königs zu stellen. Weitere Verschwörungen sollten so im Keim erstickt werden.[21] Der Gesandte Spanheim schreibt, die meisten Adligen hätten sich fortan nur noch dank der Gunstbezeigungen und Ämter, die der König austeilte, eine Existenz aufbauen können. Seit 1653 seien sie völlig abhängig von ihm gewesen.[22] Um den Unmut der Adligen zu dämpfen, sorgte Ludwig dafür, daß ihnen das Leben am Hof so angenehm wie möglich gemacht wurde. Nie fehlte es an Lustbarkeiten und prunkvollen Festen. Viele hegten daher den leidenschaftlichen Wunsch, an diesem Leben teilzunehmen, und die Adligen strömten in großer Zahl herbei.

Ein zweiter Faktor, der am Hof chronischen Platzmangel verursachte, war die Zentralisierung der Staatsmacht. Immer mehr Bereiche, die früher dem lokalen Lehnsherrn unterstanden, fielen nun unter die Kontrolle des Königs. Der Verwaltungsapparat wurde immer komplexer. Unter Colbert mischte sich der Staat mehr und mehr in Handel und Industrie ein. Dadurch wuchs die Zahl der Beamten, die sich ständig im Palais aufhielten.[23]

Um dem Platzmangel abzuhelfen, kam man auf die Idee, das Jagdschloß in Versailles zu einem großen Palast umbauen zu lassen. Ab 1669 wurde dieser Plan Schritt für Schritt in die Tat umgesetzt.[24] 1680 war der Entwurf für die Aufteilung des ganzen Terrains mit allen für die Infrastruktur wichtigen Gebäuden fertig. Versailles sollte von einem kleinen Bauerndorf zum Regierungszentrum des Landes umfunktioniert werden.

Der Herzog von Saint-Simon, der das Hofleben in den Jahren 1694 bis 1723 ausführlich in seinen Memoiren beschreibt, war der Meinung, der Umzug bringe große Vorteile mit sich. Von nun an könne die Regierung effizienter funktionieren:

Der ständige Aufenthalt des Königs in Versailles hatte ein ununterbrochenes Zusammentreffen von Beamten und Personal zur Folge, wodurch alles zügig voranging; auch konnte man an einem Tag öfter zu Ministern und ihren verschiedenen Vertretern vorgelassen werden, als es innerhalb von zwei Wochen möglich gewesen wäre, als die Residenz noch in Paris war. Dies alles förderte die Genauigkeit, mit der dem König nun gedient wurde, auf unglaubliche Weise. Es zwang alle zur Ordnung und sicherte schnelles und leichtes Abwickeln der Geschäfte.[25]

Der Entschluß des Königs war Saint-Simon zufolge zu einem großen Teil auch auf seine Unzufriedenheit mit der Situation in Paris zurückzuführen:

Nicht weniger Anteil an seinem Entschlusse hatte auch seine Mätressenwirtschaft und die Sorge, inmitten einer so großen Bevölkerung zu sehr anzustoßen. Die Menge belästigte ihn, so oft er ausfuhr und sich in den Straßen zeigte.[26]

Vermutlich hatte diese »Sorge« des Königs weniger mit seinem Bedürfnis nach einem Privatleben zu tun als vielmehr mit seiner Abneigung gegen das Volk, denn in Versailles konnte er genausowenig privat leben wie in Paris. Auch hier war er täglich umringt von Tausenden von Adligen, deren Anwesenheit er jedoch als weniger störend empfand. Seine Freunde und Getreuen entstammten alle dem Adel, der ihm näherstand als das Volk.[27]

Der Eingang des Versailler Schlosses

Viele Höflinge verließen Paris ungern, und besonders gegen einen Umzug nach Versailles hegten sie großen Widerwillen. Primi Visconti, ein Botschafter am Hof Ludwigs XIV., erzählt, sie seien dort alle krank geworden. Auch dem Dauphin und seiner Frau sei es nach einem Besuch schlecht geworden. Die Luft dort sei ungesund, so glaubte man, wegen der Sümpfe in der Umgebung und der großen Erdmassen, die während der Bauarbeiten ausgehoben worden waren. Trotz all dieser Bedenken beharrte der König auf seinem Entschluß.

Von 1680 bis 1682 wurde emsig am Bau des neuen Schlosses gearbeitet, das bald zur größten und imposantesten königlichen Residenz Europas werden sollte. Frankreich lebte damals in einer Epoche des Friedens, und so konnte das Geld, das sonst in die Kriegsführung gesteckt worden wäre, für den Bau und die Ausstattung des Schlosses aufgewandt werden. Als die Hofleute schließlich umgezogen waren, zeigten sich viele doch sehr angetan von ihrer neuen Unterkunft; in lyrischen Schilderungen rühmten sie das Versailler Schloß als »bezaubernd« und »magnifique«.

Vor allem der Umfang des Gesamtkomplexes war beeindruckend. Das Schloß selbst war von mehreren Gebäuden um-

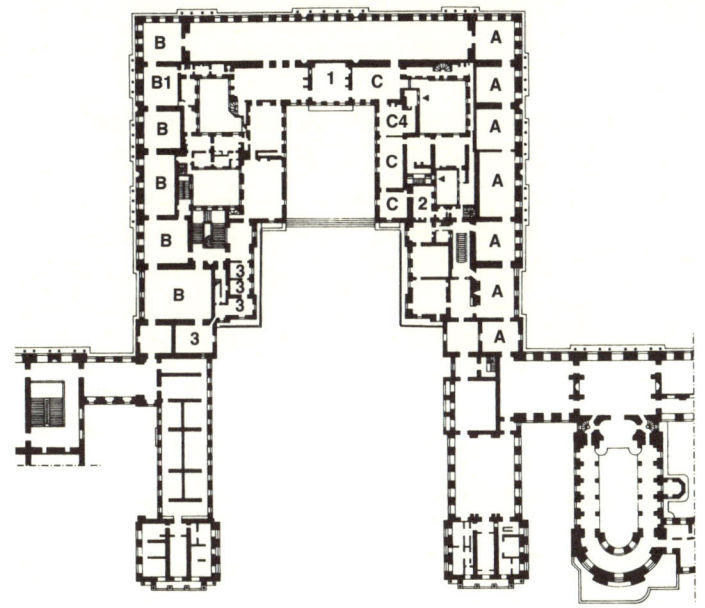

Grundriß der ersten Etage des Versailler Schlosses

A   Großes Appartement (Prunksäle) des Königs

B   Großes Appartement der Königin

B1 Prunkschlafzimmer der Königin

C   Kleine Gemächer des Königs

1   Prunkschlafzimmer des Königs

2   Schlafzimmer Madame de Montespans (1682–1685)

3   Gemächer Madame de Maintenons nach dem Tod der Königin Marie-Thérèse (1685–1715)

C4 Schlafzimmer Ludwigs XV., von dem aus er über eine Treppe zu seiner Mätresse auf der darüberliegenden Etage gelangen konnte geben, in denen die Hofdienerschaft untergebracht war. Zwei riesige Stallungen beherbergten mehrere tausend Pferde, und hinter den Ställen befand sich ein großer Zwinger für die Jagdhunde. Im Südwesten des Schlosses lag ein imposantes Wirtschaftsgebäude, in dem Hunderte von Angehörigen der königlichen Hofhaltung wohnten, und zu beiden Seiten des Marmorhofes wurden zwei weitere Flügel angebaut, die den Ministern zur Verfügung standen. Versailles bekam zwei neue Kirchen und später noch eine große Kapelle neben dem Schloß.

Da das Schloß fast völlig neu erbaut wurde – nur das alte Jagdschloß blieb als Mittelteil erhalten –, konnte die räumliche Einteilung den Bedürfnissen des Hofes problemlos angepaßt werden. Der König beriet sich eingehend mit seinen Architekten.

Die Einteilung des Schlosses war völlig symmetrisch. Auf der ersten Etage war der linke Flügel für die Gemächer der Königin, der rechte für die des Königs bestimmt. Diese beiden Flügel bildeten den Kern des Schlosses. Darunter und darüber befanden sich die Wohnräume für die Wachen und die nächsten Verwandten der königlichen Familie. Bis in die Verzierungen der Einrichtung entsprachen sich die beiden Flügel. Nur in der Mitte wurde die Symmetrie unterbrochen, denn dort befand sich das Schlafzimmer des Königs, in dem sich allmorgendlich und allabendlich die Zeremonie des *lever* und des *coucher* abspielte.

Seit Jahrhunderten war es üblich, daß alle Mitglieder der königlichen Familie über eine eigene Hofhaltung und eigenen Wohnraum verfügten. Im 15. und 16. Jahrhundert hatten sich die Könige mit ihrem Hof häufig auf den Kriegsschauplätzen aufgehalten, und die Damen waren sich selbst überlassen. Die Königin hatte daher ihre eigene Hofhaltung und trug die Verantwortung für die Dienerschaft ihrer Schlösser. Wenn sich König und Königin an Feiertagen und bei anderen Gelegenheiten trafen, kamen auch ihre Höflinge zusammen, doch es blieb immer deutlich, daß sie getrennten Haushalten angehörten.[28]

Als die Könige allmählich seßhafter wurden, sahen die Eheleute sich häufiger, doch da sie jeweils ihren eigenen Flügel bewohnten, konnten sie einander auch aus dem Weg gehen. Für die Königin bedeutete dies eine Verschlechterung ihrer Lage, denn der König mischte sich mehr und mehr in die Wahl ihrer Hofdamen ein. So sah sich Königin Marie-Thérèse sehr zu ihrem Leidwesen dazu gezwungen, sogar die Mätressen ihres Gemahls in Dienst zu nehmen.[29]

Der Wohnraum des Königs war in das Große und das Kleine Appartement unterteilt. Das Große Appartement bestand aus den Prunksälen, zu denen jedermann freien Zugang hatte. Man durchschritt einen Raum nach dem anderen – Gänge gab es nicht – und drang so immer tiefer in das Schloß vor, bis man den Thronsaal erreichte. Der Thron war aus Silber und stand auf einer kleinen Erhöhung unter einem Baldachin. Hier gab Ludwig meist seine Audienzen, außer wenn ausländische Gäste kamen, die er im noch spektakuläreren Spiegelsaal empfing.

Das Kleine Appartement war weniger zugänglich. Hier hatte der König sein Speise- und Badezimmer, seine Bibliothek, ein Zimmer für die Hunde und sein Arbeitskabinett. Obwohl diese Räume einen etwas privateren Charakter hatten, waren sie doch nicht weniger luxuriös ausgestattet als die Prunksäle. Die *Cabinets des Agates et Bijoux* und das *Cabinet des Curiosités*, wo die wertvollsten Kunstgegenstände und Gemälde aus der Sammlung des Königs ausgestellt waren, gehörten ebenfalls zum Kleinen Appartement.

Ein ganzes System von Privilegien bestimmte, wie weit jemand in die Appartements vordringen und durch welche Tür er eintreten durfte. Die Privilegien waren eingeteilt in die Kategorien *les entrées familières*, *les premières entrées*, *les entrées de la Chambre* und *les entrées du Cabinet*. Bis in das letzte

Antichambre vorgelassen zu werden, stellte nicht nur den ersehnten Beweis dafür dar, daß man in hohem Ansehen stand,
sondern brachte auch den praktischen Vorteil mit sich, daß
man im Sitzen warten durfte und dabei mit den anderen hohen Adligen Geschäfte machen konnte. Der Königin, der
Kronprinzessin und der Schwägerin des Königs stand mit ihren
dames d'honneur und *dames d'atour* das erste Recht auf die *grande entrée* zu. Unter anderem durften sie auch im *Cabinet des
perruques* zugegen sein, wo der König sich pudern ließ, bevor er
das Kleine Appartement verließ. Dieses Privileg hatten selbst
die *entrées du Cabinet* nicht.[30]

Trotz der riesigen Ausmaße des neuen Schlosses bot es
immer noch zuwenig Raum. Die königliche Familie wohnte
jetzt zwar bequemer, doch die meisten Höflinge mußten sich
mit winzigen Zimmern begnügen. Sogar auf den Zwischen-
etagen wurden in Nischen, in die weder frische Luft noch
Licht drangen, Schlafstellen eingerichtet.

DIE GRANDEUR VON MADAME DE MONTESPAN
(1682–1685)

Die Bauarbeiten waren noch in vollem Gange, als der Hof
1682 nach Versailles übersiedelte. Madame de Montespan bekam eine schöne Suite direkt neben den Appartements des
Königs zugewiesen. Sie hatte jetzt in allen Palästen eigene
Räume, so daß die anfängliche Trennung der beiden Haushalte
des Königs aufgehoben war. In der Praxis war von Trennung
schon lange keine Rede mehr, denn die geistreiche Montespan
bildete seit Jahren den Mittelpunkt aller Hoffeste. Fast sämtliche Höflinge akzeptierten sie in ihrer Rolle als königliche
Mätresse, und selbst die Königin und der Klerus fanden sich

mit ihrer Gegenwart ab, nachdem der Versuch, sie zu entfernen, mißlungen war. Daß die Mätresse ihren Einzug nun auch in Versailles hielt, änderte wenig an den täglichen Gewohnheiten. Es bedeutete nur eine unmißverständliche Bestätigung ihrer Position.[31]

Dennoch konnte sich Madame de Montespan ihrer neuen Behausung nicht lange erfreuen. 1685 wurde auch sie von einer ehemaligen Freundin, von Madame de Maintenon, verdrängt, die sie als Gouvernante ihrer Kinder in Dienst genommen hatte. Sie durfte zwar weiterhin im Schloß wohnen, mußte jedoch ins Erdgeschoß umziehen, was in den Augen aller das Zeichen ihrer Abschiebung war. Dabei war ihre Unterkunft im Vergleich zu der vieler anderer immer noch hervorragend, doch zufrieden war sie damit natürlich nicht, und sie hielt sich immer häufiger in dem Schloß auf, das der König ihr Jahre zuvor in der Nähe von Versailles hatte bauen lassen.

MADAME DE MAINTENON UND DIE UMGESTALTUNG DES FLÜGELS DER KÖNIGIN (1684–1715)

Nachdem Madame de Montespan ausgezogen war, wurde die Einteilung des Kleinen Appartements geändert. Die Suite des Königs wurde um ihre ehemaligen Zimmer erweitert, und die Gemächer der Königin, die 1683 gestorben war, wurden zwischen der Dauphine und Madame de Maintenon verteilt.[32]

Der König hatte es der Gouvernante hoch angerechnet, daß sie seine unehelichen Kinder jahrelang unter nahezu vollständiger Geheimhaltung erzogen hatte. Madame de Maintenon ihrerseits hatte sich die Auffassungen ihres Beichtvaters sehr zu Herzen genommen und sich darum bemüht, den König mit seiner Frau zu versöhnen. Eine Weile hatte es so ausgesehen, als hätte sie Erfolg damit; jedenfalls gerieten die beiden jedesmal, wenn der König seine Kinder besuchte, in lange Diskussionen über allerlei religiöse Fragen. Im Juni 1680 schreibt Madame de Sévigné:

> Man berichtet mir, daß die Unterhaltungen Seiner Majestät mit Madame de Maintenon immer länger und schöner werden, daß sie von sechs Uhr bis um zehn dauern, daß die Schwiegertochter manchmal zu einem kurzen Besuch hingeht und die beiden jeweils in einem großen Sessel antrifft, und daß der Faden des Gesprächs, nachdem der Besuch beendet, sogleich wieder aufgenommen wird.[33]

Einige Jahre später, nach dem Tod von Königin Marie-Thérèse und der Abschiebung Madame de Montespans, übersiedelte Madame de Maintenon im September 1684 in den Flügel der Königin.

Man vermutet, daß Ludwig XIV. eine morganatische Ehe mit ihr schloß, wenn es dafür auch keine Beweise gibt. Diese Form der Ehe erlaubte einem Mann in der damaligen Zeit eine nicht standesgemäße Heirat, ohne daß der Frau daraus irgendwelche Rechte erwuchsen. Auf diese Weise konnte die Beziehung legalisiert werden, ohne daß der Klerus Anstoß nahm und ohne daß die Thronfolge in Gefahr kam. Die Hochzeit soll in allergrößter Heimlichkeit stattgefunden haben, und nur der Erste Minister und der Erzbischof sollen als Zeugen zugegen gewesen sein. Madame de Maintenon war eine »halbe« Ehefrau geworden und teilte den alten Flügel der Königin mit der Dauphine. Diese neuerliche Verteilung der Wohnräume bestätigt die Vermutung einer morganatischen Ehe. Dennoch blieb Madame de Maintenon in den Augen der Hofleute immer die Mätresse des Königs, vielleicht auch deshalb, weil sie so lange in Konkurrenz mit Madame de Montespan gelebt hatte.[34]

Madame de Maintenon mochte die Ausschweifungen und Extravaganzen des Hoflebens nicht. Sie lebte zurückgezogen in ihren Gemächern, die zwei Antichambres hatten, ein großes Schlafzimmer und ein *grand Cabinet*. Der König besuchte sie täglich und arbeitete nach einiger Zeit sogar mit seinen Ministern bei ihr. Mehr und mehr wurde der ehemalige Flügel der Königin Teil der Appartements des Königs.[35]

LUDWIG XV. SUCHT EINEN PRIVATBEREICH MIT SEINER MÄTRESSE (1737–1745)

Nach dem Tod Ludwigs XIV. im Jahre 1715 wurde Versailles aufgegeben. Der Nachfolger des Königs war sein Urenkel, der fünfjährige Ludwig XV. Bis zu dessen Volljährigkeit übernahm ein Neffe Ludwigs XIV., der Herzog von Orléans, die Regentschaft. Er war der Ansicht, für die Erziehung des Knaben sei es besser, wenn er in Paris wohnte. Erst sieben Jahre später begann das alte Hofleben in Versailles erneut.

1725 heiratete Ludwig XV. fünfzehnjährig die polnische Prinzessin Maria Leszczynska. Die ersten Jahre war er glücklich mit ihr, doch mit der Zeit wurde die Ehe schlechter. Die Königin war fast ununterbrochen schwanger, und nachdem sie zwischen 1727 und 1737 neun Kinder geboren hatte, war sie weniger geneigt, das Bett mit dem König zu teilen. Inzwischen versuchten die Höflinge unablässig, ihn für andere Frauen zu interessieren. Er beschloß, wie sein Vorgänger, in aller Öffentlichkeit eine Mätresse zu nehmen.[36]

Wann das Verhältnis mit Madame de Mailly genau begann, ist ungewiß, da außer dem Kammerherrn und zwei Höflingen niemand eingeweiht war.[37] Es muß um 1733 gewesen sein, doch erst im November 1737 machte der König das Verhältnis bekannt. Er richtete Madame de Mailly in der Nähe seiner Kleinen Appartements ein, wo er regelmäßig nächtliche Feste für eine exklusive Gesellschaft veranstaltete. In diesen Räumen sollten nacheinander noch vier weitere Mätressen Ludwigs XV. wohnen.

Als Madame de Mailly offiziell zur königlichen Mätresse ernannt worden war, kam eine ihrer Schwestern nach Versailles, um ihr in der Hofhaltung zu assistieren. Schon bald nahm Madame de Vintimille an allen Jagdpartien und Soupers teil, und es dauerte nicht lange, bis sie Madame de Mailly von ihrem Platz verdrängt hatte. 1741 gebar sie einen Sohn, doch sie überlebte das Wochenbett nicht. Nach ihrem Tod durfte Madame de Mailly als Mätresse zurückkehren, doch wieder wurde ihr der Rang von einer ihrer Schwestern, Madame de Châteauroux, streitig gemacht, die im Jahre 1742 die neue offizielle Mätresse wurde.

In dieser Periode veränderte Ludwig XV. einiges an den Wohnverhältnissen des Schlosses. Ihm war das offizielle Prunkschlafgemach seines Urgroßvaters nicht angenehm, und er beschloß, fortan im Kleinen Appartement zu schlafen. Offiziell hieß es, der König habe gefroren; wichtiger war wohl die Tatsache, daß er vom Schlafzimmer des Kleinen Appartements aus leichter zu Madame de Mailly gelangen konnte. Die neue Einteilung war insofern unpraktisch für den Tagesablauf, als die Zeremonie des *lever* weiterhin stattfand, der König aber nun jeden Morgen sein Schlafzimmer verlassen und sich über das Ratskabinett ins Prunkschlafgemach begeben mußte, wo dann das rituelle Aufstehen zelebriert wurde.

Das Schloß war so eingerichtet, daß man dort gleich gut wohnen und arbeiten konnte. Beide Funktionen waren nicht

*Das Prunkschlafgemach Ludwigs XIV., in dem jeden Tag
die Zeremonie des* lever *und des* coucher *stattfand*

deutlich voneinander getrennt. Das Schlafzimmer des Königs
bildete den Mittelpunkt; dort empfing er seine Gäste und dort
speiste er auch häufig. Daran angrenzend befand sich sein Arbeitskabinett, von dem aus er in das Perückenzimmer gehen
konnte, bevor er den Thronsaal betrat. So entsprach die räumliche Einteilung genau der Herrschaftsform des Königs. Da er
Land und Untertanen als seinen persönlichen Besitz betrachtete, stellte sich ihm die Frage nach einer Unterscheidung
zwischen dem Öffentlichen und dem Privaten erst gar nicht.
Empfänge im Schlafzimmer, ein Ankleideraum direkt neben
dem Arbeitskabinett paßten in dieses Bild.[38] Im übrigen war es
in Adelshäusern allgemein üblich, das Schlafzimmer als Emp-
fangsraum zu benutzen; diese Sitte stammte noch aus dem
Mittelalter, als das Schlafgemach des Herrn der angenehmste
Aufenthaltsraum der ganzen Burg war. Dort stand nämlich das
einzige Möbelstück, das man damals besaß: ein Prunkbett mit

vielen Kissen. Das Schlafzimmer als intimer privater Bereich, wie wir es heute kennen, ist im 17. und 18. Jahrhundert schon deshalb undenkbar, weil es zugleich der Raum war, in dem Dienstboten, Kinder und Besucher ständig aus und ein gingen.[39]

Es gab auch keine deutliche Trennung von sozialen und geschäftlichen Beziehungen am Hof. Die Adligen trafen sich zu geselligen Festen und Theatervorstellungen und waren sich dabei ständig bewußt, daß diese Zusammenkünfte von entscheidender Bedeutung für ihre Laufbahn sein konnten. Wer für ein bestimmtes Amt vorgeschlagen werden wollte, mußte die richtigen Freunde haben. Dieser Sachverhalt spiegelt sich auch in der Nutzung der Räumlichkeiten wider. So fanden im Prunkgemach sowohl formelle Audienzen als auch ausgelassene Feste statt. Bei keiner einzigen Zusammenkunft waren die Funktionen völlig voneinander getrennt.[40]

Durch dieses Doppelgesicht des gesellschaftlichen Lebens hatte der König kaum Gelegenheit, sich zu entspannen. Doch besonders Ludwig XV. hatte häufig das Bedürfnis, dem Hofleben zu entrinnen. Wie viele Höflinge empfand er den Zwang der Etikette als einengend. Die Umgangsformen waren bis ins Detail geregelt, und dadurch war jeder soziale Verkehr verkrampft.[41] Dem Herzog von Croy zufolge ging Ludwig XV. nicht gern mit Unbekannten um:

Ludwig XV. liebte [...] die Gewohnheit, mochte die Menschen, die er seit langem kannte, ließ sie nur ungern gehen und kümmerte sich kaum um neue Gesichter. Ich glaube, einige hatten es diesem Sinn für Beständigkeit zu verdanken, daß sie lange in der Gunst des Königs standen, denn mit Ausnahme der vertrauten Freunde hatte niemand Einfluß.[42]

In Versailles hielt der König sich gern in den Kleinen Appartements im Dachgeschoß auf, zu denen nur wenige Zutritt hatten. Dort hatte er seine Drehbank, seine Landkarten und Pläne und seine Voliere mit seltenen Vögeln. Außerdem besaß er nicht weit von Versailles ein kleines Schlößchen, Choisy, das seinem Bedürfnis nach Privatsphäre um so mehr entsprach, als er dort einige Bedienstete durch mechanische Vorrichtungen hatte ersetzen lassen, wodurch er beispielsweise einen gedeckten Tisch von unten durch den Fußboden zu sich heraufkommen lassen konnte. In Choisy beschäftigte Ludwig sich mit der Einrichtung des Hauses und der Pflege des Gartens. Er lebte dort fast wie ein Bürger.[43]

Der Wohnraum der Mätresse wurde nach 1737 ebenfalls mehr und mehr den Blicken der Menge entzogen. Unter Ludwig XIV. wohnte sie noch neben den königlichen Prunkgemächern, in denen sich täglich Hunderte von Adligen und Schaulustigen aufhielten. Jetzt lebte sie auf der zweiten Etage in einem Teil des Schlosses, der nur wenigen zugänglich war. Dabei hat es nicht den Anschein, als habe der König die Mätresse vom Hofleben absondern wollen, denn dazu spielte sie eine viel zu große Rolle bei allen geselligen Zusammenkünften. Er war vielmehr darum bemüht, sein eigenes Leben in stärkerem Maße abzuschirmen. In Choisy versuchte er, mit einer kleinen Gruppe von Freunden eine ungezwungenere Atmosphäre zu schaffen, in der er die Etikette teilweise fallenlassen konnte. So ging man dort einfacher gekleidet als in Versailles, und jeder durfte sich hinsetzen, wann und wohin er wollte.

Der Herzog von Croy, der stolz darauf war, daß er nach langem Warten endlich zu den Geladenen gehörte, beschreibt seinen ersten Besuch in dem kleinen Schloß wie folgt:

Der König speiste mit seinem Sohn, seinen vier Töchtern und ihren Hofdamen. Wir speisten hervorragend an einem Tisch mit zweiundzwanzig Personen, alles wichtige Hofleute und Kammerjunker. Es war das erste Mal, daß ich in

Choisy speiste, eine besondere Gunst, die ich mir ge-
wünscht hatte.

Beim Dessert gesellten wir uns zum Souper des Königs, wo
wir alle mit Freude einen Schimmer dessen erhaschten,
was jeden guten Franzosen rühren wird: der vollkomme-
nen, edlen und entspannten Freude des Königs inmitten
seiner Familie, deren Freude anscheinend ebenso vollkommen war.[44]

Doch auch dieser Versuch Ludwigs XV., sich ein Privatleben zu
schaffen, wollte nicht recht gelingen, denn wie er es auch
anstellte, immer wußten alle, wo er sich mit wem aufhielt.
Obwohl diejenigen, mit denen er seine Freizeit verbrachte, zu
einer kleinen Schar von Intimi reduziert worden waren, vergaß
doch keiner, welche Gunst es bedeutete, vom König in sein
Landschloß oder nach der Jagd zum Souper eingeladen zu werden. Darum folgten ihm weiterhin bei allem, was er tat, Hunderte von Neugierigen und Interessierten. Der Abbé de Bernis
schreibt:

Er gab mir sogar einen weiteren Beweis seiner Gunst,
indem er mich selbst in sein kleines Privattheater mit-
nahm, wo anfangs nur eine kleine Anzahl von Höflingen
zugelassen wurde.[45]

Der Herzog von Croy, der sich so danach sehnte, vom König
nach Choisy eingeladen zu werden, ging eines Tages hin, um es
sich heimlich anzuschauen:

Da der König anwesend war, und ich Angst hatte, gesehen
zu werden, schlichen wir uns im Hof an den Küchen vorbei, die ich mir genau ansah und die wirklich phantastisch
sind. Ich kannte Choisy kaum, denn ich war nur einmal
auf Durchreise da gewesen und nie in Gegenwart des

Königs. Ich hatte mich ihm nie vorgestellt, da ich mich dem Hofleben nicht ganz und gar verschreiben wollte.

Von dort gingen wir, immer darauf bedacht, nicht gesehen zu werden, an den Gebäuden zur linken Hand entlang weiter in die Gärten. Da wir niemanden erblickten, und ein ziemlich dichter Nebel uns davon überzeugte, daß auch niemand mehr kommen würde, stiegen wir zur Terrasse hinunter, einer sehr schönen Anlage. […] Rasch lief ich am Schloß entlang und kam, indem ich mich hinter dem großen Monsieur de Forestier, Brigadier der Leibwache, versteckte, am anderen Ende der Terrasse heraus, dort, wo das Dorf liegt.[46]

Je mehr sich der König zurückzog, um so größer wurde die Ehre, von ihm eingeladen zu werden. Die Tatsache, daß er seine Mätresse im privatesten Teil des Schlosses unterbrachte, wurde nicht als Isolierung, sondern als Auszeichnung verstanden. Alle sehnten sich nach einer Einladung in diesen exklusiven Bezirk, denn selbst das entspannteste Zusammensein unterstand weiterhin dem doppelten Zweck des Hoflebens: Zerstreuung und Förderung der eigenen Karriere.[47] Kein einziger Adliger konnte sich erlauben, dem König etwa aus Mitgefühl ein Privatleben zu gönnen, denn dafür war die Konkurrenz viel zu groß: Schon warteten Dutzende anderer Höflinge auf die Gelegenheit, in seine Nähe zu gelangen.

Im August 1751 schreibt der Herzog von Croy von einer Reise, die er in der Gesellschaft des Königs hatte machen dürfen. Es sollte eine Vergnügungsfahrt zum Landschloß in Compiègne sein, doch richtig gelungen fand der Herzog den Ausflug nicht:

Während der ganzen Fahrt sprachen weder der König noch die Marquise [de Pompadour] mit mir, woraus ich schließen mußte, daß ich nur geduldet wurde und nicht wirklich in der Gunst stand. Doch im übrigen war das alles, was ich wünschen konnte, um mich als Höfling einigermaßen durchzusetzen. Ich unternahm keinen der Schritte, die nötig gewesen wären, um größere Nähe zu erzeugen. Dazu fehlte es mir an niederer Gesinnung und an Frechheit.[48]

Die ersehnte Trennung von öffentlichem und privatem Leben war offenbar durch äußere Abgrenzung nicht zu erreichen. Solange die Interessen derart miteinander verflochten waren, hatte eine Änderung der Räumlichkeiten wenig Sinn. Der Druck, den König und Höflinge aufeinander ausübten, war so groß, daß es für beide kein Entrinnen gab. Der König, der das größte Schloß Europas nach eigenem Entwurf erbauen lassen konnte, war nicht in der Lage, sein Leben so einzurichten, daß er dem Königtum ab und zu entkommen konnte.

DAS EXKLUSIVE DACHZIMMER
MADAME DE POMPADOURS
(1745–1764)

1745 wurde Madame de Pompadour, die vierte Mätresse Ludwigs XV., genau wie ihre Vorgängerinnen im abgelegenen Teil des Schlosses im zweiten Stock untergebracht. Ludwig XV. besuchte sie häufig. Während der Sitzungen mit seinen Ministern im Arbeitskabinett begab er sich manchmal über eine Geheimtreppe zu ihr. Die Minister mußten auf ihn warten, um dann gemeinsam mit ihm den Raum zu verlassen. So wurde bei den Höflingen der Eindruck erweckt, als habe er erst in diesem Moment aufgehört zu arbeiten.[49]

Die früheren Mätressen Ludwigs XV. hatten mit vielen rau-

Die junge und die alte Madame de Pompadour

schenden Festen in ihren Appartements Entrüstung gesät. Madame de Pompadour dagegen beschritt den Weg der Tugend. Sie verwandelte die Gemächer in einen dezenten Speisesaal, in dem sie exklusive Essen gab.[50] Es galt als besondere Gunst, zu diesen intimen Soupers in Gegenwart des Königs geladen zu werden. Der Herzog von Croy, der 1746 zu den Glücklichen gehörte, beschreibt den Verlauf eines solchen Abends bis in alle Einzelheiten:

> Im kleinen Salon wartete man auf das Abendessen. Der Speisesaal war entzückend gerichtet, und das Essen verlief angenehm und ohne Zwang. Es wurde nur von zwei oder drei Dienern serviert, die sich zurückzogen, nachdem jeder genug auf seinem Teller hatte. [...] Der König war fröhlich, ungezwungen, aber wahrte eine nicht zu übersehende Größe. Er schien überhaupt nicht mehr schüchtern zu sein, sondern ganz natürlich; er sprach sehr gut und viel. [...] Er schien sehr in Madame de Pompadour verliebt zu sein, seine Gefühle nicht zu verbergen und sich dessen auch nicht zu schämen und seiner Sache ganz sicher zu sein. [...] Ich fand, daß er ganz ungezwungen mit ihr sprach, wie zu einer Mätresse, die er liebt. [...]

Man saß zwei Stunden zwanglos und maßvoll zu Tisch, dann ging der König in den kleinen Salon hinüber. Er wärmte und goß sich selbst seinen Kaffee ein, denn niemand schien da zu sein, und jeder bediente sich selbst. Dann spielte er zusammen mit Madame de Pompadour, Coigny, Madame de Brancas und dem Grafen de Noailles. [...] Der König forderte alle auf, sich zu setzen, auch die, die nicht spielten. Ich blieb an den Kaminschirm gelehnt stehen und sah ihm beim Spielen zu. Dann drängte Madame de Pompadour ihn, sich zurückzuziehen und zu Bett zu gehen, und um ein Uhr erhob er sich, indem er ihr halblaut und fröhlich sagte: »Also, gehen wir schlafen!« Die Damen machten ihren Knicks und gingen; er verbeugte sich vor ihr, und wir alle stiegen Madame de Pompadours kleine Treppe hinab und begaben uns durch die Gemächer zu seinem öffentlichen Zubettgehen, das sofort stattfand.[51]

1750 zog Madame de Pompadour ins Erdgeschoß um. Nach jahrelanger intensiver Arbeit war sie krank geworden, und die intime Beziehung zwischen ihr und dem König hatte aufgehört. Dennoch blieb sie seine *maîtresse déclarée* und spielte weiterhin eine bedeutende Rolle am Hof. Ihre Gemächer grenzten an die wichtiger Prinzen und Prinzessinnen, und sie verfügte über ein eigenes Arbeitszimmer, in dem sie regelmäßig mit den Ministern und dem König arbeitete und an der Besprechung aller politischen Angelegenheiten teilnahm. Sie wohnte dort bis zu ihrem Tod im Jahre 1764.

Das Versailler Appartement von Madame du Barry

DER PRIVATBEREICH DES KÖNIGS
WIRD WIEDER ÖFFENTLICH
(1768–1774)

Nach Madame de Pompadours Tod lebte Ludwig XV. vier Jahre lang ohne Mätresse, bis er Madame du Barry begegnete. Als uneheliche Tochter einer Bürgerlichen war sie über ein Luxusbordell in Paris mit Ministern und anderen Mitgliedern des Hofes in Berührung gekommen. Ihrer Herkunft wegen konnte sie nicht bei Hof erscheinen, doch einige Höflinge, die sie gern in der Position der königlichen Mätresse gesehen hätten, sorgten dafür, daß der König auf sie aufmerksam wurde. Bei ihrer ersten Begegnung wurde ihm ihre Vergangenheit so gut wie möglich verheimlicht.[52]

Am Anfang bekam sie die Räume zugewiesen, die durch den Tod des königlichen Kammerherrn gerade erst freigeworden waren. Diese grenzten an die Kapelle und waren sehr weit von

Ludwigs Appartements entfernt. Da ihre niedere Herkunft
zudem allgemein bekannt war und man sich nicht vorstellen
konnte, daß der König eine solche Frau zu seiner offiziellen
Mätresse machen würde, wurde Madame du Barry von allen
gemieden. Erst nachdem sie einen anderen Wohnraum bekommen hatte, änderte sich ihre Lage. 1769 schreibt der Herzog
von Croy in sein Tagebuch:

> Ich merke, daß immer mehr Leute bereit sind, die Gräfin
> zu besuchen. Sie hat die Zimmer im Kabinett bekommen,
> die davor der seligen Dauphine[53] gehörten. Dies alles ver-
> schafft ihr den Vorteil, daß sie nun wie eine Dame des
> Hofes behandelt wird.[54]

Nun begriffen die Höflinge, daß es dem König mit Madame du
Barry durchaus ernst war, und da sie als Mätresse großen Einfluß ausüben konnte, fanden die meisten sich mit der Situation
ab. Madame du Barry empfing Riesensummen für ihre Hofhaltung. Sie beschäftigte sechzehn Lakaien und sechzehn
Dienstmädchen, die alle in einem Nebengebäude wohnten. Im
Schloß von Louveciennes, das der König ihr geschenkt hatte,
brachte sie ihre Kunstsammlung unter, die unter anderem aus
Gemälden von van Dyck, Fragonard, Drouais und Vigée-
Lebrun bestand. Ihre Garderobe war üppig, und auch ihr Personal kleidete sie in kostbare Livreen. Madame du Barry lebte
im sichtbaren Überfluß.

Bis zum Tod Ludwigs XV. wohnte sie auf der zweiten Etage
des Schlosses, in den Räumen, die genau über seinem Schlafzimmer lagen. Sie galt als sehr einflußreich, und eine große
Schar von Höflingen machte ihr jeden Morgen ihre Aufwartung. In ihrem Boudoir empfing sie Botschafter und andere
Würdenträger, und so wurden ausgerechnet in dem Teil des
Schlosses, den der König zu seinem Privatbereich bestimmt
hatte, immer mehr Menschen zugelassen. Durch ihre Rolle als

Schirmherrin Hunderter von Menschen trat der intime Aspekt
ihrer Beziehung zum König allmählich in den Hintergrund.

Als Ludwig 1774 ernsthaft erkrankte und nach einigen
Tagen deutlich wurde, daß er sterben würde, mußte Madame
du Barry das Schloß verlassen. Sie reiste zu einem Freund und
harrte dort der weiteren Entwicklungen. Inzwischen mußte der
König, wollte er die Letzte Ölung empfangen, beichten und ein
Schuldbekenntnis ablegen, das seine Beziehungen zur du Barry
zum Gegenstand hatte. Der Kardinal bestand auf der Unter-
zeichnung eines *lettre de cachet* als Bußübung; darin wurde ver-
fügt, daß Madame du Barry in der Abtei Point-aux-Dames,
einer strengen, mit der Bastille vergleichbaren Residenz für
Frauen, eingesperrt werden sollte. Den Tod vor Augen, voller
Angst vor dem, was ihm bevorstand, gab der König dem
Kardinal nach, und noch am selben Abend wurde Madame du
Barry von einer Polizeitruppe abgeholt. Nach elf Monaten
Gefangenschaft wurde sie vom neuen König, Ludwig XVI.,
begnadigt; sie erhielt die Erlaubnis, in ihrem eigenen Haus zu
wohnen, unter der Bedingung, daß sie sich nie mehr in Ver-
sailles oder Paris blicken ließe.

DER VERDORBENE HOF UND DIE
DEVOTEN KÖNIGINNEN

KÖNIGINNEN UND HOFGEISTLICHE
VERSUS MÄTRESSEN

Die Ehefrauen Ludwigs XIV. und Ludwigs XV. kennt die Geschichte als fromme Königinnen. Ihre Sittsamkeit gilt vielen Historikern als einer der Hauptgründe dafür, daß die Könige sich Mätressen hielten.[1] Dies überrascht zunächst nicht, zumal aus vielen Aufzeichnungen zeitgenössischer Adliger hervorgeht, wie unscheinbar Marie-Thérèse und Maria Leszczynska wirkten. Keine von beiden spielte wirklich eine Rolle in den Geschichten, die über den Hof erzählt wurden; meist werden sie darin nur beiläufig wegen ihrer Frömmigkeit erwähnt.[2] Da sie jedoch höchst eifersüchtig auf die Mätressen ihrer Männer waren, stellt sich die Frage, weshalb sie sich derart vom Hofleben abwandten. So versuchten sie beispielsweise nie, auf dem Gebiet der Mode mit den Mätressen zu konkurrieren. Waren sie so bigott, an den Glaubensregeln festzuhalten, auch wenn dies ihren eigenen Interessen schadete?

Marie-Thérèse und Maria Leszczynska verbrachten den größten Teil ihres Lebens am französischen Hof, und ihr Tun und Lassen wurde wie das aller anderen Hofleute in hohem Maße von den Anforderungen ihrer Stellung bestimmt. Da die meisten Höflinge sich mit soviel Begeisterung in Vergnügungen stürzten, sollte man erwarten, daß auch die Königinnen sich etwas mehr in diese Richtung entwickelt hätten. Doch ihrer Bewegungsfreiheit waren enge Grenzen gesetzt: Sie hatten sich an die Verpflichtungen zu halten, die sich aus ihrer Rolle als Königin ergaben. In der Hierarchie des Hofes standen sie zwar formell an zweiter Stelle gleich nach dem König, doch in der

Praxis war davon wenig zu merken. Jedenfalls war ihr Einfluß auf die Stellung der königlichen Mätressen sehr beschränkt.

Marie-Thérèse und Maria Leszczynska haben sich niemals mit diesen außerehelichen Beziehungen abgefunden, sondern immer nach Mitteln und Wegen gesucht, die eigene Position zu stärken. Wohl distanzierten sie sich durch ihr einfaches und frommes Leben nachdrücklich vom weltlichen Treiben des Hofes, in dem ihre Rivalinnen einen so wichtigen Platz einnahmen, doch bedeutet das keinesfalls, daß sie sie akzeptiert hätten. Vielmehr setzten sie alles daran, mit Hilfe der Hofgeistlichen, die zu den Mätressen immer ein gespanntes Verhältnis hatten, ihr Ziel, die endgültige Entfernung ihrer Konkurrentinnen, zu erreichen.

DIE HEIRAT DES KÖNIGS UND DAS LANDESINTERESSE (1669)

Als die älteste Tochter des spanischen Königs, die zweiundzwanzigjährige Marie-Thérèse, im Juni 1660 mit dem französischen König Ludwig XIV. in einer feierlichen Zeremonie vermählt wurde, war dies der Schlußstrich unter eine lange Epoche des Krieges zwischen Spanien und Frankreich. Die Heirat war das Ergebnis ausführlicher Verhandlungen über die Rückgabe von eroberten Gebieten, den Verlauf von Grenzen, den Austausch von Kriegsgefangenen und den Brautschatz.

Die Übergabe von Marie-Thérèse geschah im Stil einer militärischen Operation. Auf der Fasaneninsel in der Bidassoa, dem spanisch-französischen Grenzfluß im baskischen Pyrenäenvorland, wo auch schon die Verhandlungen stattgefunden hatten, wurde ein großes Zelt aufgeschlagen, in dem zwei Teppiche lagen. Dazwischen blieb ein Freiraum von wenigen

Die Übergabe von Marie-Thérèse. Rechts stehen die Spanier mit Philipp IV., der Ludwig XIV. begrüßt; hinter Ludwig XIV. stehen die wichtigsten Vertreter des französischen Hofes, sein Bruder, seine Mutter Anna von Österreich und Kardinal Mazarin.

Zentimetern, der die Grenze zwischen den beiden Ländern symbolisierte. Philipp IV., König von Spanien, durfte das spanische Hoheitsgebiet nicht verlassen, und die ganze Hofhaltung Ludwigs XIV. mußte auf französischem Boden bleiben. Bei dieser Gelegenheit sah die Königinmutter von Frankreich, Anna von Österreich, ihren Bruder, den König von Spanien, zum ersten Mal seit ihrer Verheiratung mit Ludwig XIII., fünfundvierzig Jahre zuvor, wieder. Die beiden standen am Rand der Teppiche und tauschten Höflichkeiten aus. Dann wurde die Prinzessin ihrer neuen Familie übergeben. Von gemeinsamer Feier war keine Rede, der Abschied verhalten und beherrscht. Diese Zeremonie muß tiefen Eindruck auf Marie-Thérèse gemacht haben, denn fortan sollte sie Frankreich gehören, und die Chance, daß sie ihren Vater und ihre Heimat je wiedersehen würde, war sehr gering.

Die Entscheidung für eine Heirat zwischen Marie-Thérèse und Ludwig XIV. beruhte auf rein politischen Erwägungen. Die Frage, ob die zukünftigen Eheleute zueinander paßten, war zweitrangig. Marie-Thérèse hatte denn auch in keiner Weise über ihre Verheiratung mitreden dürfen. Beim Adel waren Vernunftehen normal, da Ehen in erster Linie der Herstellung von Verbindungen zwischen Familien und damit der Vergrößerung des eigenen Besitzes und der Aufwertung des eigenen Clans dienten.[3] Da wäre es wenig sinnvoll gewesen, den Betroffenen selbst die Wahl des Ehepartners zu überlassen. Ob eine Ehe glücklich oder unglücklich wurde, war irrelevant. Solange die Eheleute ihren gesellschaftlichen und repräsentativen Verpflichtungen nach außen hin nachkamen, wurde Liebe in adligen Kreisen nicht unbedingt für notwendig erachtet.[4] Da im Fall einer königlichen Eheschließung weit größere Interessen auf dem Spiel standen als beim gewöhnlichen Adligen, konnte eine geeignete Partnerin erst nach sorgfältigstem Abwägen aller möglichen politischen Strategien gefunden werden.

Die Eheschließungen der Könige von Frankreich wurden jahrhundertelang als gewaltloses Mittel der Gebietserweiterung über das Erbrecht benutzt. Bis hin zu Franz I. und Claude im Jahre 1514 wurden meist Töchter mächtiger französischer Adliger geheiratet. Anna von Bretagne war die letzte Königin, deren Grundgebiet durch Ehe an Frankreich überging. Ab 1491 gehörten die wichtigsten französischen Gebiete der Krone, und für weitere Expansionen galt es, sich Königinnen außerhalb der Landesgrenzen zu suchen. Im 16. und 17. Jahrhundert kamen die Königinnen aus Italien und Spanien. Im Fall der Medici waren es Geld und Beziehungen; Ehen mit spanischen Prinzessinnen wurden vor allem wegen möglicher Bündnisse und Gebietserweiterungen geschlossen.

Durch diese Heiratspolitik kamen die Königinnen seit dem 16. Jahrhundert immer aus dem Ausland, und da sie schlecht Französisch sprachen und die Sitten des französischen Hofes nicht kannten, waren sie wenig beliebt. Prinzessin Liselotte von der Pfalz, selbst eine Ausländerin, fand ihre Schwägerin Marie-Thérèse lächerlich. In einem Brief nach Hause macht

sie sich noch Jahre nach Marie-Thérèses Tod über deren Aus-
sprache französischer Wörter (etwa »sancta Biergen« statt
»sainte Vierge« oder »servillieta« statt »serviette«) und deren
befremdliches Benehmen lustig.[5]

> Wen unßere königin s. fiel, lieff ich gleich weg. Sie trug gar
> hohe schu, fiel offt undt sagte allemahl: »Ah, je suis
> tombé[e]«; daß konte ich nicht horen ohne lachen, lieff
> also geschwindt weg in eine andere kammer.[6]

Durch ihre Herkunft nahm Marie-Thérèse von Anfang an eine
recht isolierte Stellung am Hof ein. Ludwig XIV. war der Überzeugung, das Mißtrauen zwischen Spanien und Frankreich
werde ewig dauern, denn in seinen Augen war die Feindschaft
zwischen den beiden Kronen eine »Grundgegebenheit«.[7] Die
politische Spannung wirkte sich natürlich auch auf die Ehe
zwischen König und Königin aus. So kam es zu einer ernsthaften Auseinandersetzung zwischen ihnen, nachdem sich die
Eskorten der spanischen und französischen Botschafter in London eines Tages darüber gestritten hatten, wem der Vortritt
gebühre. Ein Tumult, in den sich auch die englische Bevölkerung einmischte, war die Folge, und im allgemeinen Durch-
einander wurden sechs Franzosen getötet. Als Ludwig davon
erfuhr, stattete er gerade seiner Frau einen Besuch ab. Er bekam einen Wutanfall, beschimpfte den spanischen König und
verbot Marie-Thérèse fortan jeglichen Kontakt mit Madrid.
Das war für die Königin schwer zu akzeptieren, war der spanische König doch ihr Vater; und so führte der Zwischenfall zu
einer langwierigen Entfremdung zwischen den Eheleuten.[8]

Trotz des politisch bedingten Mißtrauens stand die Königin
am Hofe traditionell an zweiter Stelle. Dies hatte sie dem Umstand zu verdanken, daß sie zur Regentin ernannt werden
konnte. Wenn der König starb, bevor sein ältester Sohn volljährig war, fiel der Königin die Aufgabe zu, an seiner Statt zu

regieren. Auch wenn der König in den Krieg zog, übertrug er der Königin die Macht. Dennoch blieb ihre Regentschaft in der Praxis wenig mehr als eine Formalität. Als Ludwig XIV. am 27. April 1672 mit seinem Hof für längere Zeit ins Feld zog, schrieb Madame de Sévigné ihrer Tochter:

> Die Königin ist nun Regentin; alle königlichen Kompanien haben ihr ihre Aufwartung gemacht.[9]

Doch die Königin regierte nicht wirklich. Ludwig XIV. ließ sich durch Boten von allen innenpolitischen Entwicklungen unterrichten und schickte seine Befehle nach Hause. So schrieb er am 7. Juni 1672 einem seiner Minister:

> Ich vergaß fast, Ihnen zu sagen, daß ich alle von der Königin unterzeichneten Ordonnanzen und die Dekrete, die Sie mir schickten, gesehen habe. Ich bin einverstanden mit dem, was gemacht wurde, und bin zufrieden mit der Art und Weise, wie alles läuft.[10]

DIE GEFÄHRLICHE VERWANDTSCHAFT DES KÖNIGS

Die Frage der Nachfolge spielte in der Beziehung des Königs zur Königin und zu seinen übrigen Verwandten eine große Rolle. Solange der Kronprinz minderjährig war, konnte die Königin durchaus am Tod ihres Mannes interessiert sein, da sie dann zur Regentin ernannt worden wäre. Doch solange der König noch keine Söhne hatte, konnte sein Bruder ihm auf den Thron folgen, ein Grund, auch diesen gut im Auge zu behalten. Auch Onkel und Vettern konnten plötzlich An-

sprüche auf den Thron geltend machen. Daher war es ratsam
für den König, allen seinen Verwandten mit Mißtrauen zu begegnen.[11]

Wie wichtig es war, der Verwandtschaft gegenüber Wach-
samkeit walten zu lassen, stellte sich 1648 zu Beginn der
Unruhen der Fronde heraus. Ludwig XIV. war noch minderjährig, die Regierung unterstand seiner Mutter Anna von
Österreich und Kardinal Mazarin. Obwohl die Opposition
gegen den König zu einem großen Teil von den Bürgern und
dem Parlament in Paris getragen wurde, spielten auch einige
Prinzen von Geblüt eine führende Rolle. Mehrere Großneffen
Ludwigs XIV., sein Onkel und dessen Tochter, *la grande demoi-
selle*, nahmen mit eigenen Truppen am Kampf teil. Der
Aufstand wurde zu einer ernsthaften Bedrohung für den jungen König und seine Mutter. Doch fünf Jahre später, 1653,
scheiterte die Fronde an der Uneinigkeit und dem gegenseiti-
gen Mißtrauen der beteiligten Truppen. Um eine Wieder-
holung dieses für ihn traumatischen Ereignisses zu verhindern,
zwang Ludwig XIV. seine gesamte Verwandtschaft, sich fortan
am Hof aufzuhalten.[12] Außer mit seiner eigenen Familie wohnte er dort mit seiner Mutter, Anna von Österreich, und seinem
jüngeren Bruder samt Frau und Kindern. Als Ludwigs Sohn
erwachsen war, blieb auch er mit seiner Familie in Versailles,
ebenso wie später seine Enkel. Aber auch die Prinzen von Geblüt, die Großonkel, Vettern und Kusinen des Königs waren
diesem Zwang unterworfen. 1680 berichtet der italienische
Botschafter Primi Visconti:

Man will am Hof nur untertänige Menschen ohne heimliche Absichten. Die Prinzen von Savoyen und Lothringen
und die anderen Prinzen aus vornehmem Hause, die der
Krone mit ihren Cliquen und den von ihnen geschürten
Unruhen gefährlich geworden sind, sehen sich jetzt genötigt, den Hof zu verlassen oder dort wie einfache und

unglückliche Ritter zu leben. Sogar die Prinzen von Geblüt werden nicht besser behandelt, ihnen wird nur eine
einfache Auszeichnung aufgrund ihrer Geburt zuteil; im
übrigen und was die Geschäfte angeht, werden nur die
Minister großzügig behandelt.[13]

Für jeden Schritt außerhalb des königlichen Hofes mußten
sich hohe Adlige erst die Erlaubnis des Königs einholen.[14]
Damit wird verständlich, daß der König, wenn er seine Position nicht gefährden wollte, zu seiner Frau kein entspanntes
Verhältnis haben konnte. Hätte sie auch seinen Vorstellungen
ideal entsprochen, er hätte sie doch immer auf Abstand halten
müssen. Daß er sich eine Mätresse nahm, mag auf diesen Umstand zurückzuführen sein. Wie jeder Mensch hatte auch der
König das Bedürfnis nach einer unkomplizierten Beziehung zu
einer Person seines Vertrauens. Doch er mußte inmitten seiner
Höflinge jeden Schritt und jedes Wort abwägen. So heißt es in
seinen Memoiren:

> Man muß vor sich selbst auf der Hut sein, gegen seine
> Neigungen und vor allem gegen seine Empfindungen. Der
> Beruf des Herrschers ist groß, edel und erquickend, wenn
> man sich würdig fühlt, alle Aufgaben, zu denen er ver-
> pflichtet, wohl zu erfüllen; aber er ist nicht frei von Kum-
> mer, Mühen und Unruhe.[15]

Eine Mätresse konnte im Gegensatz zur königlichen Familie
sehr wohl ins Vertrauen gezogen werden, da sie in ihrer Stellung am Hof vom König völlig abhängig war und dies nicht so
leicht durch Verrat aufs Spiel setzen würde. Der König konnte
sie fallenlassen, sobald er irgendeinen Verdacht schöpfte. Sie
war für ihn also weit weniger bedrohlich als die Königin.[16] So
war das Verhältnis zwischen ihnen entspannter, und er konnte
sie leichter ins Vertrauen ziehen.

Zwar ist der sexuelle Aspekt der Beziehung nicht zu unterschätzen, doch mindestens ebensosehr zählte, daß sie ihm Unterstützung und Unterhaltung bot. Um seine sexuellen Bedürfnisse zu befriedigen, hatte der König genügend andere Möglichkeiten. Von Ludwig XV. zum Beispiel ist bekannt, daß sein Kammerherr ihm regelmäßig Mädchen von niederem Stand zuführte. Im Park von Versailles, dem *Parc aux Cerfs*, gab es sogar ein Haus, das von mehreren Frauen bewohnt wurde, die regelmäßig einen Herrn empfingen, von dem sie nur wußten, daß er ein hoher Adliger war. Dieses Haus war das Privatbordell des Königs.[17] Daß die Beziehung des Königs zu seiner Mätresse zum Teil auf dem Bedürfnis nach Vertrautheit beruhte, bestätigt Madame de Maintenon:

Wenn der König von der Jagd heimkehrt, kommt er zu mir; dann ist die Tür geschlossen, und niemand kommt herein. Hier bin ich dann alleine mit ihm. Ich muß seine Sorgen mittragen, wenn er welche hat, seine Traurigkeit, seine nervöse Niedergeschlagenheit; manchmal bricht er in Tränen aus, die er nicht zurückhalten kann, oder aber er klagt über Krankheit.[18]

Der König bestand darauf, er als Landesherr habe einen Anspruch auf das Vergnügen, das ihm eine Mätresse bieten konnte:

Wenn man seine Sorge dem Staate schenkt, so arbeitet man für sich selbst. Das Wohl des einen führt zum Ruhm des anderen. Wenn der Staat glücklich, groß und mächtig ist, so ist der, der diesen Zustand herbeigeführt hat, ruhmreich, und er muß daher weit tiefer als seine Untertanen, sowohl in bezug auf sich selbst als in bezug auf sie, alles das empfinden, was es an Reizen im Leben gibt.[19]

Das Staatsinteresse und die Erhaltung der eigenen Position stellte Ludwig XIV. über alles. Da dies das Verhältnis zu seiner Frau trüben mußte, beanspruchte er das Recht auf eine Mätresse. Wenn es also am französischen Hof Mätressen gab, können die Gründe dafür nicht ausschließlich im Scheitern individueller Beziehungen gesucht werden.

DAS ZURÜCKGEZOGENE LEBEN DER KÖNIGIN

Es dauerte anderthalb Jahre, bis Königin Marie-Thérèse wirklich begriff, daß Ludwig XIV. ein Verhältnis mit Louise de La Vallière hatte. Der ganze Hof wußte es, nur sie nicht. Da sie ein Kind erwartete und niemand sie unglücklich machen wollte, hatten ihre Schwiegermutter und ihre Hofdamen die Beziehung vor ihr geheimgehalten. Doch allmählich schöpfte sie Verdacht, obwohl sie es sich anfangs überhaupt nicht vorstellen konnte, da es am spanischen Hof, wo sie herkam, immer geheißen hatte, nur Prinzessinnen könnten das Herz des Königs erobern.[20] Marie-Thérèse zweifelte bis zu dem Tag, an dem sie von einer Gräfin um eine Unterredung gebeten wurde, die ihr, wie sie sagte, ein großes Geheimnis enthüllen wollte. Die Königin traf sich mit ihr in einem Kloster, dem sie regelmäßig Besuche abstattete. Dort berichtete die Gräfin ihr alles, was sie von der Affäre zwischen Ludwig XIV. und Louise de La Vallière wußte. Von diesem Zeitpunkt an mußte die Königin der Wahrheit wohl oder übel ins Gesicht sehen, was ihr nicht leichtfiel.[21]

Ihre Rolle als Ehefrau wurde vor den Augen aller Höflinge von der Mätresse unterminiert, und von ihrem formal zweiten Platz bei Hofe blieb in der Praxis wenig übrig. Zwar wurde sie weiterhin mit allem Respekt behandelt, doch wer am Hofe wirklich glänzte, war die Mätresse des Königs. Die Königin war nicht nur eifersüchtig, weil ihr Mann ihr untreu geworden war; auch ihre Ehre und Würde als Königin standen auf dem Spiel.

Unter dem Druck der strengen Hofetikette durfte Marie-Thérèse sich von ihrer Eifersucht nichts anmerken lassen. Solange ihre Schwiegermutter lebte, konnte sie sich bei ihr beschweren, doch auch diese konnte ihr Leid nur in sehr beschränktem Maß mildern. Es dauerte Jahre, bis sie sich damit abfand, daß Ludwig eine Mätresse hatte. Als der König schon mit drei verschiedenen Frauen ein Verhältnis gehabt hatte, versöhnte sie sich mit der ersten, da sie fortan einen gemeinsamen Feind hatten. Beide fanden sogar einen gewissen Rückhalt beieinander, als die neue Favoritin ihnen gegenüber ein unausstehlich arrogantes Benehmen an den Tag legte.[22]

Der König forderte viel Geduld und Selbstbeherrschung von seiner Frau und seinen Mätressen. Seit Versailles zur ständigen Residenz des Hofes geworden war, sahen Königin und Mätresse einander fast täglich. Dreimal in der Woche besuchten sie die geselligen Zusammenkünfte im Großen Appartement des Königs, sie trafen täglich in der Kapelle zusammen, und manchmal gingen sie auch miteinander auf Reisen.[23] Dann saß der König in seiner Kutsche, rechts neben sich die Königin, links seine Mätresse und ihm gegenüber die vorige Mätresse, die aufzugeben er sich weigerte. Dieser Umstand führte zu Spannungen, an denen die Königin jedoch wenig ändern konnte. Die Mittel, über die sie verfügte, um mit der Rivalin zu konkurrieren, waren sehr beschränkt.

Die Aufgaben der Königin als Mutter des Thronfolgers und eventuelle Regentin gaben wenig Anlaß zu einer prominenten Rolle im Hofleben. Die vielen Schwangerschaften, die nötig waren, um die Thronfolge zu sichern, schlossen sie häufig vom gesellschaftlichen Leben aus, und die Regentschaft, die ihr noch ein gewisses Prestige hätte verschaffen können, war nicht mehr als eine Formalität.

Die Königin mischte sich daher auch wenig unter die tonangebenden Cliquen des Hofes. Sie lebte zurückgezogen in ihren Gemächern, in denen sie ihre eigenen, vom König unabhängigen, meist kirchlichen Aktivitäten entfaltete. Mit einer solchen Lebensweise konnte eine Königin am französischen Hof niemals populär werden. Madame de Sévigné zufolge wurden die Hofdamen 1664 vom König

Königin Marie-Thérèse 1660

gezwungen, Marie-Thérèse Gesellschaft zu leisten:

> Die Palastdamen bekommen eine unangenehme Aufgabe. Der König hat bestimmt, daß sie sich fortwährend in der Nähe der Königin aufhalten müssen. Madame de Richelieu bedient zwar nicht mehr bei Tisch, ist jedoch immer anwesend, wenn die Königin mit vier Damen diniert, die abwechselnd Dienst haben. Die Comtesse d'Ayen ist Nummer sechs; sie verabscheut diese Verpflichtung wie auch die Tatsache, daß sie sich alle Tage zur Vesper, zur Predigt und zur Andacht begeben muß. So ist denn nichts vollkommen auf dieser Welt.[24]

Das Bild einer übertrieben frommen Königin paßte nicht zu einem König wie Ludwig XIV., der gerade auf den gesellschaftlichen Aspekt des Hoflebens großen Wert legte und unablässig auf seine Wirkung bedacht war. Es ist denn auch kein Zufall, daß der König lieber die Hofdamen zum Umgang mit der Königin zwang, als daß er seine Frau zu einem interessanteren Leben angeregt hätte. Warum sorgte er nicht dafür, daß sie zumindest für ihre Hofdamen eine etwas unterhaltsamere Gesellschaft abgab? Selbst wenn Marie-Thérèse die langweiligste Person am ganzen Hof gewesen wäre, hätte er ihre Stellung immer noch bedeutender machen können, als sie es war. Er hätte ihr selbständige Aufgaben übertragen können, sie bei der Organisation von Hoffesten und Theateraufführungen einbeziehen, ihr ein Kunstmäzenat schenken oder ihr die Zuständigkeit für königliche Gebäude überlassen können. Statt dessen gab er sich mit einer unscheinbaren, äußerst devoten Königin von Frankreich zufrieden.

Daß der König keine einzige Initiative in diese Richtung ergriff, hatte mit der wichtigsten Funktion der Königin zu tun: Sie hatte Nachkommen für den französischen Thron zu gebären. Es war von entscheidender Bedeutung, daß sie unbescholten war; es durfte kein einziger Zweifel darüber entstehen, wer der Vater der Kinder war, da sonst die Legitimität der Thronfolge hätte in Frage gestellt werden können. Deshalb wurde die Königin auf all ihren Ausflügen von zuverlässigen Höflingen eskortiert und hatte wenig Bewegungsfreiheit.[25]

Ludwig XIV. 1661

Die Legitimität des Kronprinzen zu beweisen war so zwingend, daß alle Geburten in Gegenwart zahlreicher Zuschauer stattfanden. Bei jeder Geburt hielten sich im Prunksaal der Königin Krankenschwestern, Ärzte, betende Nonnen, Minister, Mitglieder der königlichen Familie und neugierige Höflinge auf. Manchmal fand eine Geburt unerwartet mitten in

der Nacht statt, wenn sich alle schon zum Schlafen zurückgezogen hatten. Das passierte der Dauphine, der Kronprinzessin,
1751. Der Herzog von Croy beschreibt den Vorfall in seinem
Tagebuch. Die Prinzessin spürte, wie die Wehen anfingen,
geriet in Panik und rief:

»Der König! Der König! Zeugen!« Monsieur de Dauphin
[der Kronprinz] rannte im Morgenrock und ganz verwirrt
zur Tür, nachdem er im Antichambre über Monsieur de la
Vauguyon gestolpert war. Alle waren schon zu Bett gegangen. Unter der Treppe des Königs fand er noch zwei
Sänftenträger, die er hineinschickte, ebenso wie die Leib-
wächter von Madame de Dauphine, sechs an der Zahl;
[...] auch die Schildwache, die ihren Posten nicht verlassen wollte, zerrte er mit.
Als er mit ihnen allen zurückkehrte, war das Kind bereits
zur Welt gekommen, um sieben nach eins am 13. September 1751. Der Arzt, der gemerkt hatte, daß es ein Junge
war, hatte die Geburt etwas hinausgezögert, da alles gut-
ging und keine Eile geboten war. Er sagte zu Madame de
Dauphine, es bestehe kein Grund zur Beunruhigung, sie
könne zufrieden sein, doch er würde das Kind noch kurz
zwischen ihren Schenkeln liegen lassen, bis Zeugen gekommen seien. Sie antwortete: »Wenn's denn sein muß!
Aber schieben Sie ihn dann etwas weiter nach unten, er
tritt mich!« Als Monsieur de Dauphin mit den Leuten, die
er hatte finden können, hereintrat, hob der Arzt das Kind
hoch und vollendete die Geburt ...[26]

So konnten alle mit eigenen Augen sehen, daß das Kind wirklich von der Königin zur Welt gebracht worden war.
Die Wichtigkeit der unumstrittenen Thronfolge beschränkte
die Königin in ihren Möglichkeiten, mit den Mätressen zu
wetteifern. Sie konnte es sich nicht erlauben, sich bei Festen

auf ähnliche Weise zu vergnügen. Doppeldeutigkeiten, zwei-
deutige Witze, teurer Putz, der alle Blicke hätte auf sich ziehen
können, wurden an ihr gerade nicht geschätzt. Der Zukunft
ihrer Kinder zuliebe sah sie sich gezwungen, ein zurückgezogenes Leben zu führen. Daher mußte sie versuchen, ihre Stellung auf andere Weise zu verteidigen.

DIE FAKTION DER KÖNIGIN GEHT
ZUM ANGRIFF ÜBER

Für Marie-Thérèse, die in der strengen katholischen Tradition
des spanischen Hofes aufgewachsen war, spielte die Kirche ihr
Leben lang eine große Rolle. Sie ging täglich zur Messe und
widmete sich der Wohltätigkeit; in der Faktion der strengen
Hofgeistlichen, der *dévots*, fand sie Mitstreiter in ihrem heimlichen Widerstand gegen die Mätresse ihres Gatten. Die wichtigsten Vertreter dieser Faktion waren 1675 der Hauslehrer des
Kronprinzen, Bischof Bossuet, der Hofpriester Bourdaloue und
Madame de Maintenon, die Erzieherin der unehelichen Kinder
des Königs. Alle drei unterstützten die Königin bei ihrem
ersten Versuch, die Mätresse aus ihrer Funktion zu vertreiben.

Madame de Montespan war schon seit 1668 die Mätresse
des Königs, doch erst 1674, nach ihrer Scheidung, konnte sie
offiziell am Hof vorgestellt werden. Wahrscheinlich war diese
Änderung ihres Status der Grund, weshalb die Devoten
beschlossen, zum Angriff überzugehen. Jedes Mitglied der
Faktion versuchte kraft seiner oder ihrer Stellung, den König
zu beeinflussen, so daß Ludwig XIV. plötzlich von mehreren
Seiten unter Druck gesetzt wurde.

Madame de Maintenon, Erzieherin der unehelichen Kinder
des Königs, die ihn fast täglich sah, gehörte zu den wichtigsten

Initiatoren dieser Unternehmung. Schon seit Jahren versuchte
sie, Ludwig XIV. davon zu überzeugen, daß er zu seiner Frau
zurückkehren und sich um eine gute Beziehung zu ihr bemühen müsse.[27]

Auch Bossuet, der Hauslehrer des Kronprinzen und eine
Autorität in Kirchenfragen, sprach den König fast täglich auf
seinen Ehebruch an. Er hielt Ludwig XIV. vor, als christlicher
König müsse er sich anders verhalten; doch es gehe nicht nur
um seine Stellung, sondern auch um sein eigenes Gewissen.
Streng und unerbittlich ermahnte er ihn:

> Euer Herz wird keinen Frieden in Gott finden, solange
> darin die heftige Leidenschaft herrscht, die Euch schon so
> lange von Ihm trennt.[28]

Der Dritte im Bunde der Devoten war der Priester Bourdaloue, der das Verhalten des Königs von der Kanzel herab
öffentlich geißelte. Bourdaloue war bekannt für seine Bered-
samkeit und die Eleganz seiner Predigten. Sofern die Höflinge
über die Offensive der Devoten nicht schon im Bilde waren,
sorgte Bourdaloue dafür. Ludwig wurde in Gegenwart des ganzen Hofes zurechtgewiesen.[29]

Unter normalen Umständen hätte er dem Druck vermutlich
eine Weile standgehalten, doch jetzt stand er kurz davor, als
Heeresführer zu seinen Truppen nach Flandern aufzubrechen,
um die Franche-Comté von den Holländern zurückzuerobern.
Ludwig war ein gläubiger Mann, und ihm lag daran, daß
Gottes Segen auf seiner Unternehmung ruhte.[30] Nach anfäng-
lichen Erfolgen im Feldzug gegen die Vereinigten Niederlande
war es schlecht bestellt um das Heer der Franzosen. In dieser
Zeit versprach er, eine Trennung von Madame de Montespan
unter der Bedingung in Erwägung zu ziehen, daß Bossuet sie
von der Unumgänglichkeit dieses Schrittes überzeugen könne.

Die Mätresse hatte jedoch kein Vertrauen zu Bossuet. Sie

Bourdaloue, Bossuet, Madame de Maintenon

vermutete, er wolle sie beiseite schieben, um seinen eigenen Einfluß auf den König zu stärken. Sie nahm ihm sein Vorgehen sehr übel, doch Bossuet blieb beharrlich. Jeden Abend besuchte er sie und versuchte sie jedesmal aufs neue davon zu überzeugen, daß sie den König verlassen müsse. Letztlich traf jedoch nicht sie die Entscheidung, sondern der König, der sich inzwischen bereit erklärt hatte, den Wünschen der Devoten entgegenzukommen. Er wolle nur noch Madame de Montespans Zustimmung abwarten. In der Hoffnung, das Gewitter werde sich durch ihre Abwesenheit rasch verziehen, zog sich diese daraufhin auf ihr Landgut Clagny zurück; doch als sie wenige Tage später zur Beichte ging, verweigerte ihr der Vikar der Versailler Gemeinde die Absolution:

Ist das etwa die Montespan, die ganz Frankreich skandalisiert? Gehen Sie, Madame, lassen Sie Ihr schändliches Benehmen fahren und werfen Sie sich den Dienern Jesu Christi zu Füßen.[31]

Wütend ging Madame de Montespan zum König und beklagte sich bei ihm. Sie bestand darauf, der Geistliche müsse zur Ordnung gerufen werden. Ludwig XIV. leistete ihrem Wunsch Folge, doch der Abt hielt zu seinem Vikar. Nun fühlte sich der

König in seiner Ehre gekränkt und legte Bossuet die Sache vor.
Der Bischof meinte, ein Priester könne nur in höchst seltenen
Fällen die Absolution verweigern, manchmal sei es aber nicht
anders möglich, und im Falle von Madame de Montespan habe
anscheinend das Gewissen gesprochen.

Dem König wurde immer unbehaglicher zumute. Wenn seiner Geliebten die Absolution verweigert wurde, warum sollte
er nicht der nächste sein? Er beriet sich mit dem Herzog von
Montausier, dessen Urteil er schätzte. Dieser meinte in Bos-
suets Gegenwart, es sei in der Tat wohl besser, die Beziehung
zu beenden und Madame de Montespan ganz vom Hof zu entfernen. Da der König mit einem guten Gewissen nach Flandern ziehen wollte, gab er nach. Madame de Montespan verließ den Hof, und die *dévots* feierten ihren ersten Sieg.[32]

Sie waren sich jedoch ihrer Sache nicht ganz sicher. Die
Bekehrung des Königs war unter Druck zustande gekommen,
und Madame de Montespan machte nicht den Eindruck, als
sei sie bereit, auf ihre Rolle als Mätresse aus religiösen
Gründen zu verzichten. Um immer gut unterrichtet zu sein,
hatte Madame de Maintenon eine Kammerzofe von Madame
de Montespan bestochen, für sie zu spionieren. In einem Brief
an einen ihrer Günstlinge schrieb sie:

> Die Kleine hat mir erzählt, ihre Herrin erleide unbe-
> schreibliche Wutanfälle. Seit zwei Tagen habe sie keinen
> Menschen gesehen. Sie schreibe von morgens bis abends,
> und beim Schlafengehen zerreiße sie alles wieder. Ihr Zu-
> stand dauert mich. Niemand bemitleidet sie, obwohl sie
> vielen Leuten Gutes getan hat. Wir werden sehen, ob der
> König nach Flandern abreist, ohne ihr Adieu zu sagen.[33]

Sowie die Trennung ausgesprochen war, versuchte die Königin,
ihre frühere Rivalin und Hofdame, in der Hoffnung, sie zu bekehren, in ihre Wohltätigkeitsarbeit einzubeziehen. Madame

de Sévigné beschreibt mehrere Besuche der Königin und Madame de Montespans bei den Karmeliterinnen in den Jahren 1675 und 1676.[34]

> Heute hat die Königin bei den Karmeliterinnen von Bouloi mit Frau von Montespan und der Äbtissin von Fontrevault gegessen. Sie werden noch erleben, wie diese Freundschaft von ihrer Höhe tief hinunterstürzen wird.[35]

Madame de Sévigné äußerte sich abschätzig über das sogenannte freundschaftliche Verhältnis zwischen der Königin und Madame de Montespan. Da der Bruch mit dem König unter dem Druck der Verbündeten der Königin zustande gekommen war, durfte an der Aufrichtigkeit dieser Freundschaft zumindest gezweifelt werden.

DER ANTEIL DER GEISTLICHKEIT AN DEN REGIERUNGSGESCHÄFTEN IM 17. JAHRHUNDERT

Ludwig XIV. hatte sich dem Willen der Hofgeistlichen zwar vorübergehend gebeugt, doch schon bald sollte sich zeigen, daß sein Entschluß keiner festen Überzeugung entsprungen war: Nach wenigen Monaten nahm er heimlich seine Besuche bei Madame de Montespan wieder auf, und zwei Jahre später stand sie wieder in aller Öffentlichkeit an seiner Seite. Daß er sie vom Hof weggeschickt hatte, war nicht nur aus religiösen, sondern auch aus politischen Gründen geschehen.

Das Verhältnis des Königs zum Klerus war schon immer gespannt gewesen. Er konnte den Hofgeistlichen nie ganz seinen Willen aufzwingen, da er sie zur Ausübung seiner Herr-

schaft brauchte. Über die Bischöfe, die meist reichen Adelsfamilien entstammten und über wichtige Beziehungen verfügten, wurden regelmäßig königliche Instruktionen an den
niederen Klerus weitergegeben, der von der Kanzel herab
gegen den Wucher, den Gebrauch falscher Maße und Ge-
wichte oder gegen die säumigen Steuerzahler wetterte.[36] Die
Geistlichkeit bildete einen bedeutenden Machtfaktor im Land,
sie verfügte über eigene Gerichte und verwaltete Schulen und
Universitäten. Ungefähr zehn Prozent des Grundbesitzes war
in Händen der römisch-katholischen Kirche, die sich mit dem
Zehnten eine wichtige Einnahme geschaffen hatte. Zwar
brauchte die Kirche darauf keine Steuern zu entrichten, doch
gewährte sie dem König, auf Beschluß der Kirchenspitze, regelmäßig Darlehen. Da er sich ständig in Geldnot befand, war er
gewissermaßen auf das Entgegenkommen des Klerus angewiesen.[37]

Unter den Geistlichen herrschte jedoch große Uneinigkeit,
und auch das Einvernehmen zwischen König und Papst wurde
durch Meinungsverschiedenheiten beeinträchtigt. So wurde
zum Beispiel ein langer Kampf um die Bischofsernennungen
geführt. Der König wollte sich das Recht vorbehalten, die französischen Bischöfe selbst einzusetzen, während der Papst danach strebte, sie unter seine direkte Autorität zu stellen.
Zudem tobte ein heftiger Streit zwischen Jansenisten und
Jesuiten, und auch die Tatsache, daß die Kirche zugleich Be-
schützerin der Armen und Erfüllungsgehilfin des Königs war,
sorgte für Uneinigkeit.[38] All diese Fragen mußten von Ludwig
XIV. und seinen Ministern mit viel Takt behandelt werden,
und der König konnte sich in Anbetracht der Interessen, um
die es ging, nicht erlauben, sich einflußreiche Geistliche wie
Bossuet und Bourdaloue zu Gegnern zu machen. Bischof
Bossuet beispielsweise war nicht nur Erzieher des Kronprinzen,
er gehörte auch dem *Conseil de Conscience* an, der sich
wöchentlich mit dem König über alle Frankreich betreffenden

kirchlichen Angelegenheiten beriet. Bossuet konnte kraft seines Amtes Kandidaten für kirchliche Ämter vorschlagen, wodurch er sich, wie die anderen Mitglieder des Conseils auch,
eine große Klientel aufbaute und sehr einflußreich war.[39]

Doch das Finanzielle und Organisatorische war nicht der
einzige Grund für die Abhängigkeit des Königs von der Kirche.
Auch sein Bild in der Öffentlichkeit, seine Ausstrahlung und
vor allem das gottgewollte Recht des Herrschers waren zum
Teil vom Wohlwollen des Klerus abhängig.

Schon im 9. Jahrhundert hatte sich die französische Krone
mit der Kirche verbunden. Einer Legende zufolge, die man sich
auch unter Ludwig XIV. noch erzählte, wurde König Chlodwig
nach seiner Bekehrung zum Christentum am Weihnachtstag
des Jahres 498 mit Öl gesalbt, das himmlischen Ursprungs war.
Seitdem wurde das heilige Gefäß mit dem Öl in der Kathedrale
von Reims aufbewahrt, dem einzigen Ort, an dem die offizielle
Krönung französischer Könige stattfinden durfte. Die von
einem Bischof vorgenommene Salbung bestätigte das göttliche
Recht des Königs auf die Herrschaft.[40] Diese dem Mittelalter
entstammende Auffassung paßte auch im 17. Jahrhundert
noch in die Ideologie des Absolutismus. Bossuet, der sich auf
das Schreiben politischer Traktate verlegte, betont, der König
sei aufgrund seiner Salbung in Reims ein Gesandter Gottes, so
daß jeder, der dem König Gehorsam leiste, damit auch Gott
gehorche.[41]

Der Legende zufolge empfing der König bei der Salbung
neben dem göttlichen Segen zugleich auch die Fähigkeit, die
Skrofulose, eine heute seltene Haut- und Lymphknotenerkran-
kung, zu heilen. Zu den wichtigsten kirchlichen Feiertagen wie
Ostern, Pfingsten und Weihnachten strömten Tausende von
Kranken mit ihren Verwandten zu den feierlichen Zeremonien,
wo der König seine übernatürliche Gabe demonstrierte. Wenige Tage vorher ließ der Domherr überall in der Stadt Ort
und Zeit des Ereignisses durch Trompeter verkünden. Der

Glaube an die Heilkraft des Königs war groß; viele kamen von
weither, aus Spanien, Portugal,
Italien und Deutschland, in der
Hoffnung, von ihrer Krankheit zu
genesen.[42]

Ausgerechnet vor Ostern, als
sich die Skrofulosekranken nach
Paris aufmachten, erreichte die
Krise zwischen dem König und
den *dévots* ihren Höhepunkt.
Ludwig konnte die rituelle Hei-
lung jedoch nur vollziehen, wenn

*Madame de Montespan in
ihrem Schloß in Clagny*

er nach der Beichte vom Priester die Absolution empfangen
hatte. Der Druck, den die Devoten auf den König ausübten,
wurde durch die zahllosen Kranken, die auf ihn warteten, ver-
stärkt. Zwar hat Ludwig XIV. nie verlauten lassen, weshalb er
den Forderungen der Devoten nachgegeben hat, doch liegt es
nur allzu nahe, daß die angekündigte Genesungszeremonie
sowie sein absolutistischer Anspruch und die bevorstehenden
Kriegsstrapazen eine entscheidende Rolle bei seiner Kapitula-
tion gespielt haben, in deren Folge Madame de Montespan den
Hof noch vor den Osterfeiertagen verlassen mußte.[43]

DER KOMPROMISS MIT DEM BEICHTVATER
(1678–1683)

Schon bald nach Madame de Montespans Entfernung vom
Hof stellte sich heraus, daß der Erfolg der Devoten offenbar
nicht ganz den Erwartungen der Königin entsprach. Schon
kurz nach der Abreise Ludwigs XIV. zu seiner Armee in Flan-

dern waren die Damen aus Marie-Thérèses Entourage regelmäßig im Schloß ihrer Freundin Madame de Montespan zu finden. Für Marie-Thérèse war dies eine überaus unglückliche
Entwicklung. Am 7. August 1675 schrieb Madame de Sévigné:

> Die Damen der Königin sind dieselben, die Frau von
> Montespan Gesellschaft leisten. Man spielt und speist dort
> und hat jeden Abend Konzert. Nichts ist verborgen, nichts
> ist geheim, die Spazierfahrten sind Triumphzüge.[44]

Eine von Madame de
Montespans Freundinnen,
Madame de Richelieu,
macht Gebrauch von der
Situation. Sie beklagt, es
sei doch wohl sehr über-
trieben, Madame de Mon-
tespan so völlig vom Hof
fernzuhalten. Madame de
Montespan sei schließlich
eine der Hofdamen der
Königin, und durch ihre
Entfernung vom Hof kön-
ne sie ihren Verpflichtungen nicht nachkommen.
Außerdem hätten sowohl

*Ludwig XIV. als Befehlshaber
der Truppen*

der König als auch sie selbst sich bekehrt und erklärt, sie würden einander fortan nur in der Öffentlichkeit sehen. Madame
de Richelieu hatte mit ihrer Aktion Erfolg, und Madame de
Montespan kehrte an den Hof zurück.

1675 und 1676 mußte sich Ludwig XIV. oft zu seiner Armee
begeben, die gegen die Republik der Vereinigten Niederlande
unter Erbstatthalter Wilhelm III. Krieg führte. Durch die häu-
fige Abwesenheit des Königs verlief die wiederaufgenommene

*Madame de Montespan mit den unehelichen Kindern,
die sie Ludwig XIV. gebar*

Beziehung zu Madame de Montespan unproblematisch. Doch im Sommer 1676, als Ludwig nach der Einnahme von Maastricht als Triumphator nach Paris zurückkehrte, wurden alle guten Vorsätze schon bald nach dem ersten Wiedersehen beiseite geschoben: Die Beziehung mit der Mätresse blühte wie eh und je. Im Mai des darauffolgenden Jahres kam Madame de Montespan abermals mit einer Tochter nieder.

Unter den wichtigsten Parteigängern der Devoten war, wie bereits erwähnt, Madame de Maintenon, die Gouvernante von Madame de Montespans Kindern. Obwohl es Madame de Montespan gewesen war, die ihr zu dieser Stellung verholfen hatte, wuchs bei ihr die Überzeugung, der König müsse die Beziehung zu seiner Ehefrau neu beleben. Dadurch entwickelte sie sich zur gefährlichen Widersacherin ihrer ehemaligen Freundin. Sie beobachtete alle Schritte des königlichen Beichtvaters, denn sie fand, daß er sich nicht genügend für die Sache einsetzte. Der Comtesse von Saint-Gérant schrieb sie am 26. Juli 1676:

Es sind alles zwecklose Pläne, Madame; einzig Père de La Chaise kann dafür sorgen, daß sie gelingen; schon zwanzig Mal hat er mir gegenüber seinen Kummer über die Entgleisungen des Königs zum Ausdruck gebracht, aber weshalb verweigert er ihm dann nicht die Sakramente? Er gibt sich mit einer halbherzigen Bekehrung zufrieden. […] Père de La Chaise ist ein anständiger Mann, doch die Atmosphäre am Hof verdirbt die unbeugsamste Tugendhaftigkeit und schwächt die strengste Moral.[45]

Père de La Chaise war erst seit Februar 1675 Beichtvater des Königs. Seine Aufgabe war es, ihm in allen religiösen Fragen zur Seite zu stehen. Der König ernannte seinen Beichtvater immer selbst, und da dies eine höchst ehrenvolle und lukrative Aufgabe war, hütete ein gerade ernannter Beichtvater sich davor, gleich wieder entlassen zu werden. Wollte er sich nun an die Regeln des römisch-katholischen Glaubens halten, mußte er dem König die Absolution verweigern, sobald dieser sich des Ehebruchs schuldig machte. Außerdem oblag es ihm, das Verhältnis zwischen Papst und König günstig zu beeinflussen. Das stellte ihn vor eine schier unlösbare Aufgabe.[46] Strikte Befolgung der Kirchenregeln würde entweder zur Exkommunikation des Königs oder zu seiner eigenen Entlassung führen; keins von beiden läge im Interesse des angestrebten Zieles. Daher entschied sich Père de La Chaise dafür, sich so wenig wie möglich einzumischen und sich den Devoten auch nicht anzuschließen.

Jedes Jahr vor Ostern wiederholte sich das Dilemma der Absolution. Der Beichtvater stand zwischen der Kritik der Devoten und der Notwendigkeit, sich die freundliche Gesinnung des Königs zu bewahren. 1676 und 1677 hatte der König sein Versprechen, die Beziehung zu Madame de Montespan zu beenden, gebrochen, doch er hatte es ziemlich unauffällig getan. Ostern 1678 wurde ein Konflikt unumgänglich, da Madame de Montespan ihre alte Stellung wieder ganz eingenommen hatte.

Père de La Chaise wußte sich keinen Rat mehr und wurde krank. Er ließ sich von einem anderen Jesuiten vertreten, der die Absolution zu verweigern wagte, worauf Madame de Montespan aufs neue fortgeschickt wurde. Auch im Jahr darauf bekam Père de La Chaise seine *maladie de politique*, wie Saint-Simon es nannte, doch diesmal kostete es mehr Mühe, einen Vertreter zu finden, der bereit war, in dieses Wespennest zu stechen.[47] Es war klar, daß dies nicht jahrelang so weitergehen konnte. Der Beichtvater einigte sich mit dem König darauf, daß er ihm die Absolution erteilen würde, wenn die Mätresse sich an allen kirchlichen Feiertagen vom Hof zurückziehen würde. 1679 reiste Mademoiselle de Fontanges, die kurze Zeit neben Madame de Montespan Ludwigs Mätresse gewesen war, vereinbarungsgemäß für einige Wochen in ein Kloster, das der König ihrer Schwester gekauft hatte.[48] Auch Madame de Montespan sah sich gezwungen, auf den Kompromiß einzugehen. Fortan nannte sie Père de La Chaise ihre *Chaise de commodité*.[49] Dennoch war diese Regelung sehr nachteilig für sie, da sie durch ihre Abwesenheit jedes Jahr einen ganzen Monat lang ihre eigenen Interessen und die ihrer Entourage nicht wahrnehmen konnte.

Königin Marie-Thérèse hatte während vieler Jahre versucht, sich der Mätressen ihres Mannes zu entledigen. Gegen Ende ihres Lebens gab sie den Kampf auf und akzeptierte den Kompromiß. Sieger gab es eigentlich nicht. Die Mätresse fühlte sich nie wirklich anerkannt, da sie den Hof alljährlich für einige Wochen verlassen mußte, die Königin hingegen mußte elf Monate im Jahr ansehen, wie die Mätresse ein Amt bekleidete, das das ihre in vielerlei Hinsicht übertraf. Nach dem Tod der Königin 1683 wurde Madame de Maintenon schon bald zur morganatischen Ehefrau Ludwigs XIV. Seine außerehelichen Beziehungen waren damit beendet.

Zweiundvierzig Jahre später sollte Königin Maria Leszczynska in gleicher Weise Streit mit ihren Konkurrentinnen anfan-

gen. Als sie Königin wurde, hatte sich jedoch viel an der Stellung des Königs und an seiner Abhängigkeit vom französischen
Klerus geändert, wodurch der Kampf der Königin und der
devoten Partei eine neue Wendung nahm.

DIE HOCHZEIT DER PRINZESSIN
MARIA LESZCZYNSKA (1725)

Königin Maria Leszczynska, die Gemahlin Ludwigs XV., erzählte ihren Freunden manchmal, wie sie als arme polnische
Prinzessin eines Tages vernahm, sie sei von herausragenden
Vertretern des französischen Hofes zur Königin von Frankreich
auserkoren worden. Ihr Vater, der entthronte König Stanislaus,
war mit seiner Familie nach Wissembourg im Elsaß geflüchtet,
wo er in der Verbannung auf den Tag wartete, an dem er nach
Polen zurückkehren könnte. Er hatte alles verloren, und sein
Haushalt bestand nur noch aus einigen wenigen Getreuen, die
bereit waren, die Armut mit ihm zu teilen. Die Zukunftsaus-
sichten waren schlecht, und die zweiundzwanzigjährige Maria
wurde auf ein einfaches Leben vorbereitet.[50]

Eines Tages stellte sich heraus, daß sich das Blatt über-
raschend gewendet hatte. Aufgeregt trat König Stanislaus in
das Zimmer, wo seine Frau und Tochter an ihrer Stickarbeit
saßen. »[...] sein Gesicht strahlte von einer seltsamen Freude,
und er hielt einen Brief in der Hand: ›Ach, meine Tochter!‹
rief er, ›laß uns niederknien und Gott danken!‹ – ›Wie, Vater,
sind Sie auf den Thron zurückberufen?‹ – ›Der Himmel
schenkt uns noch Größeres‹, sagte Stanislaus, ›du bist Königin
von Frankreich!‹« Maria ließ sich von ihren Eltern umarmen,
und alle drei dankten Gott für das unverhoffte Glück, das
ihnen zuteil geworden war.[51]

Es folgten betriebsame Wochen, in denen Maria auf ihre Ehe mit Ludwig XV. vorbereitet wurde. Stanislaus löste seine verpfändeten Juwelen aus und führte Verhandlungen mit dem Herzog von Bourbon über seinen künftigen persönlichen und politischen Status in Frankreich; die Vorbereitungen für die Hochzeitsfeierlichkeiten wurden getroffen.

Am 15. August fand eine offizielle Zeremonie im Straßburger Münster statt, bei der Maria Ludwigs Stellvertreter, dem Herzog von Orléans, übergeben wurde. Zwei Tage später nahm sie Abschied von ihren Eltern und folgte den Franzosen nach Fontainebleau.

Im verregneten Sommer 1725 brachen die Kutschen und Gepäckwagen der französischen Adligen, Pagen und Soldaten in einer aufsehenerregenden Eskorte von mehr als vier Kilometern Länge aus Straßburg auf. In allen Städten und Dörfern, durch die die Karawane zog, wurde Maria mit großem Pomp empfangen; Salutschüsse wurden abgefeuert und Glocken geläutet, sie bekam die Stadtschlüssel überreicht, und alle Straßen waren ihr zu Ehren geschmückt.

Nach einer mühevollen Reise von gut zwei Wochen auf schlecht befahrbaren Wegen kam sie am 3. September im Dörfchen Montereau an, wo sie ihrem künftigen Ehemann gegenübertreten sollte. Inzwischen hatte sie fast alle wichtigen Hofleute kennengelernt, sogar der Erste Minister Fleury war ihr entgegengereist, doch den König kannte sie bisher nur von einem Porträt. Es war schon spät am Abend, als der Zug im strömenden Regen anhielt; Maria mußte bis zum nächsten Tag warten, bis sie ihren Mann zum erstenmal leibhaftig zu sehen bekam.

Um vier Uhr nachmittags sprengte endlich ein Reiter heran und meldete der Königin und ihren Begleitern, der König erwarte sie auf dem Hügel von Froidefontaine. Langsam erklomm die Kutsche der Prinzessin den Hügel, unter dem ständigen Jubel der Zuschauer, der in demselben Maße zunahm, wie sie sich dem König näherte. Es hatte aufgehört zu regnen, Bauern und Arbeiter aus der Umgebung säumten den Weg, und festliche Musik erklang. Als Maria die Kuppe des Hügels erreicht hatte, beeilte sie sich auszusteigen. Nach dem Protokoll mußte sie einen tiefen Knicks vor dem König machen, doch er gab ihr kaum Gelegenheit dazu. Sofort hob er sie zu sich empor und umarmte sie mehrmals beim Schall der Trommeln und Trompeten und den Rufen der Menge. Nach dieser ersten Begrüßung stellte er Maria die Mitglieder seiner Familie vor. Auch sie umarmten die neue Königin unter dem Beifall des Volkes.

Der König half seiner zukünftigen Frau in die Kutsche und geleitete sie mit einigen Hofdamen in ein nahegelegenes Schloß, wo sie die Nacht verbrachte. Er selbst fuhr noch am gleichen Abend weiter nach Fontainebleau, wohin ihm Maria am nächsten Morgen folgte. Dort fand wenige Stunden später die Trauung in einer kleinen Kapelle statt.

Es waren völlig Fremde, die sich am Altar gegenüberstanden; sie hatten noch kaum ein Wort miteinander gewechselt. Ihre Heirat war, wie alle königlichen Heiraten, aus Gründen der Staatsräson arrangiert worden, und ihre eigenen Wünsche und Gefühle spielten eine untergeordnete Rolle. In diesem Fall war die Wahl jedoch nicht von besonderen politischen Motiven bestimmt, sondern galt ausschließlich der Sicherstellung der Thronfolge.

Ludwig XV. war der letzte direkte männliche Erbe; nach seinem Tod hätte ein Nachfolger unter seinen Onkeln und Vettern ausgewählt werden müssen. Verschiedene Parteien am Hof wollten das verhindern, da sie um ihre eigene Stellung fürchteten. Einige Jahre zuvor, 1721, war Ludwig bereits der ältesten Tochter des spanischen Königs versprochen worden, die jedoch damals erst ein Jahr alt war. So lange wollte man nicht warten.[52] Einige angesehene Vertreter des Hofes gingen daher auf die Suche nach einer Kandidatin, die rasch für einen

Thronfolger sorgen könnte, und die Infantin, die bereits einige
Jahre am französischen Hof lebte, wurde nach Spanien zurückgeschickt. Über die in Frage kommenden siebzehn heirats-
fähigen Prinzessinnen zwischen dreizehn und zweiundzwanzig
Jahren wurden Nachforschungen hinsichtlich ihrer Religion,
ihrer Familie und ihrer körperlichen Eigenschaften angestellt,
wonach verschiedene Adlige aus Ludwigs XV. Umgebung ihr
Urteil abgaben. Einige Kandidatinnen kamen nicht in Frage,
weil sie entweder nicht katholisch waren oder die Heirat mit
ihnen zu politischen Unruhen geführt hätte. Schließlich blieben zwei Anwärterinnen übrig, von denen Maria Leszczynska
als die geeignetste angesehen wurde. Zur Zufriedenheit des
ganzen Hofes stellte sich heraus, daß mit Maria tatsächlich die
richtige Wahl getroffen worden war. In zehn Jahren gebar sie
Ludwig XV. zehn Kinder. Doch da nur Söhne für die Thronfolge in Frage kamen, war der Hof weniger glücklich über die
acht Töchter, die Maria zur Welt brachte. Von den beiden
Söhnen starb der Jüngste schon im Alter von drei Jahren, doch
solange der Älteste am Leben blieb, war die Thronfolge gesichert.

MISSTRAUEN INNERHALB DER
KÖNIGLICHEN EHE

Als Maria ihre Eltern verließ, konnte sie sich noch kaum vorstellen, was es bedeutete, den König des reichsten Landes von
Europa zu heiraten. Ihr Vater hatte sie darauf vorbereitet, eine
dienende und untergeordnete Rolle zu spielen, und daran er-
innerte er sie nochmals in einem Brief, den er ihr kurz nach
ihrer Vermählung schickte:

Nur dem Könige, Ihrem Gatten, sind Sie Ihr ganzes Vertrauen schuldig. Er muß der einzige Mitwisser Ihrer Gefühle sein, Ihrer Wünsche und Absichten, aller Ihrer
Gedanken; die Unklugheit läßt sich ihre Geheimnisse ent-
fahren, die Freundschaft vertraut sie an, die Liebe, die
wahre Liebe, verrät sie, ohne es zu merken. Versuchen Sie
trotzdem niemals die Schleier zu lüften, die über den
Staatsgeheimnissen liegen; die Staatsgewalt duldet keine
Gefährtin. [...] Entsprechen Sie den Hoffnungen des
Königs mit aller erdenklichen Aufmerksamkeit. Sie dürfen
nur noch ganz so wie er denken, nur noch die Freude und
den Kummer empfinden, die er empfindet, keinen anderen
Ehrgeiz kennen, als ihm zu gefallen, kein anderes Vergnügen, als ihm zu gehorchen, kein andres Streben, als
seine Liebe zu verdienen. Sie dürfen mit andren Worten
weder Laune noch Gelüst mehr haben; Ihre ganze Seele
muß in der seinigen aufgehen.[53]

Maria Leszczynska hatte sich vorgenommen, Ludwig XV. eine
gute Ehefrau zu sein und sich an den Rat ihres Vaters zu halten, sich nie und nimmer mit der Politik ihres Mannes zu
beschäftigen. Der Hof mit all seinen Kabalen erwies sich jedoch als ein wahres Minenfeld für die Königin. Schon bald
wurde sie gegen ihren Wunsch in eine Intrige verwickelt, durch
die ihre Beziehung zu Ludwig XV. ernsthaften Schaden erlitt.
Der Herzog von Bourbon und seine Geliebte, Madame de
Prie, die eine wichtige Rolle bei der Entscheidung für Maria als
Königin gespielt hatten, machten ihr von Anfang an deutlich,
daß sie ihnen zu Dank verpflichtet sei. Sie ließen ihr keine
Ruhe, bis Maria für sie ein Treffen mit dem König ohne Beisein
des immer anwesenden Kardinals Fleury arrangierte. Maria bat
den König schließlich um eine Unterredung unter vier Augen.
Zu seiner großen Überraschung fand er sich, kaum war er ein-
getreten, mit Madame de Prie und dem Herzog von Bourbon

allein. Sie überreichten ihm einen Brief mit Beschuldigungen gegen Fleury, die sein Mißtrauen wecken und die Position des Ministers ins Wanken bringen sollten. Den König verwirrte dies anfänglich sehr, denn er wußte nicht mehr, auf wen er sich verlassen sollte; doch nach einigen Tagen entschied er sich für Fleury, und die beiden Intriganten wurden vom Hof verbannt. Für Maria hatte der Vorfall schwerwiegende Folgen. Ludwig brach die Beziehung zu ihr vorläufig ab; aus seinem Schloß in Rambouillet schrieb er ihr einen kurzen Brief, der ihr in Versailles übergeben wurde:

> Ich bitte Sie, Madame, und wenn es sein muß, ich befehle Ihnen, allem zu glauben, was der Bischof von Fréjus [Kardinal de Fleury] Ihnen an meiner statt sagen wird, als wenn ich selbst es sagte.[54]

Maria hatte nicht gewußt, was Madame de Prie und der Herzog von Bourbon im Schilde führten, doch der König glaubte nicht an ihre Unschuld. Er vermutete, sie habe sich an der Verschwörung gegen ihn beteiligt, mit der Absicht, sich in seine politischen Angelegenheiten einzumischen. Fortan mißtraute er ihr und mied sie, wo er konnte. Sie kommunizierten nur noch schriftlich über Fleury miteinander. So schrieb Maria dem Kardinal beispielsweise:

> Was das Schreiben an mich betrifft, so können Sie sich wohl vorstellen, welche Freude es mir machen würde; aber wenn es ihm nicht passt oder die geringste Mühe macht, so bitte ich ihn, es nicht zu tun, wenn er nur in leeren Augenblicken ein wenig an eine Frau denkt, die ihn zärtlich liebt.[55]

Obwohl die Reserviertheit des Königs Maria gegenüber nach einiger Zeit etwas nachließ und sie ihm durch ihr Verhalten zu

beweisen versuchte, daß sie sich für die Politik des Hofes wirklich nicht interessierte, hegte Ludwig doch weiterhin ein gewisses Mißtrauen gegen sie. Seine Gleichgültigkeit verletzte
Maria, und als sie nach der Geburt ihres zehnten Kindes das
Bett nicht mehr mit ihm teilen mochte, schien ihr Eheleben
endgültig vorbei zu sein.[56]

Ab 1738 ließ Ludwig XV. seine Mätressen offiziell am Hof
wohnen. Die ersten drei legten ein Verhalten an den Tag,
durch das die Königin sich tief gedemütigt fühlte. Noch Jahre
später erzählte sie, daß sie ihr in Alpträumen erschienen.[57]
Madame de Pompadour, die vierte Mätresse Ludwigs XV., erwies sich als weitaus angenehmer im Umgang. Sie bemühte
sich sogar, der Königin ab und zu einen Gefallen zu tun. Der
Herzog von Croy berichtet:

> Sie verstand sich gut mit der Königin, nachdem sie den
> König dazu überredet hatte, sie so freundlich wie möglich
> zu behandeln. [...] Bei den Spielen der Königin entschied
> sie sich stets für das Kartenspiel, benahm sich mit Würde
> und Anmut; mir fiel auch auf, daß sie, als es Zeit war, den
> König in seinen Privatgemächern aufzusuchen, die Kö-
> nigin um Erlaubnis bat, das Spiel unterbrechen zu dürfen,
> worauf die Königin mit großer Liebenswürdigkeit sagte:
> »Gehen Sie.« (Über all dies könnten wir als Philosoph und
> Christ eine schöne Bemerkung machen!)
> Die Königin selbst benahm sich bei all diesem immer
> sanftmütig und voller Frömmigkeit.[58]

Madame de Pompadour machte der Königin jeden Tag ihre
Aufwartung. Sie schenkte ihr Blumen, und als sie eines Tages
hörte, daß sie beim Spiel große Summen verloren hatte und
nicht wagte, dies ihrem Gatten zu erzählen, bat sie den König
persönlich darum, seiner Frau die Schulden zu begleichen.
Auch bei anderen Gelegenheiten trat sie manchmal als Ver-

mittlerin zwischen den beiden Eheleuten auf. Doch wie freundlich die Mätresse sich auch ihr gegenüber verhielt, Maria Leszczynska mußte auch an ihre eigene Stellung denken.

DIE KÖNIGIN UND IHRE BETTLER

Es war der Königin nicht gelungen, einen bedeutenden Platz am Hof zu erringen, und sie wurde zu einer fast mitleiderregenden Figur. So schrieb der Herzog von Croy in einem ausführlichen Bericht über das Hofleben im Jahr 1742:

> Was die Königin betrifft, so führte sie weiterhin ein ruhiges und einfaches Leben, sehr ehrenwert und immer fromm.[59]

De Croy fand Madame de Pompadour viel interessanter; über seine erste Begegnung mit ihr schreibt er:

> Er [De Croys Schwiegervater] nahm mich mit zu Madame Marquise de Pompadour und stellte mich ihr vor. Ich kannte sie gar nicht: Ich fand sie charmant, sowohl vom Aussehen als auch von ihrem Charakter her; sie war gerade mit ihrer Toilette beschäftigt und hätte nicht hübscher aussehen können; sie verfügte über eine Fülle von unterhaltenden Talenten, so daß der König sie mehr als die anderen zu lieben schien, und er hatte recht: eine liebenswürdigere Mätresse war undenkbar.[60]

Da die Königin ein so frivoles Benehmen niemals an den Tag legen konnte, war es ihr unmöglich, auf diesem Gebiet mit der

Mätresse zu konkurrieren; sie suchte Zuflucht in kirchlichen Aktivitäten, die ihr mehr Bewegungsfreiheit ließen. Allmählich wurde sie zu einer bedeutenden Schirmherrin vieler kirchlicher Einrichtungen, und ihrer bescheidenen Lebensweise wegen wurde sie von den Geistlichen sehr geschätzt. Bei ihnen fand sie die Anerkennung, die sie am Hof vergeblich suchte.

Sechsundzwanzig Jahre nach Maria Leszczynskas Tod veröffentlichte der Abbé Proyart 1794 eine Biographie über sie, zu der der Zensor im Vorwort bemerkt, er habe

> nichts darin gefunden, was der Veröffentlichung des Buches im Wege stehen könnte, im Gegenteil, es ist eine heilsame Lektion zur Erziehung der Jugend und enthält für viele Menschen wichtige Beispiele der Tugendhaftigkeit.[61]

Abbé Proyart, der sich auf Erinnerungen von Personen beruft, die die Königin noch gekannt hatten, stilisiert Maria zu einem Vorbild der Tugend und der Mildtätigkeit. Zudem sei sie im Vergleich zu anderen Mitgliedern der königlichen Familie äußerst sparsam gewesen.[62] Sie legte einen Fonds an, den sie den Armen zur Verfügung stellte. Viele ihrer Schenkungen gingen an den Pastor von Saint-Sulpice, Monsieur Languet, der gemeinsam mit ihr *L'Enfant Jésus* gründete, ein Internat für junge Mädchen aus angesehenen, aber verarmten Familien. Dort verdienten sich auch viele Frauen aus Paris und Umgebung ihren Lebensunterhalt. Maria Leszczynska unterstützte verarmte Adlige, Krankenhäuser, Wohltätigkeitsvereine und religiöse Gemeinschaften. Und sie kaufte so manchen los, den seine Schulden ins Gefängnis gebracht hatten.

Ihre Geschenke bestanden nicht nur aus Geld, das von einem Priester anonym abgegeben wurde, sondern auch aus Lebensmitteln und Kleidung. In ihren Appartements hatte sie ein Depot für gebrauchte Kleidungsstücke, die sie selbst ausbesserte. Eine Apotheke, die von einem eigens von ihr angestellten Mädchen geführt wurde, versorgte die Kranken mit Medikamenten. Die Mildtätigkeit der Königin war allgemein bekannt. Wenn sich zum Beispiel ein Arbeiter im Palast eine Verletzung zuzog, wurde er sofort in die Gemächer der Königin gebracht, wenn sie nicht selbst zu ihm eilte.

Eines Tages fragte Ludwig XV. die Herzogin von Villars, wo denn die Königin um Himmels willen das Geld hernehme für all ihre Mildtätigkeit. Worauf die Herzogin antwortete, sie habe bisher immer geglaubt, er selber und der Finanzminister würden ihr aushelfen, doch der König versicherte ihr, die Königin habe ihn nie um etwas gebeten.

»In diesem Fall«, fuhr die Duchesse fort, »würde ich Eurer Majestät raten, der Königin die Staatskasse anzuvertrauen, denn sie besitzt anscheinend die Gabe, Wunder zu vollbringen und ihr eigenes Geld zu vermehren; ich bin davon überzeugt, daß sie viel mehr verschenkt als sie an Einnahmen empfängt.«[63]

Die Königin sammelte in der Tat viel Geld ein: Sie forderte ihre Kinder zu großen Spenden auf; auch ihre Freunde und Verwandten spornte sie zu regelmäßigen Beiträgen an.

Täglich führte sie ein einstündiges Gespräch mit zwei Hofgeistlichen, in dem die Organisation der Armenfürsorge im Mittelpunkt stand. Sie empfing regelmäßig Bischöfe aus der Provinz, die wußten, daß sie bei ihr ein offenes Ohr für die Probleme ihrer Diözese finden würden. Sie hielt Versammlungen ab, bei denen Priester und Vikare das Wort ergreifen und sich um Unterstützung ihrer wohltätigen Arbeit bemühen konnten.

Die Armut in Frankreich war groß. Das Land wimmelte von Bettlern, Witwen, Kindern, Alten und Kranken, die nicht für sich selbst sorgen konnten. Viele Menschen verdienten zuwenig, um sich und ihre Kinder zu ernähren. Es lebte wohl mehr als ein Drittel der Bevölkerung am Rande des Existenzminimums.[64]

Maria Leszczynska gelang es, einen beträchtlichen Geldstrom zum Fließen zu bringen und damit großen Einfluß auf die karitative Arbeit außerhalb des Hofes auszuüben. Der Staat kümmerte sich kaum um die Armen, und Maria war die einzige Vertreterin der königlichen Familie, die sich für sie einsetzte. Unter den Geist-

Königin Maria Leszczynska

lichen im ganzen Land knüpfte sie ein gut funktionierendes Netz von Beziehungen, das sie unterstützte.

Maria sorgte dafür, daß den Hofleuten ihre Mildtätigkeit nicht verborgen blieb. Wo sie auch hinkam, nach Versailles, Marly, Choisy oder Fontainebleau, überall begleitete eine Schar zerlumpter Bettler die Königin. Die Wachen, die neugierige Zuschauer verjagen mußten, hatten den Befehl, die Bettler in Ruhe zu lassen; da sie Maria überallhin folgten, nannte man sie *le régiment de la Reine*, das Regiment der Königin.

Der Gegensatz zwischen Maria Leszczynska und Ludwig XV. war ausgeprägt. Während die Königin wegen ihrer Tugendhaftigkeit verehrt wurde, prangerte das Volk Ludwigs Verhalten an. Seine Politik, seine Affären, die überall bekannt waren, machten ihn immer unbeliebter.[65] In Paris jauchzte die Menge nicht mehr, wenn seine Kutsche auf dem Weg zum Parlament vorüberfuhr, und Flugschriften, die in Paris und Versailles verbreitet wurden, schilderten ihn als niederträchtigen, verschwenderischen Sklaven eines Ministers und einer geldgierigen Frau.[66]

DER HOFKLERUS DEMÜTIGT DEN KÖNIG

Jahrelang berührte Ludwig XV. an kirchlichen Feiertagen immer gewissenhaft die Skrofulosekranken. Er legte ihnen die Hände auf Gesicht, Kinn, rechte und linke Wange, während er sagte: »Der König berührt dich und Gott heilt dich.« Daraufhin gab der Almosenier jedem Kranken ein Geldstück.[67] Doch im Jahr 1739 geschah etwas Unvorhergesehenes.

Tausende von Skrofulosekranken waren von nah und fern in der Hoffnung auf Genesung herbeigeströmt. Sie hatten sich vor dem Palast versammelt und warteten auf den König. Der jedoch weigerte sich, zur Kommunion zu gehen. Der Domherr, der die Heilungszeremonie bereits angekündigt hatte und unbedingt sein Gesicht wahren mußte, schlug vor, im Kabinett des Königs eine stille Messe abzuhalten. Doch der König lehnte auch das ab.

Der Marquis d'Argenson schreibt in seinem Tagebuch, der König habe sich nicht mehr an einer Sache beteiligen wollen, die er als rituelle Komödie betrachtete. Er lebe nun einmal »in Ehebruch und habe auch nicht vor, sein Verhalten zu ändern«.[68] Zu dieser Überzeugung stand er so unerschütterlich, daß ihm die Absolution verweigert wurde und die Kranken unverrichteterdinge nach Hause zurückkehren mußten. Obwohl der Skandal groß war, ließ sich Ludwig XV. nicht unter Druck setzen und verhielt sich ein Jahr später, Ostern 1740, wieder genauso.[69]

Daß Ludwig XV. sich dem Druck der Devoten so viel leichter widersetzte als sein Urgroßvater, hatte mit der Entwicklung des Königtums zu tun. Ludwig XIV. hatte in seiner Jugend noch erlebt, wie der Adel ihm seine Stellung streitig machen wollte, und er blieb zeitlebens um die Erhaltung seiner Position besorgt. Da die Hofgeistlichen einen wichtigen Machtfaktor dar-

stellten, hütete er sich, sie gegen sich aufzubringen. Als Ludwig
XV. die Herrschaft übernahm, war die größte Gefahr gewichen:
Die Adligen waren von seinem Vorgänger unterworfen worden
und konnten keinen wirklichen Widerstand mehr leisten.
Dadurch war er auch viel weniger auf die Unterstützung des
Klerus angewiesen.[70] Zudem wurde der Staat immer unabhängiger von der Kirche, da mittlerweile für den Familienstand und
die landesweiten Kommunikationsnetze weltliche Organe ins
Leben gerufen worden waren.[71] Die *dévots* gaben jedoch nicht
auf; sie bildeten weiterhin eine Clique um die Königin und ihre
Kinder. Eines ihrer Hauptziele war die Entfernung der königlichen Mätresse. Und im Sommer 1744 sah es so aus, als sollten
sie dieses Ziel auch tatsächlich erreichen.

Im Frühjahr 1744 schickte Ludwig XV. sich an, nach Flandern zu reisen, um seine Truppen im Krieg gegen England und
Österreich persönlich anzuführen. Zwei Frauen wollten ihn an
die Front begleiten: Königin Maria Leszczynska und seine
Mätresse, die Herzogin von Châteauroux.

Der Herzog von Luynes berichtet in seinen Memoiren von
einem Gespräch mit der Königin, die bei ihm und seiner Frau
speiste. Über die bevorstehende Abreise des Königs befragt,
gab sie zu erkennen, daß sie ihn gerne begleiten würde:

Ich fügte hinzu: »Wenn das so ist, warum sagt es Ew. Majestät nicht dem Könige?« Es schien mir sie in Verlegenheit zu setzen, daß sie mit dem Könige sprechen und
gleichzeitig glauben müsse, daß der König seinerseits in
Verlegenheit gerate, sie anhören und ihr sogar antworten
zu sollen. Schließlich fand sie keinen anderen Ausweg, als
ihm zu schreiben. Er befand sich in Choisy. Madame de
Luynes und ich glaubten, sie würde diese Zeit wahrnehmen, ihm ihren Brief zu schicken; aber sie antwortete uns
stets, das wäre noch nicht dagewesen, daß ein Brief von
ihr in Choisy ankäme, sie wolle lieber schreiben, wenn der

König wieder hier sei; das sei so ihre Gewohnheit; obwohl sie den König täglich bei seinem kleinen Morgenempfang sehe, seien immer so viele Menschen zugegen, daß sie ihm nichts Privates sagen könne. Richtig, am Donnerstag, als sie einige Zeit beim König gewesen war und eben fortgehen wollte, überreichte sie ihm selbst ihren Brief, aber in großer Verlegenheit, und ging dann sofort hinaus. Ich habe den Brief nicht gesehen, aber gehört, sie habe ihm angeboten, ihn an die Grenze zu begleiten, auf welche Weise, möge er bestimmen, und sie bäte ihn nicht um Antwort. Wahrscheinlich war dieser letzte Punkt der einzige, der ihr bewilligt wurde.[72]

Die Vorbereitungen zur Reise des Königs waren in vollem Gange, doch die Königin erhielt keine Antwort auf ihren Brief. In der Nacht vom 2. auf den 3. Mai brach Ludwig in aller Stille von Versailles auf. Er hatte einen Brief für die Königin hinterlassen, in dem er ihr mitteilte, er könne sie leider der hohen Kosten wegen nicht zur Grenze kommen lassen. Er verlasse sich darauf, daß sie in Versailles bleiben werde, doch sie könne sich, wenn sie das wünsche, in Trianon aufhalten, einem Schlößchen unweit Versailles.

Auch Madame de Châteauroux hatte den König gebeten, ihn begleiten zu dürfen, doch seine Ratgeber meinten, es sei vernünftiger, sie nicht mitzunehmen, da das Volk an ihrer Anwesenheit Anstoß nehmen werde. Minister Maurepas, der mit der Königin auf gutem Fuß stand, meinte, wenn der König die Verehrung seiner Untertanen nicht verlieren und von seinen Feinden respektiert werden wolle, müsse er für die Dauer des Feldzugs von seiner Mätresse getrennt leben. Da Ludwig den Erzbischof von Paris beauftragt habe, regelmäßig Prozessionen abzuhalten und in den Kirchen Gott um seinen Segen für das Heer anzuflehen, sei es unangemessen, wenn der König selbst sich nicht an die kirchlichen Gebote halte.

Auch die Herzogin mußte also in Paris bleiben. Vergeblich wartete sie auf einen Brief Ludwigs.

Anfang Juni ergriff sie die erste günstige Gelegenheit, dem König nachzureisen. Die Herzogin von Chartres mußte unverhofft mit ihrer Schwiegermutter an die Front zu ihrem Mann fahren, der sich bei einem Sturz vom Pferd verletzt hatte. Da Frauen demnach bei den Truppen zugelassen seien, beanspruchte Madame de Châteauroux dieses Recht auch für sich. Am 10. Juni reiste sie mitten in der Nacht mit ihrer Schwester und ihrem ganzen Haushalt ab.[73]

Sie wurde zwar nicht zurückgeschickt, als sie sich beim König meldete, doch Ludwig beschloß, sich nur heimlich mit ihr zu treffen. Sie sahen einander in großen Städten wie Dünkirchen und Metz; dennoch konnte ein Skandal nicht verhindert werden.

Nachdem der König die Nacht vom 7. auf den 8. August bei seiner Mätresse und ihrer Schwester verbracht hatte, wachte er mit hohem Fieber auf. Die beiden Schwestern blieben bei ihm und verwehrten allen außer dem Kammerherrn und den Anhängern ihrer Clique den Zutritt; die Prinzen von Geblüt und die hohen Vertreter des Hofes mußten im Vorzimmer warten.

Als das Fieber am 12. August noch nicht gesunken war, erklärte der Arzt den Zustand des Königs für sehr bedenklich. Von diesem Augenblick an änderte sich die Situation grundlegend. Ludwig ließ erschrocken seinen Beichtvater kommen, der die beiden Schwestern sofort wegschickte. Die devote Partei hatte wieder die Oberhand. Die Devoten, allen voran der Bischof von Soissons, Monsignore Fitz-James, sahen in der Krankheit eine Fügung des Himmels, eine Mahnung Gottes.[74]

Nun, da der König in Lebensgefahr schwebte, wurde die Königin sofort nach Metz gerufen. Der Bischof von Soissons, der dem König die letzte Kommunion geben sollte, beschloß, auf die Abreise von Madame de Châteauroux und ihrer

Schwester zu warten. Als die Menge draußen davon erfuhr, jagte sie die beiden Schwestern mitsamt ihrem Gefolge aus der Stadt.

Indessen kam auf dem gleichen Weg, nur in umgekehrter Richtung, Maria Leszczynska in großer Eile angereist. Während die Bevölkerung am Wegrand die eine Gruppe mit Schmährufen überschüttete, wurde die andere mit Jauchzen willkommen geheißen. In jedem Dorf, durch das die Schwestern fuhren, wurden sie beschimpft und beleidigt. Mittlerweile war der Bevölkerung die Beichte des Königs zu Ohren gekommen. Von allen Kanzeln des Landes wurde eine feierliche Erklärung verlesen, in der Ludwig XV. um Verzeihung für den Skandal bat, den er verursacht hatte, und in der er gelobte, sich fortan ganz für Gottes Ruhm und für das Glück seiner Untertanen einzusetzen.[75]

Am Bett des Kranken versöhnte sich die Königin mit ihrem Gemahl. Am 15. August fühlte Ludwig sich bereits besser, und am 19. war er wieder genesen. Während er mit dem Heer weiterreiste, begab sich Maria zurück nach Versailles. Dort wurde sie festlich empfangen, und in einer seiner ersten Predigten in der Hofkapelle beglückwünschte Pater Beauvais sie zu ihrem Sieg. Der König war durch die öffentliche Verlesung seines Schuldbekenntnisses gedemütigt worden. Die Tatsache, daß so viele Priester bereit gewesen waren, sich an dieser Form der Majestätsbeleidigung zu beteiligen, ist sicher zum Teil der Beliebtheit der Königin zuzuschreiben. Durch ihren großen Einsatz für kirchliche Angelegenheiten hatte sie im ganzen Land Anhänger gewonnen.

Im November kehrte Ludwig nach Paris zurück, wo er vier Tage lang Banketten, Empfängen, Konzerten, Feuerwerken und dem Tedeum beiwohnte. Eine Zeitlang hofften die Devoten, die Macht, die der Zufall ihnen in die Hände gespielt hatte, noch zu vergrößern. Doch der König empfand die Kränkung, die ihm in Metz angetan worden war, von Tag zu

Tag mehr und entließ sie, einen nach dem anderen, von ihren Posten.[76] Zudem beschloß er, all seine Versprechen zu widerrufen, und bat die Herzogin von Châteauroux, wieder in ihre Gemächer im Schloß zurückzukehren. Dazu kam es jedoch nicht mehr. Am Tag nachdem sie die Einladung des Königs erhalten hatte, wurde sie krank, und eine Woche später starb sie. Man sprach von einer Lungenentzündung, doch es gingen auch Gerüchte um, die Devoten hätten sie vergiftet.[77]

MADAME DE POMPADOUR UND DIE VERBANNUNG DER JESUITEN (1745–1764)

Nach Madame de Châteauroux' Tod kam Madame de Pompadour 1745 als neue Mätresse an den Hof. Die Devoten sammelten sich vornehmlich um den Dauphin und seine fünf unverheirateten Schwestern, die einander in der gemeinsamen Abneigung gegen *maman putain* fanden,[78] wie sie die Mätresse ihres Vaters nannten.[79] Kardinal de Bernis, der Madame de Pompadour zu Anfang ihrer Karriere unterstützte, berichtet in seinen Memoiren, man habe ihr geraten, sich mit den Jesuiten anzufreunden, da es diesen gelingen könne, den Klerus milde zu stimmen. Doch die Jesuiten lehnten es ab, sich auf ihre Seite zu stellen. De Bernis schreibt:

> Sie [die Jesuiten] bemerkten, daß ihr Gewissen und die Klugheit ihnen verböte, selbst insgeheim darauf einzugehen. Man war der Ansicht, daß diese Strenge weniger ein Ausfluß ihrer Moral sei, als von ihrer Verbindung mit dem Dauphin herrühre, dessen Protektion ihnen sicher war. Sie sahen diese als eine festere und ehrenvollere

Stütze an, als die Freundschaft einer Mätresse des Königs.
Die Beichtväter des Königs hatten sich nie auf etwas
anderes einlassen wollen, als bei dem König darauf zu
dringen, daß er dem Skandal durch Entfernung der Marquise ein Ende setze.[80]

Die Hofgeistlichen machten Madame de Pompadour das Leben oft schwer. Jedes Jahr zettelten sie den gleichen Streit mit
dem König und seiner Mätresse an, und jedes Jahr wartete
man sowohl am Hof wie in Paris von neuem gespannt darauf,
ob der König seinen österlichen Pflichten nachkommen würde.
Am 1. April 1749 schreibt der Marquis d'Argenson:

> Ununterbrochen hört man Gerüchte, der König wolle
> seine österlichen Pflichten erfüllen; mit großer Überzeu-
> gung wird behauptet, Ihre Majestät habe ein Gespräch
> von zwei vollen Stunden mit Père Péyrusseau [dem könig-
> lichen Beichtvater] gehabt. Die Marquise weint ohne
> Unterlaß, und ihren Anhängern sieht man den großen
> Schmerz deutlich an ...[81]

Und am 16. April:

> Das Gerücht, Madame de Pompadour sei in Ungnade
> gefallen, ist hartnäckiger denn je. Es ist gewiß, daß der
> König um Ostern herum zwei Stunden lang mit Père
> Péyrusseau gesprochen hat; nicht minder gewiß ist, daß
> der König der Marquise gesagt hat: »Ich rate Euch, einen
> Monat in Crécy zu verbringen.«[82]

Dies wiederholte sich mehrmals bis zum Jahr 1752, in dem
Madame de Pompadour sich durch eine Erkrankung ge-
zwungen sah, die sexuelle Beziehung zum König aufzugeben.
Sie meinte, es müsse nun endlich möglich sein, eine Regelung

mit dem Beichtvater zu treffen, so daß sie ungestört am Hof leben und an allen kirchlichen Feiertagen teilnehmen könnte. Der König beratschlagte sich mit seinem Beichtvater und verschiedenen Theologen der Sorbonne. Der Beichtvater blieb bei seiner Auffassung, nur eine völlige Trennung könne das Problem lösen. Doch Ludwig mochte nicht auf Madame de Pompadour verzichten: Seiner Überzeugung nach war sie die einzige, die ihm die Wahrheit zu sagen wagte, und daher von unschätzbarem Wert für ihn. Aber auch der Beichtvater, der Madame de Pompadour zufolge »Herr und Meister über den Geist des Königs werden wollte«, blieb bei seinem Standpunkt.[83]

Durch die Unbeugsamkeit der Geistlichen änderte sich in den folgenden drei Jahren wenig. In dieser Zeit verlor Madame de Pompadour ihr neunjähriges Töchterchen; der Kummer bewirkte einen Umschwung ihrer religiösen Haltung. Sie schrieb:

Jetzt aber wurde ich durch reifliches Nachdenken über das Unglück, das mich auch im größten Glück verfolgte, durch die Überzeugung, daß irdische Güter mich nie beglücken könnten – denn ich hatte sie ja genossen und war doch nicht glücklich geworden –, und schließlich auch durch den Verzicht auf Genüsse, die mich nicht mehr freuten, zu dem Glauben hingeleitet, daß das Glück nur bei Gott zu finden wäre. Ich wandte mich an den Pater de Sacy: den einzigen, der von dieser Wahrheit ganz erfüllt war. Ich eröffnete mich ihm rückhaltlos, und er unterwarf mich heimlich (vom September bis zum Januar 1756) einer Probe.[84]

Madame de Pompadour wünschte sich sehnlichst, die Absolution zu empfangen, doch der Beichtvater stellte einige Bedingungen. Zuerst mußte sie einen Brief an ihren Ehemann schreiben, in dem sie ihn bat, sie wieder bei sich aufzunehmen. Als die Antwort negativ ausfiel, mußte sie sich als nächstes um eine Stelle als Hofdame bei der Königin bemühen, so daß sie ein offizielles und respektables Amt am Hof bekleidete. Außerdem verlangte er von ihr, daß sie die Geheimtreppe zwischen ihrem Gemach und dem des Königs zumauern ließ und eine Reihe von Verhaltensregeln beachtete. Täglich mußte sie der Messe in der königlichen Kapelle beiwohnen, und die Botschafter, die sie während ihrer Morgentoilette empfangen hatte, durften sie erst besuchen, nachdem sie eine Handarbeit aufgenommen hatte.

Als sie diese Probezeit überstanden hatte, hielt sich der Beichtvater plötzlich nicht mehr an ihre Verabredung. Madame de Pompadour schreibt:

> Diese Maßnahmen erregten bei Hofe und in der Stadt viel Aufsehen. Allerlei Intriganten mischten sich in die Angelegenheit. Sie setzten dem Pater de Sacy zu, so daß dieser mir eröffnete, er müsse mir die Sakramente so lange verweigern, als ich mich am Hofe befände. Ich erinnerte ihn an all die Verpflichtungen, die er mir auferlegt hätte, und gab ihm zu bedenken, wie sehr seine Haltung infolge jener Treibereien sich geändert habe. Da erzählte er mir dann schließlich, wie man sich bei der Geburt des Grafen von Toulouse [der uneheliche Sohn Ludwigs XIV.] über des Königs Beichtvater lustig gemacht; er wolle nicht, daß ihm derartiges wieder begegne.[63]

Auch 1755 wurde keine Lösung gefunden. Die Devoten waren fest entschlossen, Madame de Pompadour aus Versailles zu vertreiben. Diese wählte unterdessen einen neuen Beichtvater und knüpfte Beziehungen zu anderen Geistlichen an, in der Hoffnung, über sie die ersehnte Absolution zu bekommen. Nachdem sie nochmals ein Jahr auf die Probe gestellt worden

war, gelang es ihr schließlich, heimlich die Sakramente zu
empfangen, was einen großen Trost für sie bedeutete.[86]

Währenddessen verschlechterte sich die internationale Stellung der Jesuiten zunehmend. Seit dem 17. Jahrhundert hatten
sie in ganz Europa großen Einfluß ausgeübt. Aus ihren Reihen
kamen die Beichtväter des Kaisers von Österreich und der
Könige von Portugal, Spanien und Frankreich, aber da sie der
direkten Autorität des Papstes unterstanden, wurden sie von
ihnen als eine internationale Organisation betrachtet, die sich
der Staatskontrolle entzog. 1759 wurden sie aus Portugal verbannt; acht Jahre später verloren sie in Spanien ihren Einfluß.
In Frankreich hatte sich ihnen das Parlament ebenfalls gerau-
me Zeit widersetzt. Viele erstrebten eine französische Kirche
unter der Leitung des Königs, frei vom Einfluß des Papstes. Als
ein Jesuit ins Gerede kam, ergriff das Parlament diese Gelegenheit bereitwillig, um den Orden in Frankreich zu verbieten.
Der König zögerte gleichwohl, den Beschluß mit seiner Unterschrift zu bestätigen.[87] Choiseul, Erster Minister und ein
Freund Madame de Pompadours, unterstützte den Parlaments-
beschluß und versuchte, dem König deutlich zu machen, daß
die Einmischung der Jesuiten sich nicht günstig auf die Regierung auswirke. Außerdem hege man den Verdacht, daß sie
sich an einem kürzlich verübten Attentat auf den König beteiligt hätten. Da der Dauphin und seine Frau eifrige Anhänger
der Jesuiten seien, hätten letztere großes Interesse an Ludwigs
Tod.

Es sollte jedoch noch zwei Jahre dauern, bis der König sich
von Choiseul und Madame de Pompadour dazu überreden ließ,
das Verbot des Jesuitenordens zu unterzeichnen.[88] Madame de
Pompadour konnte ihren Sieg kaum auskosten, denn sie starb
1764, ein halbes Jahr später.

DIE ALLERFRÖMMSTE MAJESTÄT

Nach Madame de Pompadours Tod blieb es eine Weile still am Hof, und als Ludwig XV. 1768 auch noch Witwer wurde, fragte man sich beunruhigt, ob der Achtundfünfzigjährige sich noch einmal verheiraten oder ob er eine neue Mätresse nehmen würde. Man befürchtete, es könne Choiseul, dem Ersten Minister, gelingen, seine Schwester als königliche Mätresse zu lancieren. Dem widersetzten sich vor allem die Devoten heftig, denn sie konnten es Choiseul nicht verzeihen, daß er mit dazu beigetragen hatte, daß die Jesuiten des Landes verwiesen wurden. Um seinen Einfluß einzuschränken, ergriffen sie die Initiative, als sie merkten, daß der König Interesse für eine gewisse Madame du Barry an den Tag legte. Es befremdete viele, daß ausgerechnet die devote Partei die neue Favoritin unterstützte. Doch die Funktion der königlichen Mätresse war so selbstverständlich geworden, daß sogar die Vertreter der Kirche sich gezwungen sahen, eine Kandidatin ins Gefecht zu schicken. So drängten sie den König sogar, Madame du Barry bei Hofe einzuführen.[89]

Solange die Königin lebte, wäre ein solcher Schritt der Devoten undenkbar gewesen. Mit ihrer Frömmigkeit setzte sie die Geistlichen, den König und die Höflinge unter Druck. Sie war eine glühende Verteidigerin christlicher Moral und ließ keinen Zweifel daran bestehen, daß andere, besonders der König, dieser in ihrem Lebenswandel nicht genügten. Sie war von einer so tiefen Frömmigkeit, daß das Verhalten des Königs und der Höflinge sich zwangsläufig in einem um so trüberen Licht zeigte. Da fast jeder am Hof im Prinzip die Werte des Christentums unterschrieb, war es schwer, sich gegen ihre Vorwürfe zur Wehr zu setzen. So erreichte sie, daß die Anwesenheit der Mätresse zeit ihres Lebens nie völlig akzeptiert wurde.

Zwar gelang es den beiden Königinnen Marie-Thérèse und Maria Leszczynska nicht, die Mätressen völlig zu vertreiben, doch ihre religiösen Tätigkeiten halfen ihnen dabei, ihre eigene Stellung zu festigen. Wenn auch die meisten Höflinge ihr Verhalten etwas übertrieben fanden, achteten sie die Königinnen doch immer. So konnte Madame de Sévigné ihrer Tochter am 11. März 1671 in die Provence schreiben:

Ich habe gar nichts Neues zu berichten. Dem König geht es ausgezeichnet; er geht von Versailles nach Saint-Germain, und von Saint-Germain nach Versailles. Alles ist, wie es immer war. Die Königin gibt sich ihren frommen Übungen hin und geht geregelt zur Kommunion. Pater Bourdaloue predigt; guter Gott, kein Lob wird ihm gerecht.[90]

VOM HEIMLICHEN LIEBCHEN ZUR
MAITRESSE EN TITRE

DER WACHSENDE EINFLUSSBEREICH DER
KÖNIGLICHEN MÄTRESSE

Die Kinder Ludwigs XV. nannten die Mätresse ihres Vaters geringschätzig *maman putain*, und den Hofgeistlichen blieb sie ein Dorn im Auge. Doch ihr Einflußbereich hatte sich im Laufe des 17. und 18. Jahrhunderts so vergrößert, daß die Höflinge des 18. Jahrhunderts voller Respekt von der *maîtresse en titre* sprachen.

Sehr gut läßt sich diese Entwicklung an den Umschreibungen ablesen, die im Laufe der Zeit für ihre Funktion[1] gebraucht wurden. Im 17. Jahrhundert hieß sie noch einfach *maîtresse du Roi*,[2] in der Mitte des 18. Jahrhunderts jedoch bekam sie einen offiziellen Titel. Die Hofleute betrachteten sie mehr und mehr als eine Institution und sprachen in ihren Memoiren und Tagebüchern von der *maîtresse déclarée*[3] oder der *maîtresse en titre*[4].

Diese Bezeichnungen spiegeln ihre wachsende Bedeutung wider und betonen den offiziellen Charakter der Funktion. Im folgenden soll es um die Frage gehen, wie die Stellung der Mätresse sich im Zusammenhang mit ihrem wachsenden Einflußbereich entwickelte. Wie wurde aus einer heimlichen Liebesaffäre eine prominente öffentliche Stellung am Hof?

DAS DOPPELLEBEN DER
LOUISE DE LA VALLIÈRE
(1661–1667)

Ludwig XIV. versuchte, seine erste Liebesbeziehung nach seiner Verheiratung geheimzuhalten, doch das erwies sich schon
bald als unmöglich, war er doch jede Minute des Tages von
seinen Hofleuten umringt. Die Königinmutter erfuhr denn
auch schnell von seinem Verhältnis mit Louise de La Vallière
und machte ihm Vorhaltungen: Er komme seinen Verpflichtungen Gott und der Königin gegenüber nicht nach und
nehme nicht genug Rücksicht auf die Gefühle seiner jungen
Gattin, die zudem schwanger sei.[5]

Der König ließ sich von seiner Mutter jedoch nicht davon
abbringen, die Beziehung zu Louise fortzusetzen. Louise war
Hofdame seiner Schwägerin, und er konnte sie daher ohne viel
Aufsehen regelmäßig besuchen. Aber auf die Dauer war die
Situation unbefriedigend, und so sorgte Ludwig dafür, daß
seine Favoritin im Laufe der nächsten sechs Jahre allmählich
einen immer wichtigeren Platz im Hofleben einnahm.

Im Mai 1663, fast zwei Jahre nach dem Anfang der Beziehung, wurde Louise schwanger. Damit sie nicht, im Falle seines
plötzlichen Todes, völlig der Willkür der ihr feindlich gesinn-
ten Höflinge ausgeliefert wäre, arrangierte der König eine
Heirat zwischen ihrem Bruder und einer reichen bretonischen
Dame, wodurch Louise ein guter Zufluchtsort gesichert war.[6]
Diese Heirat machte zudem deutlich, daß die Familie der Louise
de La Vallière in der Gunst des Königs stand; dadurch stieg
Louises Status am Hof.

Im Dezember gebar sie in größter Heimlichkeit einen Sohn.
Ludwig hatte Colbert beauftragt, das Kind gleich nach der Geburt in Sicherheit zu bringen und dafür zu sorgen, daß seine

Herkunft unbekannt blieb. Dennoch gingen schon bald Gerüchte
um. Man erzählte sich, der Arzt
sei mitten in der Nacht mit ver-
bundenen Augen an einen unbekannten Ort gebracht worden
und habe dort einer maskierten
Dame Geburtshilfe leisten müssen. Man wußte auch, daß Louise
schon vier Tage niemanden mehr
empfangen hatte, und man be-

Louise de La Vallière

merkte, wie bleich und verändert sie aussah, als sie zum erstenmal wieder zur Kirche ging. Da zweifelte niemand mehr daran,
daß sie dem König ein Kind geboren hatte.[7]

Da Louise in dieser Zeit ein zurückgezogenes Leben führte
und kaum an den geselligen Zusammenkünften des Hofes teilnahm, beschloß Ludwig im Sommer 1664, ein großes Fest für
sie zu veranstalten. Es wurden die noch lange gerühmten Fest-
spiele *Plaisirs de l'île enchantée*, die acht Tage dauerten, mit
buntem Spektakel, Umzügen, Wettkämpfen, Feuerwerk und
üppigen Banketten. Daß dies zu Ehren der Mätresse geschah,
wurde nicht offiziell bekanntgegeben. Während des Umzugs,
bei dem als griechische Götter verkleidete Schauspieler Preis-
gedichte vortrugen, saß die Königin auf dem Ehrenplatz, so
daß es so aussah, als seien die schmeichelnden Verse an sie
gerichtet. Doch die meisten Höflinge wußten, daß die Hul-
digungen in Wirklichkeit Louise galten, die gleich hinter der
Königin in der zweiten Reihe saß.[8]

Nach diesem Fest zeigten Ludwig und Louise sich immer
öfter gemeinsam in der Öffentlichkeit. Sie begleitete ihn auf
die Jagd, sie unternahmen ausgedehnte Spaziergänge und bemühten sich nicht mehr darum, ihre Verbindung geheimzuhalten. Nach vier Monaten nahm der König seine Mätresse eines
Abends zum erstenmal mit in seine eigenen Gemächer. Dort

wurde abends häufig Karten gespielt, und sowohl die Königin als auch die Königinmutter waren zugegen. Louise machte die üblichen Reverenzen und setzte sich dann mit dem König an einen Spieltisch, an dem bereits sein Bruder und seine Schwägerin saßen. Die Atmosphäre war zwar gespannt, doch zu einem Eklat kam es nicht. Die Höflinge waren schließlich schon monatelang auf dem laufenden; etwas länger dauerte es, bis auch die Verwandten des Königs die Situation akzeptiert hatten. Ludwig wartete den Tod seiner Mutter ab, bis er die Stellung seiner Mätresse mit einem Adelstitel bestätigte. Im Mai 1667 ernannte er Louise zur Herzogin und erkannte ihre Tochter, die 1666 zur Welt gekommen war, als sein Kind an.[9]

DIE ETIKETTE ERLAUBT
KEINE ZWEIDEUTIGKEIT

Vor dem großen Fest lebte Louise sehr zurückgezogen; nur wenige besuchten sie in ihrem Haus in der Nähe des Palais-Royal. Sie kam auch nicht zu den Maskenbällen, die am Hof gegeben wurden. Es war spürbar, daß eine Mätresse, solange sie nicht öffentlich anerkannt war, eine unklare Stellung am Hof innehatte.

Daher gab es für den König neben der praktischen Unmöglichkeit, die Verbindung geheimzuhalten, noch einen zweiten Grund, mit seiner Mätresse an die Öffentlichkeit zu treten: die Etikette. Solange Louises Stellung zweideutig blieb, wußten die Höflinge nicht, welcher Rang ihr zukam, und also auch nicht, wie sie sich ihr gegenüber zu verhalten hatten. Und da gerade der König so großen Wert auf die genaue Einhaltung der Etikette legte, mußte eine heimliche Liebschaft zum Problem werden.

Ohne Etikette war das Hofleben nicht denkbar. Dem König dienten die strengen Verhaltensregeln als Mittel, um sich die große Menge der Hofleute, die ihn umgaben, vom Leibe zu halten und sich vor aufdringlichem Benehmen und lästigen Gesuchen zu schützen.[10]

Die Regeln der Etikette hielten eine Hierarchie aufrecht, in der jeder Rang mit bestimmten Privilegien verbunden war. Die Höflinge waren dermaßen mit ihrem Status beschäftigt, daß sie alles, was die Etikette betraf, in ihren Konkurrenzkampf einbezogen.

Ein bestimmtes Ansehen zu erlangen gehörte für einen Adligen zum wesentlichen Bestandteil des täglichen Lebens. »Steigen oder Fallen in dieser Rangordnung bedeutete für den höfischen Menschen soviel, wie für den Kaufmann Gewinn oder Verlust in seinem Geschäft.«[11] Und je mehr sie sich in die Etikette verstrickten, um so schwieriger wurde es, sich ihr zu entziehen oder sie zu ändern. So wäre es beispielsweise undenkbar gewesen, daß sich *jeder* in Anwesenheit des Königs hätte setzen dürfen. Die Prinzessinnen und Herzoginnen hätten dagegen protestiert, hätten sie doch auf dieses Privileg niemals freiwillig verzichtet. Daher wurden die meisten Regeln bis zur Französischen Revolution ziemlich unverändert beibehalten.

Unter der Herrschaft Ludwigs XIV. war die Etikette noch ganz mit seiner Sicht des Königtums verbunden. Die strengen Verhaltensregeln sollten die Adligen ständig an ihre untergeordnete Stellung erinnern. Der König war seit der Fronde immer auf der Hut vor ihnen und blieb zeitlebens davon überzeugt, daß jeglicher Widerstand im Keim erstickt werden müsse.[12] Daher diente das ganze Zeremoniell dazu, zu betonen, daß er der König war und daß nur er allein das Land regierte.

Zur Zeit Ludwigs XV. hatte sich die absolute Monarchie gefestigt. Mehr als sechzig Jahre lang war sie nahezu unangetastet geblieben. Der Widerstand gegen den König war schwächer geworden, und die meisten Adligen und Mitglieder des Verwaltungsapparates hatten sich damit abgefunden, daß der Kampf um die Macht zugunsten der zentralen Regierung ausgefallen war.[13] Daher war es für Ludwig XV. weniger wichtig, seine Macht zu demonstrieren; doch sein Wunsch, die Etikette zu lockern, scheiterte nun an dem System, das sich verselbständigt hatte. So verloren die Handlungen, die die Etikette vorschrieb, allmählich ihren ursprünglichen Sinn, und die Umgangsformen wurden zu inhaltslosen Ritualen.

Die Regeln, die am Hof galten, umfaßten das ganze Leben; für jede Situation galten wieder andere Vorschriften. Für Neulinge und für diejenigen, die höher hinauswollten, gab es Anleitungen zur Erlernung der Umgangsformen, wie etwa den *Nouveau traité de la civilité qui se pratique en France parmi les honnestes gens* von Antoine Courtin. Dieses Buch wurde im 17. und 18. Jahrhundert mehrfach nachgedruckt und übersetzt. Es enthält nicht nur eine ausführliche Beschreibung der Verhaltensregeln, sondern auch der Körperhaltung, die man je nach Situation anzunehmen hatte. Am Anfang des ersten Kapitels wird die Wichtigkeit der Etikette dargelegt:

Etikette ist eine Wissenschaft, die uns lehrt, unsere Worte und Taten in der richtigen und passenden Umgebung einzusetzen. Doch diese Wissenschaft ist nicht anwendbar, wenn wir nicht die folgenden vier Umstände peinlich genau berücksichtigen: Unser eigenes Alter und unseren Rang; den Rang der Person, mit der wir uns unterhalten; schließlich den Zeitpunkt und den Ort unserer Unterhaltung. Diese Regeln, die Bezug haben auf uns selbst und diejenigen, mit denen wir Umgang pflegen, sowie die Berücksichtigung von Zeit und Ort, sind so wichtig, daß unser Versagen auch nur in einem einzigen dieser Punkte all unsere Handlungen unangenehm und überflüssig macht, mögen unsere Absichten noch so gut gewesen sein.[14]

Um die Etikette richtig anwenden zu können, mußte man Hunderte von Vorschriften beachten. Jemand, der einen höheren Rang einnahm, brauchte im Beisein Gleichgestellter oder unter ihm Stehender keinen Hut zu tragen. Wenn er aber einen trug, mußten die anderen es ebenfalls tun. Einen Hut in dem Raum zu tragen, in dem der Tisch für den König oder die Königin gedeckt war, oder dort, wo Diener mit dem königlichen Tafellinnen vorbeigingen, kam einer Majestätsbeleidigung gleich. Wenn man jemandem von höherem Rang einen Gegenstand reichte, mußte man zuerst den Handschuh ausziehen und die eigene Hand küssen.[15] Auch für Spaziergänge galten detaillierte Vorschriften:

> Wenn wir uns mit einem ehrenwerten Mann in einem Gemach oder einem Gang ergehen, müssen wir ihm immer die Vorhand lassen: in einem Gemach ist die Vorhand dem Bett zugewandt, und wenn kein Bett da ist, orientieren wir uns an der Tür. Wenn wir in einem Gang sind, müssen wir immer an seiner linken Seite gehen, und wir müssen darauf achten (ohne zu übertreiben oder es zu verderben), daß dies so bleibt, auch wenn er sich umdreht.
>
> Wenn drei sich zusammen ergehen, ist der Ehrenplatz in der Mitte und gehört der angesehensten Person der Gesellschaft; die rechte Seite ist der zweitbeste Platz, und die linke der niedrigste ...[16]

Doch es war natürlich auch möglich, daß drei Leute von gleichem Rang miteinander einen Spaziergang machten. In dem Fall mußten sie abwechselnd in der Mitte gehen. So gab es für alle denkbaren Kombinationen von Rängen Verhaltensregeln, und dies nicht nur auf Spaziergängen. Regeln bestimmten das Sitzen, Essen, Anklopfen, Eintreten, Sprechen, das Sich-Kleiden, Sich-Verbeugen, das Reisen und so weiter.

Louise de La Vallière stammte aus einer unbedeutenden

Adelsfamilie; daher nahm sie, bevor sie die Mätresse des Königs wurde, einen niedrigen Rang am Hof ein. Als bekannt wurde, daß sich eine nähere Beziehung zwischen ihr und dem König anbahnte, fühlten sich die Hofleute verunsichert. Da die Beziehung ein öffentliches Geheimnis war, mußte man sich diskret verhalten. Wie sollte man Louise begegnen? Der König hatte ihr Diamantohrringe geschenkt, doch weiter besaß sie nichts, was sie ausgezeichnet hätte, und auch ihre kleine Wohnung außerhalb des Schlosses paßte nicht zu jemandem, der ein besonderes Amt innehatte. Und doch war sie eine Vertrauensperson des Königs, was ihr auf der anderen Seite hohes Prestige verschaffte.

In dieser Phase organisierte der König das große Fest für sie. Nach der Woche der Festivitäten war den Höflingen deutlich, welche Stellung Louise einnahm, und sie brauchten sie nicht mehr zu meiden.[17] Indem der König sie offiziell zu seiner Mätresse ernannte, klärte er ihre Stellung und ermöglichte den Höflingen, nach den Regeln der Etikette mit ihr umzugehen.

DAS ÖFFENTLICHE LEBEN DES KÖNIGS

Aus Rücksicht auf die Verwandtschaft führte der König seine erste Mätresse schrittweise bei Hof ein. Später ließ er solche Vorsicht nicht mehr walten, seine folgenden Favoritinnen wurden dem Hof ohne Umschweife vorgestellt. Am Anfang jeder Affäre wurde noch kurz eine gewisse Heimlichkeit gewahrt, und sei es nur, weil der König sich erst selber vergewissern wollte, ob eine Geliebte sich dazu eignete, in aller Öffentlichkeit als seine Mätresse aufzutreten. Doch lange dauerte eine solche Geheimhaltung nie. Es wäre unter der Würde eines Königs gewesen, da es ja den Eindruck hätte erwecken können, als fürchte er sich vor dem Urteil seiner Untertanen. Da er seine Souveränität zu jeder Zeit unter Beweis stellen mußte, unterließ er schon bald jegliche Heimlichkeit.

Morgens um acht begann die erste Zeremonie des Tages, das *lever*, das öffentliche Aufstehen des Königs. Dazu wurden die Höflinge in Etappen zugelassen, wobei es als höchste Ehre galt, wenn man der ersten und zweiten Phase des *lever* beiwohnen durfte. Während der ersten Phase lag der König noch im Bett, und seine Kleider wurden für ihn bereitgelegt. Nun durfte die zweite Gruppe zusehen, wie er das Nachthemd ablegte und Hemd und Wams anzog. Dann folgten das Anziehen des Rokkes, das Schließen der Schuhschnallen und das Umhängen des Degens.[18] Ludwig XIV. hatte wie viele seiner Zeitgenossen nicht die Gewohnheit, sich zu waschen. In den Tagebüchern seiner Leibärzte wird ein Bad nur ein einziges Mal erwähnt, und zwar im Jahre 1665. Alle zwei Tage wurde jedoch sein Gesicht mit einem in Spiritus getauchten Nesseltuch gereinigt.[19]

Das *lever* diente dazu, Privilegien zu vergeben und die hierarchische Ordnung der Hofgesellschaft zu betonen, doch zugleich bot es Gelegenheit, den Höflingen mitzuteilen, was für den Tag vorgesehen war. So wußten alle Bescheid, wann sie sich wohin zu begeben hatten und welche Kleidung erwartet wurde. War die Zeremonie beendet, schritt der König ein Ehrenspalier von Höflingen ab, die auf diesen Augenblick gewartet hatten, um seine Aufmerksamkeit zu erhaschen oder eine Gunst von ihm zu erbitten.[20] Dann ging er mit seinen Ministern und Staatssekretären in das Ratskabinett, wo er sich über die laufenden Angelegenheiten unterrichten ließ. Anschließend begab er sich zur Messe.

Den Rest des Vormittags verbrachte der König mit seinen Ministern in seinem Arbeitskabinett, und auch während des Mittagessens war er in Gesellschaft. An Sonn- und Feiertagen speiste er vor allem Volk, dann defilierten Dutzende von Menschen an seinem Tisch entlang, die aus Paris oder sogar aus der Provinz nach Versailles gekommen waren, um ihm beim Mittagsmahl zuzusehen. Bei den »kleinen Gedecken« waren nur die höchsten Adligen anwesend, und auch sie mußten trotz ihrer vornehmen Stellung während des ganzen Mahls stehenbleiben.

Mittags ging der König auf die Jagd oder spazieren, wiederum in Begleitung privilegierter Höflinge, denen an diesem Tag das Glück zuteil wurde, zu den Auserwählten zu gehören.[21] Wenn er zurückkam, bot sich wohl einmal eine Gelegenheit, allein zu sein, doch meist warteten neue Pflichten auf ihn.

Auch die Abende verbrachte er im Kreis seiner Hofleute. Drei Abende in der Woche wurde Karten gespielt. An den anderen fanden Theater- und Opernaufführungen statt, bei denen zumindest Ludwig XIV. fast immer zugegen war.

Um zehn Uhr begab der König sich zum Souper, was immer *au grand couvert* geschah, das heißt, daß der ganze Hof zuschaute. Nach dem Essen hielt er sich noch ein Stündchen mit seiner Familie im Privatsalon auf, und dann fand die letzte Zeremonie des Tages, das *coucher*, das Schlafengehen des Souveräns, statt.[22]

Alle Tage waren gleich streng strukturiert, und jeder Tag war randvoll gefüllt mit Tätigkeiten, denen der König in Gesellschaft seiner Höflinge nachging. Sich diesem Leben zu entziehen war kaum möglich. Überall im Schloß und in den Gärten bewegten sich Menschen, die nichts sehnlicher wünschten, als vom König bemerkt zu werden. Unerkannt blieb er jedenfalls nie.

DIE ANGST VOR DEN FAVORITEN

Eines der Schreckgespenster der Höflinge war die Vorstellung, der König könnte sich in seinen Entscheidungen von einem

einzigen Favoriten lenken lassen. Es hätte seine Autorität
untergraben, wenn seine Untertanen den Eindruck gehabt
hätten, er sei in den Bann einer Mätresse geraten. In seinen
Memoiren schreibt Ludwig XIV., ein König müsse sein Vertrauen unter verschiedenen Menschen verteilen, so daß deutlich werde,

> daß er der tatsächliche Herrscher ist und nicht von ihnen
> beherrscht wird. [...] Wenn einer unserer Minister es da-
> hin bringt, daß er, sei es durch unsere Neigung oder durch
> seine Fähigkeit, sich vor seinesgleichen auszeichnet, so
> wird man stets annehmen, daß er der unumschränkte Ge-
> bieter über uns sei.[23]

Der Begriff Favorit kann sich sowohl auf Minister und männ-
liche Vertrauenspersonen wie auf Mätressen beziehen. Den
Mätressen widmete Ludwig XIV. in seinen Memoiren aus dem
Jahr 1667 eine eigene Passage:[24]

> Ich muß Ihnen zunächst erklären, daß ein Fürst eigentlich
> stets ein vollendetes Muster der Tugend zu sein hat, und
> daß es wünschenswert wäre, wenn er sich durchaus gegen
> die Schwächen schützte, die den übrigen Menschen ge-
> mein sind, um so mehr als er überzeugt sein muß, daß sie
> nicht verborgen bleiben können. Kommt es aber doch vor,
> daß wir gegen unseren Willen einer dieser Verirrungen
> verfallen, so muß man wenigstens, um die Folgen abzu-
> schwächen, zwei Vorsichtsmaßregeln beobachten, an die
> ich mich stets gehalten habe, und bei denen ich mich
> recht wohl befand.
> Zunächst darf die Zeit, die wir unserer Liebe widmen, nie-
> mals unseren Staatsgeschäften geraubt werden, denn
> unser erstes Ziel muß stets die Erhaltung unseres Ruhmes
> und unserer Macht bleiben, und dies können wir nur

durch ständige Wirksamkeit erreichen. Mögen unsere Gefühle auch noch so sehr Macht über uns haben, so müssen
wir doch im eigenen Interesse unserer Leidenschaft bedenken, daß wir durch eine Verminderung unseres Ansehens
bei der Öffentlichkeit auch an Achtung bei der Frau ein-
büßen, für die wir uns von unserer Pflicht haben zurückhalten lassen.

Die zweite Lehre, deren Befolgung uns weit schwerer fällt,
ist die, daß wir Herren unserer selbst bleiben müssen,
wenn wir unser Herz verlieren. Wir müssen die Gefühle
des Liebhabers von den Entschließungen des Herrschers
getrennt halten. Die Schöne, die unser Herz gewonnen
hat, darf niemals die Freiheit haben, zu uns über unsere
Staatsgeschäfte und über unsere Diener zu sprechen.[25]

Die offizielle Anerkennung der Mätresse nahm dem Verhältnis
einen Großteil der Atmosphäre des Geheimnisvollen und
Verbotenen, die eine heimliche Liebschaft umgibt. Dadurch
bekam die Beziehung zwischen König und Mätresse auf die
Dauer mehr Ähnlichkeit mit einer Ehe als mit einer Liebesbeziehung. Da man Ehen in der damaligen Zeit nicht mit leidenschaftlichen Gefühlen assoziierte, waren die Höflinge auch
weniger versucht zu befürchten, der König könnte die Herrschaft über sich selbst verlieren.[26]

Der Entschluß Ludwigs XIV., Louise dem Hof als seine offizielle Mätresse vorzustellen, war also aus der Not geboren.
Zum einen hatte sich eine wirksame Geheimhaltung als völlig
unmöglich erwiesen, zum anderen zwang die Etikette ihn zur
Verdeutlichung ihres Status, und schließlich mußte der König
ihr, wollte er Mißverständnisse in bezug auf seine absolute
Souveränität ausschließen, einen regulären Platz im Hofleben
zuweisen. Nachdem ihre Stellung einmal anerkannt war, setzte
eine Entwicklung ein, in deren Verlauf die Mätresse immer
größere Verantwortung übernahm, eine Entwicklung, die der

König so nicht hatte vorhersehen können und die unter dem Druck der Hoffiguration zustande kam.

DIE KÖNIGLICHE MÄTRESSE
UND IHR HANDEL MIT GUNSTBEWEISEN

Als Louise de La Vallière nach Jahren endlich öffentliche Anerkennung fand, zeigte sich schon bald, daß sie dem Leben in der Öffentlichkeit nicht gewachsen war. Sie litt unter der ständigen Anwesenheit der vielen Menschen, die ihr mit Neid oder Bewunderung begegneten. Der König wandte sich mehr und mehr Madame de Montespan zu, die den Ruf genoß, eine der schönsten und lebhaftesten Frauen am Hof zu sein. Madame de Montespan fiel es nicht schwer, fortwährend im Mittelpunkt des Hoflebens zu stehen, und sie spielte die Rolle der Mätresse jahrelang mit großer Hingabe und Überzeugung.

In ihren ersten Jahren als Mätresse des Königs ließ die Eifersucht ihres Ehemanns es nicht ratsam erscheinen, ihre Stellung am Hof bekanntzumachen. Spanheim schreibt, daß sie aus diesem Grund nicht, wie ihre Vorgängerin, in den Stand der Herzogin erhoben werden konnte. Dafür aber wurde sie zur *surintendante de la maison de la Reine*, zur Ersten Hofdame der Königin, ernannt, erhielt also einen Titel, der sonst nur Prinzessinnen zukam.[27] Doch unmittelbar nach ihrer Scheidung wurde Madame de Montespan mit den höchsten Privilegien ausgestattet. Der italienische Botschafter Primi Visconti meldete, sie habe, genau wie die Königin, ihren eigenen Tisch, an dem sie mit ihren Hofdamen speise. Außerdem bekam sie das Recht, in Gegenwart des Königs auf einem Stuhl mit Rücken- und Armlehnen zu sitzen, ein Privileg, das wiederum

Prinzessinnen vorbehalten war. Visconti zufolge war sie zwar nicht dem Namen nach, doch de facto die Königin.[28]

Zur Finanzierung ihrer Hofhaltung bekam Madame de Montespan eine Zulage vom König, die jedoch nicht ausreichte, um in dem Stil zu leben, den sie für angemessen hielt. Daher sorgte sie für Nebeneinkünfte, indem sie Bittschriften von Höflingen gegen Bezahlung beim König einreichte.

Am Hof war es gang und gäbe, daß man seine Beziehungen einsetzte, um höher hinaufzukommen. Da die Mätresse dem König nahestand, versuchten viele Höflinge, sich ihm mit ihrer Hilfe zu nähern. Sie ihrerseits nutzte diese Situation aus, indem sie Geld für ihre Fürsprache verlangte, ihre Freunde begünstigte und so ihre Macht am Hof vergrößerte. Daß dieser Vorgang nicht ungewöhnlich war, geht aus den Memoiren Ludwigs XIV. hervor, in denen er seinen Sohn vor den Gefahren warnt, die von einer Mätresse drohen:

Das Herz eines Fürsten ist Angriffen ausgesetzt wie eine Festung. Die erste Sorge der Angreifer besteht darin, sich aller Posten zu bemächtigen, von denen aus man sich dem Fürsten nähern kann. Eine geschickte Frau läßt es sich zunächst angelegen sein, alles zu entfernen, was ihren Interessen zuwiderläuft; sie versucht die einen zu verdächtigen, die anderen mißliebig zu machen, damit sie allein und ihre Freunde geneigtes Gehör finden, und wenn wir uns nicht gegen ein solches Vorgehen hüten, so wird man schließlich das Mißfallen der ganzen Welt erregen, nur um einer einzigen Frau zu gefallen.[29]

Ludwig XIV. schildert hier die Art und Weise, wie Höflinge im allgemeinen vorgingen, wenn sich ihnen die Gelegenheit bot. Der König fürchtete jedoch nichts mehr, als daß er in den Bann einer Mätresse geraten und damit seine unabhängige Urteilskraft verlieren könnte. Seine Beschreibung weiblicher

Eigenschaften entspricht der Perspektive des 17. Jahrhunderts:

> Die natürliche Schwäche der Frauen bringt es mit sich, daß sie häufig unwichtige Dinge dem Allerwesentlichsten vorziehen, sodaß sie fast immer den falschen Teil erwählen. Sie sind beredsam in ihren Darlegungen, dringend in ihren Bitten, hartnäckig in ihren Auffassungen, und alles dies hat häufig keine andere Grundlage, als die Abneigung, die sie gegen eine bestimmte Person empfinden, als ihren Wunsch, jemand das Fortkommen zu erleichtern, oder ein Versprechen, das sie leichtfertig gegeben haben, zu halten.[30]

Trotz all dieser Bedenken hatten die Mätressen die Freiheit, sich ihre Stellung weitgehend zunutze zu machen. Louise de La Vallière, die erste Mätresse Ludwigs XIV., die als reizender, aber naiver Mensch galt, ließ sich von Anfang an für jede Bittschrift bezahlen, die sie an den König weiterleitete, und Madame de Montespan verlangte Provision, wenn es ihr gelungen war, einen Posten für jemanden zu ergattern.[31] Am Hof zahlte man für die Vermittlung sozialer Kontakte, von Einladungen zu einem Diner bis hin zur Hilfe bei Ehearrangements. Daran beteiligten sich alle. Madame de Motteville beschrieb den Hof des 17. Jahrhunderts folgendermaßen:

> Das Königshaus ist wie ein großer Marktplatz, auf dem man notwendigerweise um den Lebensunterhalt und die Interessen derer feilschen muß, mit denen man durch Pflicht oder Freundschaft verbunden ist.[32]

Der Handel mit Gunstbeweisen gehörte zu dem Patronatssystem, das den politischen Beziehungen der französischen Gesellschaft des 17. und 18. Jahrhunderts zugrunde lag. Im

Mittelalter war das Gebiet, über das der König herrschte, noch so klein, daß Staatsangelegenheiten und Haushalt als Einheit, nämlich als persönliche Domäne des Königs, angesehen wurden. Auch als das Gebiet größer wurde, bildete das Patronat weiterhin einen wesentlichen Bestandteil des Herrschaftssystems. Der König selbst war der größte Schirmherr; er rechnete die mächtigsten Familien der Aristokratie zu seinen Schützlingen. Er ernannte Mitglieder des Hochadels zu Gouverneuren seiner Provinzen, die dann ihrerseits wieder Leute aus ihren Kreisen auf die Verwaltungsposten setzten. So behielt der König die Kontrolle über das, was in den abgelegenen Provinzen geschah. Die Adligen bauten sich ihre Klientel auf, indem sie als Vermittler fungierten. Je höher sie in der Gunst des Königs standen, desto besser konnten sie ihre Beziehungen unterhalten. Ein Adliger, der seine Anhängerschaft in der Provinz regelmäßig zufriedenstellte, konnte auf Respekt und Gehorsam zählen. Dieser Umstand hatte den erwähnten Wettkampf um die Erlangung von Gunstbeweisen zur Folge.[33]

Die Konkurrenz war so groß, daß die Höflinge bereit waren, für Auszeichnungen zu zahlen. Und wie sie als Vermittler für ihre Schützlinge auftraten, so suchten sie selbst wieder das Patronat der Höflinge, die einen höheren Status innehatten, wie zum Beispiel die Mätresse.

Frauen spielten bei Hof eine wichtige Rolle als Vermittlerinnen für ihre Familien. Besonders Gattinnen von Offizieren, die dem Hof oft notgedrungen lange fernblieben, mußten die Kontakte zu höhergestellten Höflingen pflegen und diese über die Heldentaten ihrer Männer unterrichten.[34] Frauen waren also an der Aufrechterhaltung des Patronats wesentlich beteiligt, und deshalb fand man die Rolle der königlichen Mätresse beim Verteilen von Gunstbeweisen keineswegs ungewöhnlich.

Die Mätresse konnte durch sorgfältiges Abwägen ihrer Vermittlung eine starke Klientel aufbauen. Liselotte von der Pfalz, die Schwägerin Ludwigs XIV., schrieb 1697 an ihre deutschen Verwandten, wie sehr sie in ihren Kontakten zum König auf das Wohlwollen der Mätresse angewiesen sei:

> Was den König ahnbelangt, so bin ich woll oder übel mitt ihm gestanden nach dem es seine metressen gewolt: zu der Montespan zeit war ich in ungnaden, zu Ludre zeit woll dran, alß die Montespan wider die oberhandt nahm, gings wider übel, wie Fontange kam, woll, und seyder das jetzige weib regirt, allezeit übel.[35]

Der große Einfluß, den die Mätressen durch Patronat und Vermittlung ausübten, machte ihr Amt auch politisch interessant; daher strebten viele Familien diese Funktion für ihre Frauen und Töchter an. Eine Konkurrentin erwuchs Madame de Montespan zuerst in Mademoiselle de Fontanges, der Ludwig XIV. sich 1679 zuwandte. Auch die Gouvernante ihrer unehelichen Kinder erfreute sich plötzlich einer ungewöhnlichen Aufmerksamkeit des Königs. Gut anderthalb Jahre lang schwebte Madame de Montespan in Ungewißheit über ihre Stellung. Den Verwicklungen in der Beziehung zwischen dem König und seinen Mätressen folgten die Höflinge so gespannt, als handle es sich um einen Wettbewerb. Madame de Sévigné berichtete ihrer Tochter in der Provinz:

> Madame de Maintenon steigt immer höher in seiner Gunst, während Madame de Montespans Stern zusehends sinkt. Der der Fontanges steht im Zenit.[36]

Die Höflinge verfolgten den Konkurrenzkampf der Mätressen nicht nur aus Schadenfreude. Es war für ihre eigene Existenz und für ihre Vermittlungsarbeit wichtig zu wissen, wer in der königlichen Gunst gerade am höchsten stand. Aber das war nicht immer leicht auszumachen. Als Gradmesser konnten die

Privilegien dienen, die der König den drei Frauen verlieh. So beobachtete Madame de Sévigné:

> Jetzt werden Sie eine Nachricht vernehmen, die zwar kein Geheimnis mehr ist, die Sie aber als eine der ersten erfahren: Frau von Fontanges ist zur Herzogin erhoben worden und erhält 20 000 Taler Pension; heute hat sie im Bett das Défilé der Gratulanten empfangen. Auch der König ist ganz offiziell hingegangen. Morgen wird sie sich am Hof auf ihren Schemel setzen. Ostern gedenkt sie in einer Abtei zu verbringen, die der König ihrer Schwester geschenkt hat, also eine Art Trennung, die dem strengen Beichtvater alle Ehre macht. Es gibt Leute, die finden, all diese Verleihungen deuten leicht in Richtung Abschied. Ich bin nicht dieser Ansicht; die Zeit wird lehren, wer recht behält.[37]

Die Tatsache, daß der König Mademoiselle de Fontanges zur Herzogin gemacht und ihrer Schwester eine Abtei geschenkt hatte, wurde von den Höflingen verschieden gedeutet. Aus der Tatsache, daß eine ihrer Vorgängerinnen, Louise de La Vallière, ebenfalls zur Herzogin ernannt worden war, allerdings zu einem Zeitpunkt, als die Beziehung schon ihrem Ende zuging, meinte man schließen zu dürfen, daß auch Mademoiselle de Fontanges ihre Rolle bald ausgespielt hätte. Doch es zeigte sich, daß es im Umgang des Königs mit seinen Mätressen kein Regelmaß gab.

Die Mätressen wurden weder mit einer besonderen Zeremonie in ihr Amt eingesetzt, noch wurde ihre Entlassung von Formalitäten begleitet. Ihre Stellung konnte man nur an den ihnen gewährten Gunstbeweisen und Privilegien ablesen. 1677 schrieb Visconti über eine von Madame de Montespans Konkurrentinnen:

Auf die bloße Vermutung hin, daß sie vom König geliebt
werde, erhoben sich bei ihrer Annäherung alle Prinzessinnen und Herzoginnen sogar in Anwesenheit der Königin
und setzten sich erst wieder, wenn Madame de Ludre
ihnen ein Zeichen gab, genau wie das mit Madame de
Montespan gehalten wurde. Und erst durch dieses Merk-
mal der Auszeichnung, die man Madame de Ludre erwies,
wurde die Königin auf diese neue Untreue des Königs
aufmerksam, denn es hatte ihr noch niemand davon gesprochen.[38]

Es war also schwierig festzustellen, wann die Beziehung zwischen dem König und einer Mätresse anfing und wann sie zu
Ende ging. Ihre Position war nicht formalisiert wie die eines
Kammerherrn oder Ministers. Dennoch waren alle sich einig,
daß der königlichen Mätresse mit der größten Hochachtung zu
begegnen sei – man konnte nie wissen, ob man sie nicht noch
einmal brauchen würde. Da die Umgangsformen in so hohem
Maße an Regeln gebunden waren und vom Rang des einzelnen
am Hof abhingen, nahm die Funktion der königlichen
Mätresse in der Praxis jedoch schon alle Eigenschaften eines
formalisierten Amtes an.

MADAME DE MAINTENON UND
IHR EINFLUSS AUF DEN KÖNIG
(1683–1715)

Mitunter konnte es die Höflinge verwirren, wenn eine Frau
plötzlich beim König sehr in Gunst stand. Madame de Maintenon war am Hof als Gouvernante von Ludwig XIV. und
Madame de Montespans unehelichen Kindern bekannt, doch

ab 1680 machte man sich Gedanken darüber, ob sich ihre Rolle nicht grundlegend geändert habe. Sie war zur *dame de la garde-robe* ernannt worden und dadurch im Rang mit der Marschallin de Rochefort, einer sehr angesehenen Hofdame, gleichgestellt. Diese Ernennung rief allgemeine Bestürzung hervor, und besonders Madame de Rochefort und Madame de Montespan waren wütend über die in ihren Augen unrechtmäßige Beförderung Madame de Maintenons. Visconti schrieb:

> Der gesamte Hof war erstaunt, daß die Wahl auf Madame de Maintenon gefallen war, eine Unbekannte, die Witwe des Dichters Scarron, für die das Amt einer Erzieherin der natürlichen Kinder des Königs der Gipfel des Glücks zu sein schien. Es dauerte indessen nicht lange, und Madame de Rochefort machte sich eine Ehre daraus, sie wie ihresgleichen zu behandeln, denn der König verbrachte den größten Teil seiner Zeit in der Nähe Madame de Maintenons, sehr zum Schaden seiner Besuche bei Madame de Montespan und bei Mademoiselle de Fontanges. Niemand wußte, was er davon halten sollte, denn sie war schon alt, die einen hielten sie für die Vertraute des Königs, die anderen für seine Zwischenträgerin, wieder andere für eine geschickte Person, deren der König sich bediene, um die Memoiren seiner Regierung zu redigieren.[39]

Allmählich wurde deutlich, daß Madame de Maintenon die neue Mätresse des Königs geworden war. Nach dem Tod von Königin Marie-Thérèse im Jahre 1683 bezog sie einen Teil ihrer Gemächer, und damit war ihre Position eine öffentlich anerkannte Tatsache. Ludwig XIV. ging sogar eine morganatische Ehe mit ihr ein, doch das wußten nur wenige Höflinge. Trotz ihrer Ehe mit dem König ist sie als die letzte seiner Favoritinnen in die Geschichte eingegangen.

Als Mätresse entfaltete Madame de Maintenon eine neue Tätigkeit: Sie gründete eine Schule für Mädchen aus armen Adelsfamilien, für die sie sich jahrelang intensiv einsetzte und die sie zu einem einflußreichen pädagogischen Institut machte.[40] Durch diese Initiative auf dem Gebiet der Wohltätigkeit erweiterte Madame de Maintenon ihren Einfluß. Man kam jetzt nicht mehr nur zu ihr als Vermittlerin, sondern man bat sie auch selbst um Gunstbeweise, die sie ganz nach eigenem Ermessen austeilte.

Sie war gut informiert über alles, was sich am Hof und in der Regierung abspielte, denn die Sitzungen des Königs mit seinen Ministern fanden in ihren Gemächern statt:

> Sie [Ludwig XIV. und Madame de Maintenon] saßen jeder in seinem Sessel, vor sich einen Tisch, an den beiden Ecken des Kamins, sie neben dem Bett, der König mit dem Rücken zur Wand neben der Tür zum Vorzimmer, zwei Schemel vor seinem Tisch, einer für den Minister, der zum Arbeiten kam, der andere für seine Tasche. […] Während sie arbeiteten, las Madame de Maintenon oder stickte an einem Wandbehang. Sie hörte zu, was sich zwischen dem König und dem Minister, der laut sprach, abspielte. Selten warf sie ein Wort dazwischen, und noch seltener war dieses Wort von Bedeutung.[41]

Obwohl Madame de Maintenon sich während der Sitzungen abseits hielt, befürchtete manch einer, sie könnte den König in seinen politischen Entscheidungen beeinflussen. Vor allem ihr Anteil an der Aufhebung des Edikts von Nantes im Jahre 1685 war umstritten. Das Edikt gewährte den Protestanten seit 1598 bedingte Religionsfreiheit. Während der Regierung Ludwigs XIV. wurden ihre Rechte jedoch immer weiter beschnitten. Ab 1679 durften sie beispielsweise keine öffentlichen Ämter mehr bekleiden, und auch das Ausüben be-

stimmter Berufe, wie Arzt oder Verleger, war ihnen verboten.
Ab 1681 überfielen katholische Gruppen und Soldaten mit
stillschweigendem Einverständnis der Regierung regelmäßig
protestantische Zentren in den Provinzen. Für die Protestanten wurde das Leben von Jahr zu Jahr gefährlicher, bis sie
durch die Aufhebung des Edikts von Nantes 1685 vogelfrei
wurden. Mehr als 250 000 Franzosen flüchteten damals ins
Ausland.[42]

Am Hof waren viele der Meinung, Madame de Maintenon
habe den König zu diesem umstrittenen Beschluß überredet.
Sie unterhielt gute Beziehungen zum Klerus, und in ihrer Zeit
als Gouvernante hatte sie gemeinsam mit der devoten Partei
versucht, den König zur Monogamie zu bekehren. Sie erfüllte
ihre kirchlichen Pflichten gewissenhaft, und es lag ihr viel
daran, daß der Hof ihrem Beispiel folgte. Das mondäne Leben
interessierte sie nicht, und sogar der König nannte sie *votre
sérénité*.[43] Sie war nicht beliebt und bekam denn auch schnell
die Schuld an umstrittenen politischen Maßnahmen zuge-
schoben.[44]

Der Gesandte Spanheim, der von der Aufhebung des Edikts
von Nantes mit Sicherheit nicht begeistert war, versuchte in
seinem Bericht an den Kurfürsten von Brandenburg, die Rolle
der Madame de Maintenon zu verdeutlichen. Fast entschuldigt
er sie und beklagt

> [...] den unheilvollen Anteil, den man ihr an der unglück-
> seligen und grausamen Verfolgung, die gegen die Refor-
> mierten in Frankreich entfacht wird, zuschreibt, was um so
> seltsamer erschien, als sie und ihre Familie in derselben
> Religion geboren sind wie ihr Großvater, von dem die
> Rede war und der sich in ihr durch seinen Eifer, seine
> Feder und seinen Mut ausgezeichnet hat, und als ihre
> ganze Verwandtschaft noch in dieser Religion lebte und
> darum ebensowenig vor diesen Verfolgungen sicher war.

Man könnte dazu nichts weiter sagen oder einen anderen Grund erraten, als den, daß sie alles dem Willen des Königs und seinem langgehegten Entschluß geopfert hat, daß sie sich daraus ein außerordentliches Verdienst bei ihm machen wollte, daß sie sich einige Zeit vielleicht sogar schmeicheln konnte, man würde mit diesem großen Plane zuwege kommen, ohne zu den außergewöhnlichen und gewaltsamen Mitteln zu greifen, deren man sich in der Folge bedient hat, daß sie danach vielleicht nicht die Macht oder den Willen mehr hatte, sie abzuwenden, und daß die Bigotterie sich schließlich zu der Voreingenommenheit und im übrigen zu ihrer ausschließlichen Ergebung in die Absichten und den Entschluß des Königs gestellt hat.[45]

Als Madame de Maintenon in die Räume einzog, die an die Gemächer des Königs grenzten, trat genau die Situation ein, vor der Ludwig XIV. in seinen Memoiren gewarnt hatte, daß nämlich die Höflinge denken könnten, er ließe sich von einem Favoriten lenken. Nach dem Tod der Königin war Madame de Maintenon die einzige Frau, zu der der König eine nahe Beziehung unterhielt. Dieser Mangel an Konkurrenz beunruhigte die Höflinge.

Bis heute wurde nicht geklärt, welche Rolle sie bei der Aufhebung des Edikts von Nantes gespielt hat,[46] und es läßt sich auch nicht mehr ermitteln, inwieweit sie überhaupt imstande war, den König in seinen politischen Entscheidungen zu beeinflussen. Um die Entwicklung ihrer Position zu verfolgen, braucht man jedoch nicht genau zu wissen, wie weit ihr Einfluß reichte. Viel wichtiger ist es zu wissen, wie groß ihr Prestige war, denn ihr Ansehen hing in hohem Grade davon ab, was die Höflinge glaubten, bei ihr erreichen zu können. Wenn sie ihr zutrauten, den König von ihren Vorhaben zu überzeugen, schlossen sie sich ihr gern an, und das konsolidierte wiederum ihre Macht. Je mehr man sich von ihr versprach, desto größer wurde die Klientel, die sie Madame de Sévigné zufolge seit 1680 aufbaute:

> Meine Freundin erzählt mir, daß niemand mehr wagt, sich der Dame [Madame de Maintenon] ohne Scheu oder Ehrfurcht zu nähern, und daß die Minister ihr ihre Aufwartung machen, wie andere es bei ihnen tun.[47]

DIE KÖNIGLICHE MÄTRESSE ALS INSTITUTION

Als Ludwig XIV. im Jahre 1715 starb, war sein Urenkel Ludwig XV., der ihm auf den Thron folgen sollte, noch minderjährig. Doch da die Mätressen unter Ludwig XIV. allmählich einen festen Platz am Hof eingenommen hatten, ging man davon aus, daß Ludwig XV. diese Tradition fortsetzen würde, sobald er erwachsen war. Und natürlich hofften die Hofleute, er werde sich eine Geliebte aus ihrer Clique aussuchen. Daher hatten sie schon vorsorglich eigene Kandidatinnen vorgeschoben und bemühten sich darum, sie Ludwig unter allerlei Vorwänden vorzustellen.[48] So wurde der junge König schon früh unter Druck gesetzt: Die Position der königlichen Mätresse war zur Institution geworden.

Kardinal Fleury, der Mentor Ludwigs XV., bekleidete ein Amt, das dem eines Ersten Ministers entsprach. Viele Höflinge sahen sich durch ihn in ihrer Laufbahn gehemmt und hofften, eine Mätresse werde seine Macht einschränken. Der Kardinal mischte sich in alles ein, und auch die Komplotte, die zur Einführung der Mätressen geschmiedet wurden, entgingen ihm nicht. Er beschloß kurzerhand, sich einer der Parteien anzuschließen, allerdings unter der Bedingung, daß man ihn bei der Wahl der Mätresse zu Rate zog. Auf diese Weise wollte er sich ihrer Neutralität versichern.[49] Das Mätressentum war inzwischen so institutionalisiert, daß selbst ein Kardinal sich damit abfinden konnte. Der junge König wußte indessen von alledem nichts.

Madame de Mailly

Es gibt verschiedene Versionen vom Anfang und Verlauf seiner ersten Affäre, doch alle laufen darauf hinaus, daß er von seinen Höflingen in die Beziehung hineinmanipuliert wurde und selbst kaum die Initiative ergriff.[50]

Nachdem Madame de Mailly seine Mätresse geworden war, versuchte er, die Beziehung geheimzuhalten; das bedeutete für sie jedoch, daß sie auf finanzielle Unterstützung seinerseits verzichten mußte.[51] Der Kardinal, der alle Ausgaben kontrollierte, bewilligte Ludwig kein Geld für sie. Einige ihrer Freunde ersannen daraufhin einen Weg, ihr über den Großsiegelbewahrer aus einem Geheimfonds ein Einkommen zu sichern. Doch dieser verlor bald darauf seinen Posten, und Fleury sorgte dafür, daß weitere Zahlungen an Madame de Mailly ausblieben. Die Mätresse soll damals ihrer verschlissenen Kleider wegen ausgelacht worden sein, und ihre Freunde erklärten empört, sie werde schlechter bezahlt als ein Landarbeiter.

Sie taten für sie, was sie konnten. Zwei ihrer Freundinnen trieben sie immer wieder an, vom König ihre öffentliche Anerkennung zu fordern. Sie müsse sich zur Herzogin erheben und sich ein großes Landgut schenken lassen. Der Bischof von Rennes und der Kardinal von Rohan gaben ihr Ratschläge, wie sie ihr Ziel am besten erreichen könnte.

Am 14. Juli 1738 konnte Madame de Mailly ihren ersten Erfolg verbuchen. Die Beziehung des Königs zu Maria Leszczynska war so schlecht geworden, daß er beschloß, sein Verhältnis mit seiner Mätresse bekanntzugeben. An einem

Abend in Compiègne erklärte er während des Soupers, er liebe
Madame de Mailly und er werde in aller Öffentlichkeit eine
Liaison mit ihr anfangen. Von diesem Moment an war ihre
Stellung allen deutlich. Sie durfte fortan in der königlichen
Kutsche fahren, während die übrigen Damen die Kalesche be-
nutzten; sie bekam die besten Rollen in Theaterstücken, auf
Bällen nahm sie den Ehrenplatz ein, und beim Feuerwerk saß
sie an des Königs Seite. Ihr Spieltisch war nur durch den Ka-
min von dem seinen getrennt, und während der Messe war
immer ein Platz für sie in der zweiten Reihe reserviert.

Doch schon nach einem Jahr wurde sie von ihrer Schwester,
Madame de Vintimille, von ihrem Platz vertrieben, und nach
deren Tod im Jahre 1741 von einer zweiten Schwester, Madame de Châteauroux. Diese hatte den Entschluß gefaßt, sich
nicht mit dem zufriedenzugeben, was ihre Schwestern erreicht
hatten. Sie schrieb dem Kammerherrn des Königs einen Brief,
in dem sie ihm mitteilte, sie verlange viel Geld und sie strebe
die Position der *maîtresse déclarée* an, wie Madame de Montespan sie eingenommen habe. Sie sei nicht bereit, sich mit einem bescheidenen Unterkommen zu begnügen, denn sie wolle
den König königlich empfangen. Ihre Bedingungen beschrieb
Barbier in seiner Chronik folgendermaßen:

> Sie würde *maîtresse déclarée* werden und ein Haus ge-
> schenkt bekommen, sie ginge nicht zu den kleinen Sou-
> pers des Königs in den Kleinen Gemächern, sondern alle
> Abende würden zehn Gedecke bei ihr serviert, und sie
> würde selbst bestimmen, wer mit ihr speise; außerdem
> würde sie ein lebenslanges Jahresgeld von fünfzigtausend
> Ecus empfangen.[52]

Während ihre Stellung noch alles andere als sicher war, tat sie
so, als interessiere der König sie überhaupt nicht. Dem Herzog
de Luynes zufolge wäre sie auch auf seine Vorschläge niemals

eingegangen, wenn er nicht in ihre Forderungen eingewilligt
hätte:

> Sogar nach Madame de Maillys Abreise verbreitete
> Madame de La Tournelle [Châteauroux] weiterhin, daß
> Monsieur d'Agénois sie liebe und sie seine Liebe erwidere,
> daß ihr am König nichts gelegen sei, daß er ihr einen
> Gefallen tue, wenn er sie in Ruhe lasse, und daß sie einzig
> unter festen und günstigen Bedingungen bereit sei, auf
> seine Vorschläge einzugehen.[53]

Der König gab ihren Forderungen nach, und im September
1743 bekam sie eine kleine Hofhaltung mit dem besten Koch,
den man auftreiben konnte, einen Schildknappen und eine
schöne Kutsche mit sechs Pferden; ihr Platz in der Kapelle
wurde mit einem Betpult mit Plüschkissen versehen. Ende
April 1744 wurde sie zur Oberintendantin der Hofhaltung der
Dauphine ernannt. Dies war genau das Amt, das Madame de
Montespan fünfundsechzig Jahre früher innehatte.

MADAME DE POMPADOUR ALS MÄZENIN
(1745–1764)

Nach Madame de Châteauroux' Tod trat Madame de Pompadour 1744 ihre Nachfolge an. Wie ihre Vorgängerinnen nahm
sie Bittschriften in Empfang, sie organisierte Lustbarkeiten und
gründete, dem Beispiel Madame de Maintenons folgend, eine
Kadettenschule.[54] Sie erweiterte ihren Wirkungskreis, indem
sie als Schirmherrin von Künstlern und Schriftstellern wie van
Loo, Voltaire und Diderot auftrat. Sie ließ sich mehrmals von
François Boucher porträtieren und posierte für die Pastelle von

La Tour. Sie erwarb Skulpturen von Pigalle, Falconet und Adam und beauftragte den berühmten Holzschnitzer Verberckt, ihre Landsitze zu schmücken.

Im 17. und 18. Jahrhundert galt das Mäzenat als Zeichen verfeinerter Bildung. Wohlhabende Mitglieder der Aristokratie und des Bürgertums versorgten Maler und Bildhauer mit Aufträgen. Madame de Pompadour war also durchaus keine Ausnahme, sie hatte nur dank ihrer Position mehr Geld zur Verfügung als andere. Ihr Geschmack galt als tonangebend, und da sie als Mätresse des Königs auch Künstler für den Adelsstand vorschlagen konnte, wurde sie bald zu einer der bedeutendsten Mäzeninnen.

Neu war auch ihre Betätigung auf dem Gebiet der Industrie: so geht die später so berühmt gewordene königliche Porzellanfabrik in Sèvres auf ihre Initiative zurück. Bis zu dem Zeitpunkt war es in Adelskreisen üblich, Geschirr aus Silber zu benutzen; Madame de Pompadour und Ludwig XV. führten den Gebrauch von Porzellan ein. Unter der Aufsicht der besten Künstler ließ Madame de Pompadour Service und Figuren entwerfen. Der Begriff *rosa Pompadour* wurde damals für eine bestimmte Tonfärbung geprägt, die die Fabrik herstellte.

Auch den Gebäuden des Königs, besonders seinen Landsitzen, schenkte Madame de Pompadour viel Aufmerksamkeit. Sie ließ ihren Stiefvater, Monsieur de Tournehem, zum Generalinspekteur des Bauwesens ernennen und schickte ihren Bruder auf Studienreise nach Italien, damit er sich beizeiten auf die Nachfolge vorbereite. Der Generalinspekteur organisierte alles, was mit dem Bau und Umbau der königlichen Schlösser zu tun hatte. So unterhielt er beispielsweise die Kontakte zu den Bildhauern und anderen Künstlern, die zur Verschönerung der Gebäude beitragen konnten. Durch die Zusammenarbeit mit ihm, und später mit ihrem Bruder, drückte Madame de Pompadour auch der Architektur ihrer Zeit einen Stempel auf.

Der Staat kümmerte sich damals bedeutend weniger intensiv um die Künste als unter Ludwig XIV., der alle Kunstformen zur Propagierung seines Königtums benutzt hatte.[55] Ludwig XV. ließ sich in seinen Anfangsjahren ganz von Kardinal Fleury bestimmen, den Kunst und Architektur kaum interessierten. Da er sich auch weniger Sorgen um sein Königtum machte, investierte er weniger in die Propaganda für seine eigene Person.[56] Als Madame de Pompadour ihr Amt als *maîtresse en titre* antrat, konnte sie ohne viel Mühe Initiativen auf dem gesamten Gebiet der bildenden Künste und der Literatur entfalten. Sie begeisterte Ludwig XV. für ihre Projekte, und bald wurde ihnen das gemeinsame Schmieden immer neuer Pläne für die Einrichtung ihrer Landsitze zum geliebten Zeitvertreib.

MADAME DE POMPADOURS WACHSENDER EINFLUSS AM HOF

Da Ludwig XV. sich immer mehr zurückzog und sich am liebsten in Gesellschaft weniger Menschen aufhielt, trug Madame de Pompadour in zunehmendem Maß für den Kontakt zwischen König und Höflingen Sorge. Mit der Zeit hatte sie mehr oder weniger das Alleinrecht auf die Bewilligung der königlichen Gunstbeweise und Auszeichnungen. Höflinge mußten zuerst ihre Gunst gewinnen, wollten sie zu einem königlichen Diner oder anderen geschlossenen Gesellschaften eingeladen werden; daher drängten sich viele auf der Treppe zu ihren Gemächern und warteten darauf, vorgelassen zu werden.

Der Herzog von Croy hoffte 1759, den *cordon bleu*, das Blaue Band des Ordens vom Heiligen Geist, verliehen zu bekommen, die höchste Auszeichnung, die einem französischen Adligen zuteil werden konnte. De Croy stand darüber schon eine Zeit-

lang mit dem Prinzen de Tingry in Verbindung, der ein gutes
Wort für ihn bei Madame de Pompadour einlegen sollte:

> Vier Tage vor dem Chandeleur [der Verleihung des Or-
> dens] stellte ich mich vor dem Souper beim König vor, bei
> dem ich damals das einzige Mal in jenem Winter soupier-
> te. Wir saßen im gleichen Stockwerk, in dem sich auch
> sein Zimmer befand. Als der König wie gewöhnlich nach
> dem Souper zu seinen Kindern ging, zog die Marquise
> [Madame de Pompadour] wie gewöhnlich den Prinzen de
> Tingry mit sich in das hintere Kabinett des Königs, dessen
> Tür weit offenstand. Ich sah, daß sie über die Frage disku-
> tierten, wem die cordons verliehen werden sollten. Es dau-
> erte lang und sie waren sich uneinig. Ich war fortwährend
> in Versuchung, die Regeln zu übertreten und unter irgend-
> einem Vorwand für meine eigene Sache zu plädieren. Das
> ging zu weit, doch vielleicht hätte ich gut daran getan. Ich
> beobachtete sie, interpretierte ihre Gesten und ließ mich
> sehen, so daß sie mich rufen lassen konnten.
> Hinterher erfuhr ich, daß die Marquise mir so wohlgesinnt
> gewesen sei, mich als einzigen vorzuschlagen, daß der
> Prinz de Tingry ihr jedoch entgegengehalten habe, der Kö-
> nig habe dem Grafen de Tresmes und noch jemandem sein
> Wort bereits gegeben, so daß beide unzufrieden sein wür-
> den. Inzwischen waren mehr Versprechen gegeben wor-
> den, als Ehrenzeichen zu vergeben waren. Nach einem
> heftigen Wortwechsel einigten sie sich schließlich darauf,
> wie man zu tun pflegt, wenn man in Verlegenheit gebracht
> wird, nichts zu unternehmen und abzuwarten.[57]

Tief enttäuscht erfuhr De Croy wenig später, daß der Orden
ihm nicht verliehen würde. Er wollte noch für seine Sache plä-
dieren, doch Madame de Pompadour gab ihm deutlich zu ver-
stehen, daß er in diesem Jahr nicht mehr damit rechnen solle.

Der Herzog vermerkte verschiedene Male in seinem Tagebuch, Madame de Pompadour sei an der Verteilung aller Gunstbeweise beteiligt. 1751 wollte er sich nach Choisy begeben,
hatte jedoch vergessen, die Uniform, die man dort trug – in
jedem Schloß war eine andere Uniform vorgeschrieben –,
kommen zu lassen:

> Am fünfzehnten begab ich mich in grauer Kleidung nach
> Choisy, denn ich hatte im Jahr zuvor, als ich fast nicht von
> der Partie gewesen war, versäumt, die grüne Uniform an-
> zufordern. Abends bat ich die Marquise, ob sie sie in mei-
> nem Namen beim König erbitten wolle, denn sie allein
> kümmerte sich bis in jede Einzelheit um die Gunstbeweise
> des Hofes.[58]

Es war De Croy vollkommen klar, wie sehr es in seinem Interesse lag, sich die Freundschaft der Marquise zu erhalten.
1749 schrieb er:

> Weil ich Madame de Pompadour nicht genügend meine
> Aufwartung gemacht hatte, verlor ich am Ende des Win-
> ters das Privileg, in den Kabinetten soupieren zu dürfen.
> Das schmerzte mich ordentlich, und oft versuchte ich,
> dies alles weniger wichtig zu nehmen und mehr für mich
> zu leben, philosophischer.[59]

Immer größer wurde die Schar der Bittsteller, die sich von
Madame de Pompadour Vorteile versprachen, und bald war es
nicht mehr zu übersehen, daß in ihren Gemächern viele Fäden
zusammenliefen.

Mit Madame de Pompadours Amtsantritt setzte eine Periode
wachsender Konkurrenz zwischen der Mätresse und dem
Ministerrat ein. Je mehr Befugnisse sie bekam, um so komplizierter wurde ihre Beziehung zu fast allen Ministern.[60] Als der

Abbé de Bernis im Juli 1755 von einer Reise nach Venedig zurückkam, schrieb er:

> Im Ministerrat kein Zusammenhang, offener Krieg zwischen Herrn von Argenson und Herrn von Machault; Zügellosigkeit der Rede in den Verhandlungen; Insubordination; Prinz von Conti besaß fast Allgewalt, ohne Minister zu sein; mit ihm war Madame de Pompadour verfeindet, und der König hielt die Waage zwischen beiden.[61]

Es war ein ständiger Kampf um Kompetenzen; keiner gönnte dem andern auch nur den geringsten Erfolg. Auch mit dem Kammerherrn des Königs stand die Mätresse auf schlechtem Fuß. Zu seiner Funktion gehörte die Organisation der Lustbarkeiten, das *menu des plaisirs*. So stieß Madame de Pompadour bei der Gründung ihres eigenen Theaters mit dem ersten Kammerherrn, dem Herzog von Richelieu, zusammen, da sie Requisiten aus dem Magazin benutzt hatte. Richelieu ordnete wütend an, in Zukunft dürfe das nicht mehr ohne seine ausdrückliche Erlaubnis geschehen. Er verbot den Musikern, für Madame de Pompadour zu spielen, solange er seine Zustimmung nicht gegeben habe. Madame de Pompadour, die sich solchermaßen in ihrer Arbeit behindert sah, beschwerte sich nunmehr beim König, der Richelieu unter Androhung der Bastille zwang, seine Befehle zurückzunehmen.[62]

Inzwischen eignete Madame de Pompadour sich immer mehr Aufgaben an. Das Arbeitsgebiet, das sie sich selbst schuf, war um vieles größer als das ihrer Vorgängerinnen, und das machte ihr Leben anstrengend. Offiziell fing ihr Tag um acht Uhr mit der Morgenmesse an, doch dann war sie schon Stunden mit ihrer Toilette beschäftigt gewesen. Nach der Messe machte sie der Königin und der Dauphine ihre Aufwartung. Danach empfing sie Höflinge, schrieb Briefe, stellte die Liste der Geladenen zusammen und traf Vorbereitungen für das Diner des Königs.

Mittags ritt sie aus oder ging auf die Jagd; der Rest des Tages war dann bis zur Nacht mit geselligem Zusammensein bei Hofe gefüllt. Oft war sie bis zwei oder drei Uhr in der Nacht auf den Beinen. Darunter litt ihre Gesundheit, doch sie sah keinerlei Möglichkeit, etwas daran zu ändern. Die Angst, durch eine andere ersetzt zu werden, sobald sie den Erwartungen des Königs und der Hofleute einmal nicht mehr entsprach, begleitete sie ständig. 1764 starb sie dreiundvierzigjährig an Erschöpfung. Um der Erhaltung ihrer Stellung willen hatte sie sich zum Äußersten gezwungen.

DIE SEXUELLE BEZIEHUNG
MADAME DE POMPADOURS MIT DEM KÖNIG

Trotz des großen Einflusses, den Madame de Pompadour sich im Laufe der Jahre am Hof erworben hatte, beruhte ihre Position dennoch auf der Liebe, die der König für sie empfand. Sobald er sich einer anderen Frau zuwandte, konnte das das Ende ihrer Karriere bedeuten. Die Konkurrenz anderer Frauen bildete denn auch den Hauptgegenstand ihrer Sorge.

Eine ihrer wichtigsten Waffen war ihre körperliche Anziehungskraft, zu deren Erhaltung sie mancherlei Puder, Pomaden und Kuren einsetzte. Doch die Marquise tat sich oft schwer damit, die sexuellen Wünsche des Königs zu erfüllen, und das bereitete ihr große Sorgen. Ihre Kammerfrau, Madame du Hausset, beschreibt in ihren Memoiren, wie ihre Herrin diesem Problem die Stirn zu bieten versuchte:

Ich hatte bemerkt, daß Madame sich schon einige Tage lang Schokolade mit einer dreifachen Portion Vanille und einer Dosis Amber zum Frühstück bringen ließ, daß sie

Trüffel aß und Selleriesuppe. Ich fand sie sehr erhitzt und sprach denn auch meine Bedenken gegen diese Diät aus, doch sie beachtete es nicht. Da glaubte ich, mit ihrer Freundin, der Herzogin de Brancas, darüber sprechen zu müssen. Diese meinte:»Ich habe es auch schon bemerkt und werde in Ihrem Beisein mit ihr darüber reden.« Das tat sie, nachdem Madame ihre Toilette beendet hatte, indem sie bemerkte, sie mache sich Sorgen um die Gesundheit von Madame. Weiter meinte die Herzogin:»Ich habe mich hierüber mit ihr (und sie zeigte auf mich) unterhalten, und sie ist genau der gleichen Meinung.«

Daraufhin wurde Madame böse und brach dann in Tränen aus. Ich stand sofort auf, schloß die Tür ab und kam zurück, um zuzuhören. »Liebe Freundin«, sagte Madame zur Herzogin, »ich habe solche Angst, den König zu verlieren, wenn ich nicht mehr so bin, wie er es wünscht. Sie wissen doch, daß Männer bestimmte Dinge nun einmal höchlich schätzen, und es ist mein Unglück, daß ich von Natur so kalt bin. So habe ich mir ausgedacht, ich müsse etwas finden, was mich erhitzt, und jetzt nehme ich diese Medizin, die mir, wie ich bemerkt zu haben glaube, wirklich hilft.« Die Herzogin schaute sich das Mittel, das in einem Fläschchen auf dem Frisiertisch stand, an und roch daran. Pfui, sagte sie und warf es in den Kamin. Madame war böse auf sie und sagte:»Ich will nicht wie ein Kind behandelt werden.« Sie weinte und sagte:»Sie wissen nicht, was mir vor einer Woche zugestoßen ist. Der König behauptete, es sei ihm zu heiß, und verbrachte die halbe Nacht auf dem Kanapee. Er wird sich noch von mir abwenden und sich eine andere nehmen.«[63]

Als Madame de Pompadour nach sieben Jahren erkrankte, ging die sexuelle Beziehung zwischen ihr und dem König in der Tat zu Ende, und er fing an, sich nach anderen Frauen umzusehen. Doch sie blieb weiterhin seine offizielle Mätresse. Ludwig XV. ging zum *Parc aux Cerfs*, seinem Privatbordell, wo er inkognito Affären mit Mädchen niederer Herkunft hatte. Darin sah Madame de Pompadour keine Bedrohung. Manche Stimmen behaupteten sogar, sie selbst habe dieses Bordell für ihn eingerichtet, obwohl Madame du Hausset das in ihren Memoiren aufs heftigste bestreitet.[64]

Der Eingang des Parc aux Cerfs

Dreizehn Jahre gelang es Madame de Pompadour, die Mätresse des Königs zu bleiben, obwohl ihre sexuelle Beziehung in den Jahren vor ihrem Tod aufgehört hatte. Ihre Aufgaben waren so umfassend geworden, und sie erfüllte sie mit soviel Sorgfalt, daß sie fast unentbehrlich geworden war. Zudem hatte sie dafür gesorgt, daß der König von ihren Vertrauenspersonen umringt war, die sofort eingreifen konnten, sobald eine eventuelle Konkurrentin auftauchte. Vor allem aber war der persönliche Kontakt zwischen ihr und dem König gut, und er schätzte ihre Meinung sehr.[65] Sie war die ideale Mätresse, abgesehen von sexuellen Dingen; da der König keine ernsthafte Beziehung zu anderen Frauen am Hof einging, blieb ihre Stellung unangetastet. So hatte sich das Mätressentum in einem Zeitraum von zweihundert Jahren von einer einfachen Liebesbeziehung zu einer Schlüsselposition am Hof entwickelt, die der eines Kultusministers gleichkam.

MADAME DU BARRY BEHAUPTET
DIE STELLUNG DER MÄTRESSE
(1768–1774)

Nach Madame de Pompadours Tod entspann sich zwischen
den verschiedenen Cliquen am Hof ein heftiger Kampf um
ihre Nachfolge. Nach drei Jahren wählte Ludwig XV. die vom
Ersten Kammerherrn protegierte Jeanne du Barry zur offiziellen
Mätresse.[66] Choiseul, der Madame de Pompadour als Erster
Minister immer unterstützt und daher gehofft hatte, seine
eigene Schwester zu ihrer Nachfolgerin zu machen, beschrieb
Madame du Barrys Antritt mit einem gewissen Widerwillen:

> 1768 erschien in Compiègne eine Frau mit einer prächti-
> gen Equipage, die die Aufmerksamkeit ihrer Umgebung
> um so mehr auf sich zog, als die Höflinge und Minister
> schon schnell dahinterkamen, daß sie in Compiègne war,
> um den König zu erfreuen. […] Als ich kam, hörte ich
> von Monsieur de Saint-Florin, wie am Hof über diese
> Dame du Barry (so hieß sie) spekuliert wurde, und über
> die Liebe, in der der König zu ihr entbrannt sei; in der Tat
> schlief sie jede Nacht beim König; morgens sah man sie
> aus den Kabinetten kommen: sie ging in ihre Herberge, wo
> sie sich ankleidete, und kam abends nach dem Diner wie-
> der zum König zurück.[67]

Viele Höflinge befürchteten, der König könnte Madame du
Barry ernstlich liebgewinnen. Jeanne kam aus dem Bürgertum
und war zudem noch arm. Sie hatte ihr eigenes Geld verdient
als Gesellschaftsdame, Friseuse und Verkäuferin in einem Mo-
degeschäft. Über Jean du Barry, einen Mann von niedrigem
und verarmtem Adel, war sie in höhere Kreise gekommen.

Jean besaß ein Etablissement mit Bordell und Spielhölle in Paris, wo viele Adlige und reiche Bürger verkehrten. Dort ging auch Jeanne, die eigentlich Jeanne Bécu hieß, unter dem Namen Madame du Barry ein und aus. Sie übte sich in der Kunst der Konversation und erfuhr von ihren neuen Bekannten alles über die Verwicklungen am Hof. Die Hofleute konnten sich nicht vorstellen, daß sie wirklich bei Hofe zugelassen würde, doch nach drei Monaten größter Spannung stellte sich heraus, daß ihre Befürchtungen begründet gewesen waren. In aller Eile schloß Jeanne eine Scheinehe mit dem Bruder von Jean du Barry, so daß sie offiziell als Madame du Barry bei Hofe eingeführt werden konnte. Dort sollte sie fünf Jahre lang, bis zum Tode Ludwigs XV., das Amt der Mätresse bekleiden.[68]

Madame du Barry

Madame du Barry übernahm alle Aufgaben, die Madame de Pompadour vor ihr erfüllt hatte. Sie nahm Bittschriften in Empfang und beschäftigte sich mit der Organisation von Festen, Diners, Opern, Bällen und Feuerwerk am Hof. Auch Madame de Pompadours Arbeit als Schirmherrin der Künste und der Literatur setzte sie fort.[69]

So gelang es ihr, die Stellung der *maîtresse en titre* zu behaupten. Diese Stellung war insofern einmalig, als es am Hof die einzige hohe Funktion war, die für eine Frau in Betracht kam. Im 17. und 18. Jahrhundert gab es keine öffentlichen Ämter für Frauen. Sie konnten nur über Verwandte und Beziehungen Einfluß gewinnen.[70] Doch da das Amt der Mätresse auf einer Liebesbeziehung zum König beruhte und durch die Figuration am Hof einem Ministerposten gleichkam, ermöglichte es einer Frau schließlich doch, dort großen Einfluß zu gewinnen.

Obwohl ihre Stellung zur Institution wurde, erlangte die königliche Mätresse niemals formale, gesetzlich gesicherte Befugnisse. Sie blieb zeitlebens von den Launen des Königs abhängig und konnte im Prinzip zu jedem willkürlichen Zeitpunkt abgesetzt und ausgetauscht werden. Und so blieb ihre Stellung, trotz des hohen Ansehens, zu dem sie es gebracht hatte, sehr unsicher.

DIE BEWEGTE KARRIERE DER
MADAME DE MONTESPAN

MODE, AMÜSEMENT UND KLATSCH AM HOF

In ihrer gefährdeten Stellung am Hof mußte die königliche Mätresse sehr darum bemüht sein, sich erfolgreich vor ihren Konkurrentinnen zu schützen. Zum Teil war sie darin wiederum auf den König angewiesen, von dem es abhing, wie viele Gunstbeweise sie verteilen konnte. Doch es gab auch Strategien, bei denen sie seiner Hilfe nicht bedurfte: So konnte sie sich zum Beispiel ihrer Auftritte in der Öffentlichkeit bedienen, neue Moden einführen und versuchen, die Klatschszene zu beherrschen.

Fast alle königlichen Mätressen werden mit Prunk und Luxus assoziiert.[1] Thorstein Veblen, dessen Ansicht auch heute noch häufig vertreten wird, sieht darin eine besonders aufwendige Form der Vergeudung, die er *conspicuous consumption*, demonstrativen Konsum, nennt.[2] Da gäben Leute Geld aus für Dinge, die »im ganzen weder dem Leben des Menschen noch seinem Wohlbefinden« dienten, und sie täten es, weil sie beweisen müßten, daß sie sich diese Verschwendung leisten können.[3] Doch die Meinungen darüber, was Vergeudung ist und was nicht, ändern sich, wie auch die Normen sich ändern, die ihnen zugrunde liegen. Daher stellt sich die Frage, ob die kostbaren Gewänder der königlichen Mätressen eigentlich als Verschwendung angesehen werden können.

In der *Höfischen Gesellschaft* legt Elias dar, daß am Hof ein anderes Wirtschaftsethos herrschte als im Bürgertum. Ein Bürger versuchte, sein Vermögen immer zu vergrößern, indem er die Ausgaben den Einnahmen unterordnete und sich planmäßig einschränkte, um Geld sparen zu können. Ein Adliger hingegen, in dessen Leben sich alles um Prestige drehte, mußte seine Ausgaben ganz auf den Rang abstimmen, den er besaß oder anstrebte, wollte er sich nicht ins gesellschaftliche Abseits begeben. Daher mußten die Höflinge zur Sicherung ihrer Stellung und mehr noch zur Erhöhung ihres gesellschaftlichen Erfolgs große Summen für ihre Lebenshaltung ausgeben. Dieser Prestigekonsum wurde von Ludwig XIV. sehr gefördert; ihm war die daraus erwachsende ständige Verschuldung der Adligen nur recht, da sie ihre Abhängigkeit von ihm erhöhte.[4]

Die Unterscheidung von zweierlei Arten von Wirtschaftsethos ermöglicht eine genauere Analyse des statusbedingten Konsums am Hof. Sie erklärt jedoch keineswegs, weshalb manche Höflinge sich gewissermaßen als Trendsetter aufwarfen und weshalb andere sie nachahmten. So ist von den königlichen Mätressen bekannt, daß sie regelmäßig neue Moden einführten. Warum lag ihnen so viel daran, und weshalb wurden überhaupt neue Moden am Hof entwickelt und nachgeahmt?

Soziologische und historische Studien über die Mode wählen häufig eine Perspektive, die auf die *Trickle-down*-Theorie zurückzuführen ist.[5] Diese Theorie geht davon aus, daß diejenigen, die einen niederen Rang innehaben, das Verhalten der Ranghöheren soweit wie möglich nachahmen, um ihren Vorgesetzten zu imponieren und so zu tun, als seien sie bereits mit Erfolg gesegnet.[6] Weil die Elite immer etwas Besonderes sein will, sieht sie sich gezwungen, sich immer neue Moden auszudenken. In Wirklichkeit tritt sie jedoch selten als Trendsetter in Erscheinung. In der ganzen Welt haben Präsidenten, Minister, Manager und Königinnen im allgemeinen einen eher konservativen Geschmack. Die Rolle des Trendsetters übernehmen andere, die im Rang weit unter ihnen stehen. Die Praxis läßt sich denn auch selten mit der *Trickle-down*-Theorie erklären.

Der gesellschaftliche Prozeß, der zu Veränderungen in der Mode führt, verläuft nicht in allen Figurationen gleich. Dieser Aspekt wurde bisher in vielen Untersuchungen vernachlässigt. Meist wird Kleidung als isoliertes Phänomen behandelt, und der Prozeß, der zu Reformen führt, wird selten in allen Details beschrieben und in seinen spezifischen historischen Zusammenhang gestellt. Dadurch sind die Mechanismen, die ihm zugrunde liegen, schwer zu entdecken.[7]

Im 17. Jahrhundert, als die königliche Mätresse sich ihre Stellung am Hof noch erobern mußte, spielte das Urteil der Hofleute natürlich eine entscheidende Rolle bei der Bestimmung ihres Status. Es kam auf zweierlei Weise zustande. Erstens wurde ihre Erscheinung bei Auftritten in der Öffentlichkeit, besonders während der Feste und Lustbarkeiten, die der König organisierte, kritisch beobachtet. Zweitens war sie, wie alle, Gegenstand einer umfangreichen Klatschszene, in der sich die Meinungen bildeten und auf die sie unbedingt Einfluß ausüben mußte, wollte sie sich am Hof behaupten. Ihre Erfolge auf dem Gebiet der Mode, der Vergnügungen und des Klatsches hingen eng zusammen und beeinflußten sich gegenseitig.

Wie diese Prozesse am Hof genau verliefen, wird im folgenden am Beispiel von Madame de Montespans Karriere dargestellt. An ihrer langen und ereignisreichen Laufbahn läßt sich aufzeigen, wie eine königliche Mätresse ihre Stellung vom Aufstieg bis zum Niedergang zu wahren trachtete.

DIE WAHL EINER NEUEN
KÖNIGLICHEN MÄTRESSE

1667 schwirrte der Hof von Gerüchten, wer wohl Ludwigs XIV. neue Mätresse werden würde. Louise de La Vallière erschien zwar noch immer regelmäßig an seiner Seite, doch der König zeigte mehr Interesse an anderen Frauen und kam neuerdings auch seinen kirchlichen Pflichten wieder nach. Daraus schloß man, daß die so begehrte Stellung der königlichen Mätresse neu zu besetzen sei. Die Namen mehrerer Kandidatinnen machten die Runde.[8] Dem Grafen von Bussy, der die Gunst des Königs verscherzt hatte und auf seine Landgüter im Burgund verbannt worden war, meldete Madame de Montmorency:

> Madame [die Schwägerin des Königs] tut, was sie kann, um dem König Madame de Soubise zu empfehlen. Andererseits tut La Feuillade, was er kann, um den König für Mademoiselle de Sévigné zu interessieren ... nicht als ob dieses Interesse bisher sehr auffällig gewesen wäre.[9]

De Bussy reagierte von seinem Verbannungsort aus:

> Es würde mich in der Tat sehr freuen, wenn der König Mademoiselle de Sévigné liebgewänne, denn diese junge Dame steht mir sehr nah, und Seine Majestät könnte keine bessere Wahl treffen.[10]

Mademoiselle de Sévigné war eine Nichte De Bussys, der darum hoffte, sie könnte, falls sie die neue Mätresse würde, den König dazu überreden, ihn an den Hof zurückzurufen. So hatten alle Höflinge ihre Gründe, weshalb sie eine bestimmte Kandidatin vorzogen, und alle versuchten, den König in seiner Wahl zu beeinflussen.

Jetzt, wo der König der Mätresse einen öffentlichen Rang eingeräumt hatte, war er nicht mehr ganz frei in seiner Wahl. Er mußte außer auf ihre persönlichen Eigenschaften auch darauf achten, aus welchem Geschlecht sie stammte. Sie mußte nämlich für die Mehrheit der Hofleute politisch akzeptabel

sein; die Angehörigen der bedeutendsten Familien Frankreichs,
die seit der Fronde im Jahre 1653
gezwungen waren, sich ständig
am Hof aufzuhalten und dem
König zu dienen, gingen davon
aus, daß ihnen als Gegenleistung
für die Einschränkung ihrer
Macht Geld und ehrenvolle
Ämter geboten würden. Um sich
der Unterstützung der Höflinge
zu versichern, mußte der König
sorgfältig darauf achten, daß das

Madame de Montespan

Gleichgewicht zwischen den verschiedenen Parteien am Hof
gewahrt blieb.[11] Er konnte es sich nicht erlauben, sich spontan
zu verlieben.

Am Hof gab es eine Frau, deren Schönheit schon länger
Aufsehen erregte: Athénaïs de Montespan. Sie gehörte dem
Haushalt der Königin an und verfügte über gute Beziehungen.
Ludwig kannte sie jedoch vor allem als eine Freundin von
Louise, zu der sie oft kam, wenn er bei ihr war.[12] Außerdem
war ihr Bruder Erster Kammerherr. Durch seine Stellung
konnte er ihre Konkurrentinnen im Auge behalten und sich im
Notfall für seine Schwester einsetzen.

Madame de Montespan entstammte einer alten, doch mit-
tellosen Adelsfamilie. Sie war mit einem Marquis verheiratet,
und beide bekamen von ihren Eltern eine kleine Zulage, die
jedoch für ein standesgemäßes Leben nicht ausreichte. Der
Marquis hegte wenig Hoffnung auf bessere Zeiten; sein Onkel
war am Aufstand der Fronde beteiligt gewesen, eine Tatsache,
die der König noch nicht vergessen hatte. Daher hatte er
wenig Aussicht auf ein ehrenvolles Amt, eine Aussicht, wie sie
die die meisten anderen Männer seines Ranges und Alters sehr
wohl hatten. Von Zeit zu Zeit wurde ihm die Teilnahme an

einem Truppeneinsatz bewilligt, doch das brachte zuwenig ein, als daß es ihn von seinen finanziellen Sorgen hätte befreien können.

Einigen Höflingen zufolge unternahm Madame de Montespan im September 1665, kurz nach der Geburt ihres zweiten Kindes, die ersten Schritte, um die Aufmerksamkeit des Königs auf sich zu ziehen. Sie soll zu diesem Zweck auch die Freundschaft mit Louise geknüpft haben. Sollte sie tatsächlich so zielbewußt vorgegangen sein, dann muß sie jedenfalls viel Geduld und Durchsetzungsvermögen gehabt haben, denn es dauerte über ein Jahr, bis ihr Plan Früchte trug.

Ihren ersten Erfolg verbuchte sie im November 1666; sie durfte gemeinsam mit Louise in einem Ballett auftreten. Damals gehörte der Tanz zu Ludwigs XIV. Lieblingsbeschäftigungen; er tanzte sogar regelmäßig in von ihm selbst entworfenen Balletten. In *Le ballet des muses* teilte er Louise de La Vallière und Athénaïs de Montespan die gleichen Rollen zu, so daß der ganze Hof ihre Reize vergleichen und beurteilen konnte. Doch anscheinend halfen ihm die Reaktionen der Anwesenden nicht weiter, denn auch danach zögerte der König die Entscheidung noch lange hinaus.

Als er im Mai 1667 an die Front mußte, wurde weiter eifrig darüber spekuliert, wer nun die Auserwählte sei. Nach Wochen der Unsicherheit entschloß der König sich endlich dazu, Madame de Montespan mitzunehmen. Viele Höflinge sahen in dieser Entscheidung einen Sieg der Marquise. Der Marquis de La Fare schrieb:

> Jetzt zweifelte niemand mehr daran, daß sie endlich erreicht hatte, wonach sie schon so lange strebte.[13]

Auch Mademoiselle de Montpensier schrieb in ihren Memoiren:

Zu jener Zeit hatte sich Madame de Montespan in den Kopf gesetzt, sich fest in des Königs Geist einzunisten, um dort Mademoiselle de La Vallière zu vernichten.[14]

Die Beziehung des Königs zu Madame de Montespan schrieb man dem Coup zu, den sie mit Erfolg ausgeführt hatte. Sie soll selbst darüber gesagt haben, er habe sich ihr nur deshalb zugewandt,

> weil er es seinen Untertanen schuldig zu sein glaubte, von der schönsten Frau seines Königreichs geliebt zu werden.[15]

DIE KONKURRENZ LIEGT AUF DER LAUER

Der Wettkampf, den die Adligen sich im Mittelalter auf dem Schlachtfeld geliefert hatten, verlagerte sich im 17. Jahrhundert auf das Hofleben. Das, worum gekämpft wurde – die Sicherstellung der Interessen der Familie und des zu ihr gehörenden Clans –, hatte sich ebensowenig geändert wie die Heftigkeit des Kampfes. Nur die Methoden, die in der neuen Arena angewendet wurden, waren neu. In diesem gewaltfreien Kampf kam es vor allem auf gesellschaftliche Fähigkeiten an. Das ermöglichte den Frauen erstmals, den Interessen ihrer Familien zu dienen.[16] Die Angehörigen der verschiedenen Hofcliquen engagierten sich in der Klatschszene und wurden dadurch zu wichtigen Teilnehmerinnen des Wettstreits um Geld und Ehre. Sehr begehrt in diesem Kräftefeld war natürlich die Stellung der Mätresse, und daher mußte die »regierende« Mätresse ständig vor allen möglichen Gegnern auf der Hut sein.

Dies erfuhr auch Madame de Montespan, auf deren Position viele Frauen lauerten. 1679 trat Mademoiselle de Fontanges als Hofdame der Schwägerin des Königs erstmals bei Hofe auf; ihre Familie, ein verarmtes Adelsgeschlecht aus der Provinz, hatte beschlossen, mit der schönen siebzehnjährigen Marie-Angélique in den Streit zu ziehen.[17] Um die Einführung des Mädchens bei Hof finanzieren zu können, mußte die Familie sich in Schulden stürzen, doch sie hatte begründete Hoffnung, daß das Unternehmen gelingen werde. Marie-Angélique war von ihren Eltern schon von klein auf zur königlichen Mätresse ausersehen, und man war sich darüber einig, daß ihre außergewöhnliche Schönheit sie zu einer vielversprechenden Kandidatin machte. »›Fräulein von Fontanges – sagt Madame Palatine – ist schön wie ein Engel vom Scheitel bis zur Sohle.‹«[18]

Als Mademoiselle de Fontanges erstmals am Hof avisiert wurde, wußten alle über ihre Absichten Bescheid. Sie hatte auch rasch Erfolg, und nachdem sie ungefähr ein Jahr lang eine Beziehung mit dem König hatte, meldete Madame de Sévigné ihrer Tochter am 6. April 1680, Mademoiselle de Fontanges sei zur Herzogin befördert worden:

> Morgen wird sie sich am Hof auf ihren Schemel setzen. Ostern gedenkt sie in einer Abtei zu verbringen, die der König ihrer Schwester geschenkt hat, also eine Art Trennung, die dem strengen Beichtvater alle Ehre macht. Es gibt Leute, die finden, all diese Verleihungen deuten leicht in Richtung Abschied. Ich bin nicht dieser Ansicht; die Zeit wird lehren, wer recht behält.
> Einstweilen steht es so: Frau von Montespan ist wütend. [...] Sie können sich vorstellen, welche Qualen ihr Stolz erleidet.[19]

Wie jede Familie einer Mätresse wurde auch die Familie de Fontanges mit Zulagen und lukrativen Ämtern belohnt. Es war

ihr gelungen, ihr Vorhaben zu ver-
wirklichen, wenn auch Marie-
Angéliques Erfolg von kurzer
Dauer sein sollte.

Trotz einer Schwangerschaft,
von der sie geglaubt hatte, sie
werde den König erfreuen, war
die Beziehung zwischen ihnen
rasch abgekühlt. Nun hoffte sie,
nach der Geburt des Kindes würde des Königs Liebe zu ihr wieder
aufleben. Doch das Kind starb
nach einer schweren Entbindung,
von der sie selber sich nie mehr
ganz erholen sollte; sie litt an

Die erste Begegnung
Ludwigs XIV. mit
Mademoiselle de Fontanges

Blutungen und war dem anstrengenden Leben am Hof nicht
mehr gewachsen. So fuhr sie zu ihrer Schwester, der Äbtissin
des Klosters in Chelles. Madame de Sévigné sah, wie sie Versailles verließ:

> Madame de Fontanges ist nach Chelles abgereist. [...] Sie
> hatte vier Kutschen, vor die jeweils sechs Pferde gespannt
> waren, während die ihre, in der alle ihre Schwestern
> saßen, von acht Pferden gezogen wurde, [...] doch dies
> alles sah so traurig aus, daß es zum Erbarmen war – die
> Schöne, die all ihr Blut verliert, so bleich, so verändert, so
> von Traurigkeit überwältigt, und die eine Jahresrente von
> vierzigtausend Talern ebenso verschmäht wie einen
> Schemel, der ihr nicht mehr gehört [...]. Ich kenne kein
> vergleichbares Beispiel eines Menschen, der so glücklich
> und so unglücklich gewesen ist.[20]

Nach sechs Monaten kam Mademoiselle de Fontanges noch
einmal an den Hof zurück, wo sie jedoch niemand mehr be-

achtete. Nicht einmal der König interessierte sich für sie. Sie wurde schwermütig und zog sich aufs neue ins Kloster ihrer Schwester zurück, wo sie wenige Monate später starb.

Marie-Angélique war nicht die einzige gewesen, die sich ernsthaft um die Stellung der königlichen Mätresse bemüht hatte. Während es Madame de Montespan jedoch meist gelungen war, rechtzeitig einzugreifen, hatte sie Mademoiselle de Fontanges' Fall anscheinend anfangs falsch eingeschätzt. Sie konnte sich wohl nicht vorstellen, daß der König sich in dieses Mädchen verlieben würde. Bussy-Rabutin berichtet, sie habe zu jedem gesagt,

> der große Alcandre [Ludwig XIV.] müsse nicht eben heikel sein, um ein Mädchen, das in seiner Provinz Liebschaften gehabt, lieben zu können; sie besitze weder Geist noch Bildung und sei doch eigentlich nichts weiter als ein schönes Bild.[21]

Madame de Montespan sollte recht behalten: Obwohl das Ende der Beziehung des Königs zu Mademoiselle de Fontanges durch deren Krankheit und Tod verursacht wurde, hatte sie ihre Stellung doch schon viel früher eingebüßt. Schönheit allein reichte nicht aus, das wußte Madame de Montespan aus jahrelanger Erfahrung.

Eine Frau, die die Favoritin des Königs werden wollte, mußte eine starke Persönlichkeit sein, um dem Druck der Hofleute standzuhalten. Überdies mußte sie in der Lage sein, ihre Stellung gegen Konkurrenten und Rivalinnen zu verteidigen; sie mußte genau wissen, wie der König seinen Hof regierte und in welcher Weise sie sich einbringen konnte. Da Vergnügungen einen wichtigen Platz in der Strategie des Königs einnahmen, seine Untertanen an sich zu binden, mußte sie darin eine eigene Rolle spielen, vor allem im Bereich der Mode und des Klatsches.

EIN ORT DES LUXUS UND DES VERGNÜGENS:
DER ANTEIL MADAME DE MONTESPANS AN DER
UNTERHALTUNG BEI HOFE

Nach der Fronde im Jahre 1653 mußten die Adligen sich an
eine neue Lebensweise gewöhnen. Sie wohnten auf engem
Raum zusammen, ihre Abhängigkeit vom König wuchs, und
von ihrer früheren Freiheit war nur noch wenig übrig. Spanheim, der Diplomat aus Brandenburg, beschreibt ihre Lage folgendermaßen:

> An letzter Stelle erwähnen wir die besondere Lage der
> *grands seigneurs* und der Höflinge, [...] deren Existenz fast
> ausschließlich [...] von den Wohltaten des Königs und der
> Besoldung, die sie durch ihr Amt empfangen, abhängt,
> und die daher zurückhaltender in ihren Ausgaben, we-
> niger vornehm in ihrer Lebensweise sind, und sich im
> übrigen unterwürfig und blind dem Willen des Hofes
> beugen.[22]

Ludwig XIV. war sich dessen bewußt, daß er dem Adel eine
Gegenleistung für diese Unterordnung bieten mußte. Daher
legte er großen Wert auf die regelmäßige Veranstaltung von
Konzerten, Theatervorstellungen, Bällen und Feuerwerk. In
seinen Memoiren äußert er sich ganz nüchtern über die Funktion dieser Vergnügungen:

> Aber je größer meine Pflicht war, [...] um so mehr mußte
> ich sorgfältig alles das zu erhalten und zu pflegen suchen,
> was meine Autorität und Würde nicht antastete, aber
> doch meine Untertanen und vor allem den Adel näher an
> mich schloß. Ich mußte ihnen so zeigen, daß ich nicht aus

Abneigung gegen sie, aus affektierter Strenge, aus rauher
Sinnesart so gegen sie vorging, sondern daß es Vernunft
und Pflicht waren, wenn ich in anderen Dingen ihnen
gegenüber zurückhaltender und gebieterischer war. Diese
Geselligkeit bei Vergnügungen, die den Persönlichkeiten
unseres Hofes eine erlaubte Vertraulichkeit mit uns gestat-
tet, wirkt auf sie und entzückt sie mehr, als man es mit
Worten ausdrücken kann. Das Volk seinerseits findet an
dem Schauspiel Gefallen, das ja im Grunde auch kein
anderes Ziel verfolgt, als ihm Freude zu bereiten. Unsere
Untertanen haben es im allgemeinen gern, wenn wir das-
selbe lieben wie sie, die Dinge, die ihnen am meisten am
Herzen liegen. Dadurch haben wir Macht über ihren Geist
und über ihr Herz, oft vielleicht mehr als durch Belohnun-
gen und Wohltaten. Auch auf Fremde machen in einem
Staat, den sie in blühendem Zustande und in guter Ordnung antreffen, die Ausgaben für diese Dinge, die man an
sich wohl als überflüssig betrachten könnte, großen Eindruck; sie sehen die Pracht, den Reichtum und die Größe
des Staates.[23]

Man kannte verschiedene Arten von Amüsement. Die *diver-
tissements* waren gesellige Zusammenkünfte wie Jagdpartien,
Bootsfahrten, Theaterbesuche und Kammerkonzerte. Der Hof-
historiker Henri Philippe de Limiers beschreibt, wie dieser
Zeitvertreib in Ludwigs Händen zum politischen Instrument
wurde:

Das Vergnügen, das ihnen [den Höflingen] das Theater
bereitet, zieht sie ohne Zwang dorthin; die Stunden, die
sie dort in Muße verbringen, verstreichen ohne Reue; sie
schmieden keine bösen Pläne mehr und können sich ganz
ihrer Trägheit hingeben.[24]

Limiers betont, der Zweck der Zerstreuungen bestehe darin, die Höflinge zu verwöhnen und gefügig zu machen; der König ermutige sie geradezu, in dem Überfluß zu schwelgen, der ihnen geboten werde.

Zu den Annehmlichkeiten des Hoflebens gehörte die Musik, die zu fast allen Tageszeiten und Anlässen gespielt wurde: zu den Mahlzeiten, im Park, in der Kapelle, auf der Jagd, beim Aufstehen und Zubettgehen und natürlich bei allen Bällen und sonstigen festlichen Zusammenkünften.

Zusätzlich zu diesen täglichen Zerstreuungen wurden regelmäßig die ganz großen Feste organisiert, die *fêtes* und die *carrousels*, die manchmal mehrere Tage dauerten.[25]

Die wöchentlichen Zusammenkünfte, die sogenannten *jours d'appartement*, waren viel weniger aufsehenerregend, wurden aber dennoch von den Höflingen sehr geschätzt. Liselotte von der Pfalz beschreibt sie in einem Brief vom 6. Dezember 1682:

Alle Montag, Mittwoch und Freitag sind Jour d'Appartement. Da versammeln sich alle Mannsleute von Hof ins Königs Antichambre und alle Weiber um sechs in der Königin Kammer. Hernach geht man alle miteinander in den Salon, wovon ich alleweil gesprochen; von dar in ein groß Kabinett, allwo die Violons sein vor die, so tanzen wollen. Von dar geht man in eine Kammer, wo des Königs Thron ist. Da findt man allerhand Musik, Konzerten und Stimmen. Von dar geht man in die Schlafkammer, allwo drei Tafeln stehen, um Karten zu spielen, vor den König, die Königin und Monsieur. Von dar geht man in eine Kammer, so man wohl einen Saal nennn kann, worinnen mehr als zwanzig Tisch stehen mit grünen sammeten Teppichen mit goldenen Fransen, um allerhand Spiel zu spielen. Von dar geht man in eine große Antichambre, allwo des Königs Billard steht; von dar in eine andre Kammer, allwo vier lange Tisch, worauf die Kollation ist, allerhand

Sachen, Obstkuchen, Konfituren. Das sieht eben aus wie die Christkindertafeln am Christkinderabende. Von dar geht man noch in eine andere Kammer, wo auch vier andere Tafelns stehen solang als die von der Kollation, worauf viel Karaffen mit Gläser stehen und allerhand Weine und Liköre von allerhand Gattung; also die essen oder trinken wollen, halten sich in diese zwei letzten Kammern. Sobald als man von der Kollation kommt, welche man stehends ißt, geht man wieder in die Kammer, wo so viel Tafeln stehen, und da teilt sich jedes zu seinem Spiel aus, und wie mancherlei Spiel da gespielt werden, ist nicht zu begreifen. [...] Wenn der König oder die Königin in die Kammer kommen, steht niemand von seinem Spiel auf. Die nicht spielen als wie ich und noch viel andere mehr, die schlendern herum, von einer Kammer zu der andern, bald zu der Musik, bald zu den Spielern; denn es ist erlaubt hinzugehen wo man will, dieses währet von sechs bis um zehn, daß man zum Nachtessen geht, und das ist, was man Jour d'Appartement heißt.[26]

Der *Mercure Galant*, eine Zeitschrift für die Elite der damaligen Zeit, betont, wie wichtig die Gegenwart des Königs und der königlichen Familie bei diesen *jours* war:

Der König, die Königin und das ganze Königshaus legen ihre Vornehmheit ab, um mit mehreren Personen der Gesellschaft Karten zu spielen, denen eine solche Ehre noch nie zuteil geworden ist. Hier müssen Güte und Manieren des Königs sein einnehmendes Wesen besonders in Erscheinung treten lassen. [...] Man kann also behaupten, daß dieser verzauberte Ort alle Wünsche erfüllt, da man dort mühelos einem Monarchen begegnet, der seine Größe weniger seiner Geburt und seinen Eroberungen als seinen Tugenden verdankt.[27]

Das »vierte Zimmer der Appartements«, in dem getanzt wurde.
Die Gäste tragen das am Hof vorgeschriebene grand habit.

Zu den *jours d'appartement* ging man vor allem, um zu sehen und gesehen zu werden. Auch der Tanz stand ganz in diesem Zeichen. Man sah zu, wie sich beispielsweise die Dauphine und ihre Hofdamen zur Musik bewegten. Bei diesen Gelegenheiten war auch die Mätresse zugegen und mußte zum Glanz des Festes beitragen. Eine solche Zusammenkunft in Versailles beschreibt Madame de Sévigné:

> [...] um drei Uhr sind der König, die Königin, Monsieur, Madame, Mademoiselle, alles was es an Prinzen und Prinzessinnen gibt, Frau von Montespan und ihr ganzes Gefolge, alle Höflinge, alle Hof- und Palastdamen, kurz, was man insgesamt den französischen Hof nennt, in den schönen Sälen des Königs, die Sie kennen. Alles ist herrlich möbliert, alles prächtig. [...] Frau von Montespan [...] war ganz in französische Spitzen gekleidet, das Haar in tausend Locken frisiert, von denen an den Schläfen zwei tief den Wangen entlang herabfallen, auf dem Kopf sind schwarze Schleifen. Sie trug die Perlen der Marschallin L' Hospital, dazu noch diamantene Spangen und Ohrgehänge von größtem Glanz, drei oder vier Nadeln, keinen

Kopfputz, in einem Wort: eine triumphierende Schönheit, für alle Botschafter Gegenstand höchster Bewunderung.[28]

Da sich die gleichen Menschen, die sich tagsüber ohnehin sahen, auch noch bei diesen geselligen Zusammenkünften trafen, war das Bedürfnis nach Abwechslung natürlich groß; von der Mätresse erwartete man, daß sie Stimmung machte und den Ton angab. Dazu war Louise de La Vallière viel zu introvertiert gewesen; Athénaïs de Montespan hingegen war sehr versiert im Erfinden immer neuer Überraschungen und amüsanter Spiele. Visconti beschreibt sie als

schön, geistreich und immer zu Spott aufgelegt [...]. Ihr größter Reiz war ihre Grazie, ihr Witz und eine ganz bestimmte Art zu scherzen ...[29]

Die Mätresse leistete einen wichtigen Beitrag zur Unterhaltung bei Hofe, ja, sie wurde zur Verkörperung des Gedankens, daß der Hof sich dem Vergnügen hingebe. Für sie persönlich war es wichtig, daß sie ihre Rolle gut spielte, denn sie stand ununterbrochen im Zentrum des Interesses, und alle Blicke waren kritisch auf sie gerichtet. Daher galt eine ihrer Hauptsorgen ihrem Äußeren.

MADAME DE MONTESPAN BESTIMMT DIE MODE BEI HOFE

Bis zu ihrer Scheidung im Jahre 1674 konnte Madame de Montespan ihres eifersüchtigen Ehemanns wegen nicht öffentlich als königliche Mätresse in Erscheinung treten. Ludwig XIV. befürchtete, der Marquis von Montespan könnte seine unehelichen Kinder für sich beanspruchen, etwas, wozu das Gesetz ihn durchaus ermächtigte. Daher mußte Madame de Montespan die ersten sechs Jahre ihres Mätressentums der Außenwelt gegenüber mit ihrer Vorgängerin Louise de La Val-lière teilen. Während Louise weiterhin dem Schein nach die Mätresse des Königs war, der Madame de Montespan als treue Freundin zur Seite stand, wußte doch der ganze Hof, daß die Dinge in Wirklichkeit völlig anders lagen.

Madame de Montespans Bedürfnis nach Anerkennung ihrer Stellung war groß, doch der König konnte ihr die ersehnten Sonderrechte nicht gewähren, solange ihre Beziehung geheim war. Sie mußte sich daher mit den Vorrechten begnügen, die ihr als Marquise zustanden. Aber die Hofetikette betonte ge-rade die Hierarchie innerhalb des Adels. So durfte sich eine Herzogin in Gegenwart des Königs auf einen Schemel setzen, eine Marquise dagegen mußte stehen bleiben. Da Madame de Montespan ihre Stellung vorläufig nicht durch die Hofetikette zur Geltung bringen konnte, sann sie auf andere Mittel.

In dieser Zeit fiel sie vor allem durch ihre Kleidung auf; sie erfand und führte regelmäßig neue Moden ein, und viele ahm-ten sie nach. Doch ihr Erfolg als Trendsetter stellte sich nicht von selbst ein. Um eine neue Frisur oder ein neues Kleidungs-stück bei Hof einzuführen, mußte sie sich eine gut inszenierte Aktion ausdenken. Eine neue Mode hatte nämlich die meiste Aussicht auf Erfolg, wenn sie von mehreren Frauen gleichzeitig lanciert wurde. Darum ließ Madame de Montespan ihre Hof-damen alle am selben Tag mit der gleichen Frisur bei Hof erscheinen, so daß die Höflinge in allen Sälen des Schlosses die gleiche Haartracht erblickten. Und meist dauerte es nicht lange, bis die meisten diese Frisur trugen.

Im März 1671 hatte eine neue Haartracht, die *hurleberlu*, viel Staub aufgewirbelt. Einem Brief Madame de Sévignés darüber an ihre Tochter fügte eine Freundin, Madame de la Troche, einige Zeilen hinzu:

Um Euch in Eurer Meinung zu bestärken, berichte ich Euch, daß die Königin, und alle Mädchen und Frauen, die sich in Saint-Germain frisieren lassen, sich das Haar gestern schließlich von La Vienne haben schneiden lassen, denn er und Mademoiselle de La Borde haben alles ausgeführt. Am Montag kam Madame de Crussol, nach der neuesten Mode frisiert, nach Saint-Germain. Sie ging zum coucher der Königin und sagte: »Ach, Madame, Eure Majestät hat sich frisieren lassen wie wir?« – »Wie Ihr, Madame?« erwiderte die Königin. »Ich versichere Euch, daß ich nicht die Absicht habe, Eure Frisur zu übernehmen.« Der Ton, in dem die Königin diese Antwort gab, überraschte alle ein wenig. Denn bedenkt doch nur, wie sie bloß darauf kommen konnte, es sei ihre Frisur, denn es ist ja die von Madame de Montespan, von Madame de Nevers, von der kleinen De Thianges[30] und noch einiger anderer charmanter Schönheiten, die sich als erste damit zu zeigen wagten.[31]

Moden verbreiteten sich über persönliche Kontakte; daß sogar die Königin die Hurleberlu-Frisur trug, zeigt, wie groß Madame de Montespans Einfluß war. Und je mehr Hofdamen sie nachahmten, desto höher stieg ihr Ansehen. Am Hof des 17. Jahrhunderts bestand kein Zwang zur Originalität, vielmehr war es üblich, daß alle sich mehr oder weniger gleich kleideten. Die größte Ehre, die einem zuteil werden konnte, war, wenn der König einem erlaubte, sich zu kleiden wie er.[32]

Wenn in unserer Zeit zwei Menschen, die sich im selben Raum aufhalten, entdecken, daß sie das gleiche tragen, ist ihnen das meistens peinlich. Im 17. Jahrhundert war man der Auffassung, das Äußere diene dazu, Menschen nach ihrem Rang und Stand zu unterscheiden.[33] Zu diesem Zweck wurden sogar Kleidergesetze erlassen, die verschiedenen Gruppen der Bevölkerung die Verwendung unterschiedlicher Textilien und

Ludwig XIV. mit den Damen des Hofes 1667. Auffällig ist
die geringe Variation in Kleidung und Frisur der Damen.

Farbstoffe vorschrieben oder verboten. Schon gegen Ende des
12. Jahrhunderts hatte der französische König Philipp II. einen
Anfang damit gemacht; die von ihm erlassenen Gesetze wurden bis zum Anfang des 18. Jahrhunderts immer wieder neu
ausgefertigt. 1644 durfte zum Beispiel außer dem König und
dem Hochadel niemand Stoffe mit großen Stickereien tragen.
1660 wurde ein neues Gesetz erlassen, das auch das Tragen
von Spitzen verbot. Für verschiedene Stände galten verschiedene Kleidergesetze, und man konnte, solange die Vorschriften
nicht übertreten wurden, mühelos erkennen, welchen Rang
jemand in der gesellschaftlichen Hierarchie einnahm. Im übrigen dienten die Kleidergesetze nicht nur zur Unterscheidung
gesellschaftlicher Ränge; sie wurden auch eingesetzt, um die
Einführung kostbarer Stoffe einzuschränken.

Doch gegen Ende des 17. Jahrhunderts übertraten die reich
gewordenen Bürger die Kleidergesetze so massiv, daß sie nicht
länger angewandt werden konnten. Im 18. Jahrhundert waren
sie vollends unwirksam geworden. Nach 1704 wurden sie aufgehoben.[34]

In Versailles, unter Ludwigs XIV. wachsamem Blick, wurden sämtliche Vorschriften noch genauestens befolgt. So wußten die Frauen beispielsweise genau, wie lang ihre Schleppen sein durften. War eine Schleppe länger, als es dem Rang der Trägerin entsprach, wurde das von der standesbewußten Umgebung sofort als Verstoß gegen die Spielregeln registriert.

Zu offiziellen Anlässen trugen Frauen bei Hofe das *grand habit*, die vom König vorgeschriebene Kleidung. Das Modell des Kleides stand im großen und ganzen fest, doch innerhalb der vorgeschriebenen Grenzen waren persönliche Variationen möglich. Sie konnten sich in der Wahl der Farben äußern, in der Kostbarkeit der Stoffe, der Kurzwaren und der Schmuckstücke.

Mit der zunehmenden Formalisierung der Hofkleidung entstand eine Tendenz zum Tragen freierer Kleidung bei weniger offiziellen Anlässen. Zum Teil hatte das damit zu tun, daß das Gesellschaftskleid sehr unbequem war, weil es aus schweren, mit Edelsteinen verzierten Stoffen bestand und mit einem engen Korsett getragen wurde. In dieser Kleidung konnte Madame de Montespan ihre Schwangerschaften nicht vertuschen. Darum ließ sie ein bequemes, locker sitzendes Baumwollkleid anfertigen. Baumwolle war damals etwas ganz Neues, und das Modell wurde von vielen nachgeahmt. Der neue Stil wurde bekannt als *déshabillée*, als *negligée, robe innocente* und *robe de chambre*.[35] Da das *négligée* (nicht zu verwechseln mit unserem Negligé) zu Hause oder in geschlossener Gesellschaft getragen wurde, hatte die Kontrolle der diesbezüglichen Kleidervorschriften wenig Zweck. Dadurch wurde der Spielraum für persönliche Variationen größer, und das Hauskleid wurde allmählich bei immer mehr Gelegenheiten getragen. Das *négligée* markiert den Anfang einer langen Entwicklung, in deren Verlauf formelle und informelle Kleidung sich immer weiter voneinander entfernten, wie sich auch, parallel dazu, die Kluft zwischen dem Öffentlichen und dem Privaten immer mehr vertiefte.

Da Kleidung im 17. Jahrhundert nicht in erster Linie dazu diente, die Originalität oder Individualität ihres Trägers unter Beweis zu stellen, verlief auch die Verbreitung der Mode anders als heute. Soziologische und historische Untersuchungen dieses Phänomens berücksichtigen eine solche Veränderung jedoch nicht. Entstehung und Verbreitung der Mode wird, wie bereits erwähnt, im allgemeinen als Zyklus dargestellt, wobei die niederen Stände die höheren nachahmen, bis sie einander so ähnlich geworden

Karikatur einer Frau aus der Bourgeoisie, die sich entsetzt von einem Edikt gegen den Luxus abwendet.

sind, daß die Elite, um sich wieder vom Rest der Gesellschaft zu unterscheiden, eine neue Mode einführen muß.[36]

Im Falle der Madame de Montespan scheint jedoch ein anderes Bedürfnis eine Rolle gespielt zu haben. Solange ihre Stellung ein öffentliches Geheimnis blieb, besaß sie auch den größten Einfallsreichtum auf dem Gebiet der Mode. Nach ihrer Scheidung 1674 und ihrer öffentlichen Anerkennung als königliche Mätresse scheint sie sich keine neuen Moden mehr ausgedacht zu haben. Zwischen 1674 und 1678 erwähnen die Berichte nur noch die Kostbarkeit ihrer Kleidung.

Als sie 1676 ganz in Gold gehüllt bei Hof erschien, konnte sich Madame de Sévigné einer gewissen Ironie nicht enthalten:

M. de Langlée hat Mme. de Montespan ein Kleid geschenkt, Gold auf Gold, mit Gold gestickt, mit Gold eingefaßt und darüber ein gekräuseltes Gold, mit einem Gold durchwirkt, das wieder mit einem gewissen andern Gold gemischt war; es ist der göttlichste Stoff, den man sich denken kann.[37]

Anscheinend geht es Madame de Sévigné in dieser Beschreibung vor allem um den Luxus, doch sie sagt gleichzeitig etwas über den Rang aus. Kleidung aus goldgewirktem Gewebe durfte ausschließlich von Prinzen und Prinzessinnen des Hofes getragen werden.[38] Durch ihr Gewand machte Madame de Montespan allen ihre privilegierte Stellung deutlich. In ihrer Zeit als königliche Mätresse verlegte sie sich auf das Tragen kostbarer Kleidung. So schreibt Madame de Sévigné 1677:

Madame de Montespan war letzthin ganz mit Diamanten bedeckt, man konnte den Glanz einer so strahlenden Göttin kaum ertragen.[39]

Als Madame de Montespan endlich mit ihren vom König erwirkten Privilegien öffentlich prunken konnte, kleidete sie sich wie die Angehörigen des Hochadels. Sie fand es anscheinend nicht mehr nötig, sich um das Erfinden und Lancieren neuer Moden zu bemühen. Unter den Angehörigen der königlichen Familie gab es kaum jemanden, der sich auf solche Dinge einließ. Liselotte von der Pfalz, die Schwägerin Ludwigs XIV., legte keinerlei Interesse für Mode an den Tag; als sie 1676 durch Zufall selbst eine einführte, schrieb sie ihren deutschen Verwandten:

Ich muß sagen, daß der König mich noch täglich mehr gnade erweist, denn er spricht mir überall zu, wo er mich antrifft, und leßt mich jetzt alle Sambstag holen, um medianosche [eine Mahlzeit um Mitternacht] mit ihm bey mad. de Montespan zu halten. Dieses macht auch, daß ich jetzt sehr à la mode bin, denn alles was ich sage und tue, es sey gut oder überzwerck, das admiriren die hofleute auch dermaßen, daß, wie ich mich jetzt bey dieser kälte bedacht, meinen alten zobel anzutun, umb wärmer auf dem hals zu haben, so leßt jetzt jedermann auch einen auf dies patron machen und es ist jetzt die größte mode; welches mich wohl lachen macht, denn eben dieselben, so jetzt diese mode admirieren und selber tragen, haben mich vor 5 jahren dermaßen ausgelacht und so sehr mit meinem zobel beschrieen, daß ich ihn seiderdem nicht mehr hab antun dörfen. So gehts hier bey diesem hofe zu, wenn die courtisans sich einbilden, daß einer in faveur ist, so mag einer auch tun was er will, so kann man doch versichert sein, daß man approbiert werden wird, hergegen aber, wenn sie sich das contrari einbilden, so werden sie einen vor ridicule halten, wenn er gleich von himmel käme.[40]

Aus diesem Brief geht eindeutig hervor, daß der niedere Adel Angehörige des höheren nur dann nachahmte, wenn diese beim König in Gunst standen. Der Zobel, den die Prinzessin von der Pfalz, am Hof »Palatine« genannt, hier erwähnt, trägt seitdem sogar ihren Namen: eine *palatine* ist ein Pelzkragen. Soweit stimmt dieses Beispiel mit dem Beginn des oben erwähnten Zyklus der Modebewegung überein. Die Prinzessin zeigt sich überrascht von der Tatsache, daß die Höflinge, deren Motive sie durchschaut und die sie darum ein wenig verachtet, ihrem Beispiel folgen; es kommt ihr jedoch nicht in den Sinn, bewußt eine neue Mode einzuführen, um den Abstand zu ihnen wiederherzustellen.

Die Art und Weise, wie Madame de Montespan mit Kleidung umging, legt die Vermutung nahe, daß sie Moden einführte, um ihrem eigenen Rang Ausdruck zu verleihen. Die Tatsache, daß ihr Beispiel nachgeahmt wurde, machte auch ihren Gegnern deutlich, wie wichtig ihre Stellung und wie groß ihr Prestige bei Hofe war. Dies festzustellen war für die Mätresse von Bedeutung, denn die Angriffe ihrer Feinde bestimm-

ten sich unter anderem durch den Grad der Achtung, die ihr
entgegengebracht wurde.

Solange es für Madame de Montespan keinen anderen Weg
gab, sich Geltung zu verschaffen, hatte sie Interesse am Erfinden immer neuer Kleidungsstile. Sobald sie ihre Stellung
formeller zum Ausdruck bringen konnte, indem sie sich wie
der allerhöchste Adel kleidete, hatte sie es nicht mehr nötig,
sich Novitäten auszudenken.

Die hier skizzierte Entwicklung zeigt, daß die Einführung
neuer Moden unter bestimmten Umständen auch als Mittel
zur Bestätigung einer angesehenen und einflußreichen Position
gesehen werden kann. Veränderungen der Mode können nicht
ausschließlich auf das Bedürfnis einer Elite zurückgeführt werden, sich zu distanzieren oder originell zu sein. Auch dieses
Bedürfnis hat sich im Laufe der Jahrhunderte gewandelt.

Nach 1678 setzte Madame de Montespans Niedergang ein.
Immer mehr Frauen machten ihr Konkurrenz, und sogar ihre
Freundin Madame de Maintenon wurde ihr gefährlich. Die
Hofgesellschaft bekam den Eindruck, daß Madame de Mon-
tespan allmählich vom König verabschiedet wurde. So schreibt
Visconti rückblickend:

Der König war Madame de Montespans müde. Sie hatte
eine Macht über ihn gewonnen, die zu einer Art Be-
herrschung geworden war. Sie hatte zwei weitere Kinder
bekommen, und sie war so beleibt, daß ich, als ich sie
eines Tages aus der Karosse steigen sah, bemerken konnte,
daß ihr Bein fast so dick war wie ich selber; dazu muß ich
der Ehrlichkeit halber sagen, daß ich sehr abgenommen
habe, seit Sie mich das letzte Mal sahen. Sie hatte die
Gewohnheit, sich jeden Tag zwei bis drei Stunden mit
Pomaden und Parfums einreiben und parfümieren zu lassen, während sie nackt auf dem Bett lag. Es kostete den
König bereits Mühe, sie in seiner Kutsche mitzunehmen

und ihr die Hand zu reichen, was er allerdings bei der Königin nicht tat.[41]

WIE MADAME DE MONTESPAN AM KLATSCH ZUGRUNDE GING

Ab 1678 ging es abwärts mit Madame de Montespan. Mademoiselle de Fontanges und Madame de Maintenon hatten die Aufmerksamkeit des Königs auf sich gezogen. Zwar hatte Madame de Montespan auch früher schon des öfteren mit Rivalinnen zu tun gehabt, doch bisher hatte sie sich ihrer immer mit Erfolg zu erwehren gewußt.

Um sich ihrer Gegnerinnen zu entledigen, nahm sie ihre Zuflucht zu Klatschgeschichten. Visconti berichtet:

Man sagt, Madame de Montespan habe auch die Hofdamen von Madame [Schwägerin Ludwigs XIV.] entlassen wollen, zu einer Zeit, als es tatsächlich danach aussah, als sei die Hofhaltung der Herzogin von Orléans eine Brutstätte königlicher Mätressen geworden. Sie konnte sich jedoch nicht durchsetzen; vielmehr hatte Monsieur, auf Drängen von Madame hin, Madame de Ludres in seine Hofhaltung aufgenommen, wodurch ein tödlicher Haß zwischen Madame und Madame de Montespan aufflammte. Sofort wurde daher das Gerücht verbreitet, die Ludres leide an der Krätze, an Lepra und allen möglichen anderen Krankheiten.[42]

Wenn sich Madame de Montespan von einer Rivalin bedroht fühlte, verbreitete sie lasterhafte Geschichten über sie. Im Fall von Madame de Ludres hieß es, sie habe ansteckende Krankheiten, in anderen Fällen machten Gerüchte die Runde über die Sittenlosigkeit einer Rivalin oder ein uneheliches Kind, das ihr ein *chevalier* gemacht hätte und das sie nun verborgen hielte.[43] All diese Geschichten hatten ein einziges Ziel: sie sollten dem König zu Ohren kommen, so daß er von weiteren Avancen absehen würde.

Klatsch spielte am Hof eine wichtige Rolle. Die Etikette konnte nur eingehalten werden, wenn alle wußten, wie sie sich zueinander zu verhalten hatten, und dazu mußte ihnen Rang und Status des jeweils anderen bekannt sein. Zudem war es üblich, einander bei der ersten Begegnung die schmeichelhaftesten Dinge zu sagen.[44] Daher waren die Höflinge immer begierig auf Informationen.

Wer Einfluß auf die Klatschszene gewinnen wollte, mußte dafür sorgen, daß er am Hof an möglichst vielen Stellen Parteigänger hatte. Sämtliche Mitglieder der königlichen Familie hatten ihre eigene, selbständig funktionierende Hofhaltung. Der König, die Königin, der Kronprinz, die Kronprinzessin, der Bruder und die Schwägerin des Königs, alle hatten sie ihre eigenen Hofdamen, Kammerjunker, Stallknechte, Köche und sonstiges Personal. Madame de Montespan versuchte, in jeder dieser Hofhaltungen Fuß zu fassen. Dazu tat sie ihr möglichstes, um ihren Anhängern lukrative Stellen zu verschaffen, die sie wiederum mit den letzten Neuigkeiten aus allen Abteilungen des Hofes versorgten. Als in den Ställen der Kronprinzessin beispielsweise ein Posten frei wurde, setzte Madame de Montespan alles daran, um ihn mit einem der Ihren zu besetzen. Wollte sie ihre Stellung schützen, mußte sie immer genau über alles informiert sein, so daß sie notfalls rechtzeitig eingreifen konnte. Außerdem konnte sie ihre Parteigänger die nötigen Klatschgeschichten in Umlauf bringen lassen. »Die Wände haben Ohren *und* eine Zunge«, schrieb Visconti.[45]

Um ihre Rivalinnen rechtzeitig erkennen zu können, behielt Madame de Montespan den ganzen Hof sorgfältig im Auge.

Wenn eine Frau ihrer Ansicht nach zu gefährlich wurde, versuchte sie, diese vom Hof zu entfernen. 1673 befanden sich unter den *filles d'honneur* der Königin einige Mädchen, die für Madame de Montespans Gefühl zu sehr mit ihrer Schönheit prahlten und möglicherweise tatsächlich des Königs Interesse zu erregen beabsichtigten. Es gelang ihr, die Entlassung der ganzen Gruppe vom König zu erwirken und sie durch ältere, verheiratete Damen zu ersetzen, die ihr viel weniger gefährlich werden konnten. Diese Maßnahme verursachte viel Aufregung, doch der König weigerte sich, seinen Entschluß zu erläutern. In einem Brief vom 27. November 1673 berichtete Madame de Sévigné davon:

> Alle Mädchen der Königin sind gestern weggeschickt worden, niemand weiß warum. Man vermutet, daß nur eine entfernt werden sollte, und daß man, um Verwirrung anzurichten, alle gleich behandelt hat. [...] Madame de Montespan war anscheinend der Meinung, dieses Mädchenzimmer sei eine vielköpfige Schlange. Am sichersten war es wohl, ihr die Köpfe alle abzuhauen: denn was heute nicht geschieht, kann morgen eintreten.[46]

Da Madame de Montespan selbst einmal als Ehrenjungfer der Königin angefangen hatte, ist es nicht verwunderlich, daß sie diesen Mädchen gegenüber Mißtrauen hegte.

Doch trotz der Sorgfalt, mit der sie ihre Stellung hütete, wurde sie schließlich selbst zum Opfer der Klatschgeschichten, die am Hof kursierten. Spanheim, der Botschafter Brandenburgs, berichtet, wie Marie-Angélique de Fontanges, Madame de Montespans Rivalin, 1681 sogar zur Herzogin ernannt wurde. Doch sie habe, fügt er hinzu,

> eine bedauerliche Krankheit [gehabt], die ihr von ihrem ersten Wochenbett geblieben war und die ein ziemlich

verbreitetes Gerücht, das jedoch vielleicht unbegründet war, einem Trank zuschrieb, der ihr auf heimlichen Befehl der Madame de Montespan verabreicht worden wäre. Durch diesen Tod [der Fontanges] oder aus einem anderen Grund änderte sich die Zuneigung des Königs [zu Madame de Montespan] und machte den Weg frei für eine andere ...[47]

Schon vor Mademoiselle de Fontanges' Tod lief in Paris eine Untersuchung über die Machenschaften einiger Giftmischer. Der Polizeikommissar Nicholas de La Reynie war 1677 auf einen internationalen Großhandel mit Giftstoffen gestoßen, der so umfangreich war, daß er beschloß, der Sache nachzugehen.[48] Die ersten Fälle, denen er auf die Spur kam, liefen noch in Paris zusammen, doch je mehr Angeklagte verhört wurden, desto weitere Kreise zog die Affäre und desto mehr Adlige wurden kompromittiert. Am 30. Juni 1680 schreibt Madame de Sévigné an den Grafen von Guitaut:

Doch da wir schon von Gerechtigkeit und Ungerechtigkeit reden: Haben Sie aus der Ferne nicht den Eindruck, als atmeten wir hier alle nichts als Gift ein, und als lebten wir umgeben von Gotteslästerungen und Fehlgeburten? Wirklich, ganz Europa ist dies ein Greuel, und die, die in hundert Jahren über uns lesen werden, werden diejenigen beklagen, die Zeugen dieser Beschuldigungen geworden sind. Sie wissen, wie der arme Luxembourg sich freiwillig der Bastille ausgeliefert hat. [...] Er kam von Saint-Germain; unterwegs begegnete er Madame de Montespan. Beide stiegen aus ihrer Kutsche, um freier sprechen zu können; er weinte heftig. Er ging zu den Jesuiten. Er bat um mehrere Priester, er betete zu Gott in der Kirche, und immerfort strömten seine Tränen. Es sah so aus, als wüßte er nicht mehr, welchen Heiligen er anrufen sollte. Er begegnete Madame de Vauvineux; er sagte ihr, daß er auf dem Weg zur Bastille sei, daß er dort unschuldig herauskommen, doch daß er nach einem solchen Unglück nie mehr in die Welt zurückkehren würde.[49]

Unter der Führung des Marschalls von Luxembourg hatten die Truppen des Königs in Holland und Flandern mehrere Siege errungen. 1680 wurde dieser angesehene Mann eines der Opfer der sogenannten Giftaffäre oder Giftmordprozesse. Die Anklage lautete, er hätte durch Madame La Voisins Vermittlung einen Pakt mit dem Teufel geschlossen und seine Seele verkauft, um die Gunst des Königs zu gewinnen. Man munkelte, der Pakt sei 1670 für einen Zeitraum von zehn Jahren geschlossen worden. Zum Beweis dafür führten seine Verfolger die zahlreichen militärischen Erfolge an, die der Marschall von diesem Zeitpunkt an errungen hatte. Außerdem sei es deutlich, daß der Pakt jetzt, nach zehn Jahren, zu Ende sei, denn das Glück des Marschalls habe sich plötzlich gewendet. Man förderte sogar einen richtigen Vertrag mit seiner Unterschrift zutage. Ihm selber zufolge stammte dieses Dokument jedoch von seinem Intendanten, dem er in der Vergangenheit einige Blankoseiten mit seiner Unterschrift gegeben habe, damit seine Befehle auf dem Schlachtfeld schneller ihr Ziel erreichten.

Nachdem die Affäre ruchbar geworden war, kehrten viele Offiziere und Hofleute dem Marschall den Rücken. Visconti berichtet, wie die Eltern des Angeklagten beim König um Verständnis für ihren Sohn baten, denn:

da Luxembourg sich dem Teufel verschrieben hatte, um die Gunst Seiner Majestät zu gewinnen, war dies ein Zeichen seiner Liebe zu Ihm; sämtliche Höflinge, insbesondere die Damen, hätten sich dem Teufel verschrieben, wenn sie damit die Liebe des Königs hätten gewinnen können.[50]

Als im Laufe der Untersuchungen immer mehr Verbrechen ans Licht kamen, sah sich der König am 7. April 1679 gezwungen, eine Sonderkommission, die *chambre ardente*, ins Leben zu rufen, die die Verbrechen aufklären und für die Verurteilung der Angeklagten sorgen sollte.[51] Polizeikommissar de La Reynie und Minister Louvois waren die wichtigsten Mitglieder der Kommission; verabredet wurde, daß die Verhöre unter Ausschluß der Öffentlichkeit stattfinden sollten und daß die Verurteilten keine Berufung einlegen dürften.

Als erste wurde die alte Giftmischerin Madame La Voisin verhört, die in ihrem kleinen Laden die Zukunft weissagte, Liebestränke verkaufte, ungewollte Schwangerschaften abbrach und verschiedene Sorten Gift verkaufte. Nachdem sie im Gefängnis die Namen derer, die sich auf dem gleichen Gebiet wie sie betätigten, sowie die ihrer Kunden preisgegeben hatte, wurde sie zum Tode auf dem Scheiterhaufen verurteilt. Madame de Sévigné war Zeugin der Hinrichtung:

Wir, Frau von Chaulnes, Frau von Sully, die Gräfin Fiesque und noch viele andere, erblickten sie, als sie vor dem Hôtel Sully vorbeikam. Vor Notre-Dame hat sie sich geweigert, Abbitte zu leisten, und dann auf dem Grève-Platz sich mit Händen und Füßen dagegen gewehrt, auszusteigen. Man zog sie mit Gewalt heraus und brachte sie auf den Holzstoß, band sie in sitzender Stellung mit eisernen Ketten fest, bedeckte sie mit Stroh. Sie fluchte drautlos, stieß fünf- oder sechsmal das Stroh weg, aber schließlich loderte das Feuer auf, und sie ward nicht mehr gesehen. Ihre Asche fliegt jetzt in der Luft herum. So also starb Frau Voisin, berühmt für ihre Verbrechen und ihren heidnischen Unglauben. Man nimmt an, es werde noch weitreichende Folgen haben und Überraschungen geben.[52]

Die Verhöre brachten eine Flut von Beschuldigungen in Gang, die dazu führten, daß andere Giftmischer samt ihrer Kunden verhaftet wurden. Dies wiederum hatte zur Folge, daß immer mehr Leute verdächtigt wurden, die Beziehungen zum Hof unterhielten. Visconti schreibt:

Die Giftmischerin
Madame La Voisin

> ... außer nach den Vergiftungsfällen fahndete sie [die Chambre Ardente] nach Aberglauben und allen sonstigen Lastern; es war eine Staats- und Gewissensinquisition. Ganz Frankreich zitterte, umso mehr als sogar Prinzessinnen und Marschälle aufgrund eines einfachen Verdachtes die Flucht ergriffen oder im Gefängnis landeten; ich versichere Ihnen, daß unzählige Damen schlaflose Nächte verbrachten, und viele Männer noch viel schlimmer daran waren ...[53]

Am 5. Juli 1680 fiel bei einem der Verhöre Madame de Montespans Name. Die Beschuldigung lautete, sie habe bei Madame La Voisin einen Zaubertrank gekauft, um die Liebe des Königs zu erzwingen. Sie habe schwarze Messen zelebrieren lassen, und sie habe die alte Giftmischerin jedesmal, wenn sie befürchtete, des Königs Gunst zu verlieren, um Rat gefragt. Diese habe zudem den Auftrag erhalten, Mademoiselle de Fontanges, ihre Rivalin, mit einem Stück Seide zu vergiften, das ihr von zwei Männern, die sich als Stoffhändler ausgegeben hätten, zum Kauf angeboten worden sei. Der Stoff sei mit einem Gift eingerieben gewesen, das den, der es berührte, zu einem langsamen Tod verurteilte. Nachdem dieser Versuch mißlungen sei, habe Madame de Montespan versucht, nicht nur ihre Rivalin, sondern auch den König selbst zu ermorden. Ein der Zauberpraktiken angeklagter Pater sagte aus, er habe in Madame de Montespans Auftrag eine Serie von drei schwarzen Messen gelesen, bei denen jedesmal ein Säugling geopfert worden sei.

Die vorgebrachten Beschuldigungen waren sehr ernst, wurden jedoch sogleich wieder in Zweifel gezogen. Die Frage war, ob nicht die Angeklagten vieles aus Angst vor den schweren Strafen, die ihnen bevorstanden, und in der Hoffnung auf Protektion frei erfanden. Mancher spekulierte wohl darauf, daß die ganze Affäre vertuscht werden würde, da es sich um eine politisch sehr heikle Angelegenheit handelte.

Am 12. Juli wurden die Anklagen gegen Madame de Montespan wiederholt, und als Mademoiselle de Fontanges fünf Tage später den Hof schwerkrank verließ, ging man ihnen genauer nach. Es erwies sich jedoch als äußerst schwierig, zu einem Urteil zu kommen. Die Aussagen waren widersprüchlich, und die Giftmischer gaben immer wieder andere Erklärungen ab; Madame La Voisin, die Kronzeugin, war tot. Schließlich verfaßte der Polizeikommissar einen Bericht, in dem er aufgrund aller ihm zur Verfügung stehenden Aussagen zu einem Schluß zu kommen versuchte:

> Bei der Prüfung der Beweise und Mutmaßungen habe ich getan, was ich konnte, um mich davon zu überzeugen, daß sie mit der Wirklichkeit übereinstimmen, und es ist mir nicht gelungen. Andererseits habe ich alles untersucht, was mich davon hätte überzeugen könne, daß sie der Wahrheit nicht entsprächen, und auch das war mir nicht möglich.[54]

Ludwig XIV. konnte sich mit dieser Erklärung nicht zufriedengeben und sann auf andere Mittel und Wege, um die Wahrheit über Madame de Montespan herauszufinden. Mademoiselle des Oeillets, eine ihrer Getreuen, die sie, den Zeugenaussagen zufolge, auf ihren Gängen zur Giftmischerin begleitet hatte, wurde von Minister Louvois zur Rede gestellt. Sie gab zwar zu, Madame La Voisin einmal vor langer Zeit kennengelernt zu haben, als sie sich aus reiner Neugier von ihr ein Horoskop habe stellen lassen, doch weitere Besuche bei ihr stritt sie entschieden ab. Daraufhin wurde eine Begegnung mit drei der vermeintlichen Teilnehmer der schwarzen Messen arrangiert, die sie zu ihrer namenlosen Überraschung alle drei zu erkennen vorgaben.

Mademoiselle des Oeillets schrieb dem Minister einen Brief, in dem sie ihm darlegte, daß Madame de Montespan zwanzig Frauen in ihrer Hofhaltung habe, von denen achtzehn sie haßten. Daher halte sie es sehr wohl für möglich, daß eine von ihnen dieses Schauspiel inszeniert habe. Louvois überzeugten ihre Argumente nicht, und er ging mit dem Ergebnis seiner Nachforschungen zum König. Ludwig XIV. befahl daraufhin, die Verhandlungen einzustellen, denn er wollte unbedingt vermeiden, daß der Verdacht gegen Madame de Montespan an die Öffentlichkeit käme. Es hätte seinem Ansehen geschadet, wenn das Gerücht die Runde gemacht hätte, der König habe eine Mätresse, die ihn durch Zaubertränke an sich gebunden hätte.

Die Sonderkommission untersuchte noch einige Jahre lang andere Affären, bis sie nach einer letzten öffentlichen Hinrichtung am 16. Juli 1683 aufgehoben wurde. Wenige Tage darauf erließ der König ein Edikt, das den Handel mit Giftstoffen regelte und in das eine Klausel aufgenommen war, die jegliche Form der Blasphemie für strafbar erklärte. Zugleich wurde allen Wahrsagern des Königreichs die Ausübung ihres Berufs verboten. Die Chambre Ardente hatte einiges zuwege gebracht. Im Laufe von drei Jahren hatten 210 Sitzungen stattgefunden, die zu 319 Verhaftungen und zu 104 Gerichtsverhandlungen geführt hatten. Von den Angeklagten wurden 36 zum Tode verurteilt, vier auf die Galeeren geschickt und 34 verbannt. Die übrigen 30 wurden freigesprochen.

Auch für Madame de Montespan hatten die Untersuchungen schwerwiegende Folgen. Minister Louvois, der gemeinsam mit dem Polizeikommissar an den Sitzungen teilgenommen hatte, war schon seit vielen Jahren ein erklärter Feind der Marquise, und er sorgte dafür, daß die Verdächtigungen gegen sie durchsickerten. Dadurch war der ganze Hof trotz strengster Geheimhaltungspflicht von der Affäre unterrichtet. Es bildeten sich zwei Lager: Die einen glaubten an Madame de Montespans Unschuld, die anderen hielten sie für schuldig. Colbert meinte, daß Madame de Montespan niemals einen Giftmord begehen könnte. Als Gegner von Louvois stand er jedoch von vornherein auf ihrer Seite. Liselotte von der Pfalz, die Madame de Montespan haßte, weil diese sie dazu gezwungen hatte, die Heirat ihres Sohnes mit einer von Madame de Montespans unehelichen Töchtern zu akzeptieren, war hingegen davon überzeugt, Madame de Montespan hätte Mademoiselle de Fontanges vergiftet. Noch vierzig Jahre später sollte sie schreiben:

> Der duc du Maine ist in boßheit gebohren undt erzogen, seine mutter [Madame de Montespan] war die böste fraw von der welt. Ich weiß 3 personen, so sie vergifft hatt, die Fontagne, ihr söhngen undt noch eine jungfer, so bey der Fontagne war, ohne die ich nicht weiß.[55]

Das Gerücht über den von Madame de Montespan verübten Giftmord hielt sich so hartnäckig, daß der König nach Mademoiselle de Fontanges' Tod am 28. Juni 1681 eine Leichenschau anordnete. Zwar wurde offiziell festgestellt, daß sie nicht durch Vergiftung ums Leben gekommen war, doch die Gerüchte waren nicht mehr aufzuhalten. Der Verdacht eines

Giftmords war mit den damaligen medizinischen Methoden nicht eindeutig zu widerlegen; daher konnte auch der unumstößliche Beweis von Madame de Montespans Unschuld nie erbracht werden.

Noch bevor die Sache vor der Chambre Ardente geklärt war, verlor Madame de Montespan ihre Stellung als Mätresse. Um nicht allzuviel Staub aufzuwirbeln, schickte der König sie nicht gleich fort, doch schon bald nach den ersten Beschuldigungen zog sie ins Erdgeschoß des Schlosses um. Sie erschien immer seltener bei Hofe, und 1691 reiste sie endgültig in das von ihr selbst gegründete Kloster Saint-Joseph in Paris ab. Der König wollte nichts mehr mit ihr zu tun haben; zur Hochzeit ihrer eigenen Kinder wurde sie nicht eingeladen, und als sie starb, verbot der König ihnen, Trauer um ihre Mutter zu tragen. Was die devote Partei 1675 durch Zwang und Erpressung vergeblich versucht hatte, gelang wenige Jahre später durch Klatsch.

DIE RUHMREICHEN MÄTRESSEN
DES BÜRGERTUMS

DIE AUSWIRKUNGEN DER DEZENTRALISIERUNG
DES HOFLEBENS AUF DIE STELLUNG DER
MÄTRESSE (1745–1774)

Als Antoinette Poisson 1745 König Ludwigs XV. Mätresse wurde, wirbelte ihr Erscheinen bei Hofe viel Staub auf. Diesmal hatte die Entrüstung der Höflinge keinen moralischen Grund; sie entzündete sich vielmehr an der Tatsache, daß die Mätresse die Tochter eines unbedeutenden Bürgers war und daher ihrer Meinung nach in Versailles nichts zu suchen hatte. Viele Adlige fanden es unerträglich, daß sie ihre Privilegien mit einer Bürgerlichen teilen sollten; ihre Empörung wurde zu einer dauerhaften Bedrohung für die Mätresse. Da der Widerstand gegen sie an Umfang und Schärfe zunahm, mußte sie sich, um ihre Stellung behaupten zu können, stärkere Verbündete suchen.

Im Laufe des 18. Jahrhunderts weitete sich der Schauplatz aus, auf dem die Mätresse agieren mußte. Nicht nur der Versailler Hof, sondern auch die Elite in Paris gehörte fortan zur Figuration. Auf neuen Wegen konnten Moden lanciert und Neuigkeiten in Umlauf gesetzt werden, und die Mätresse mußte andere Strategien entwickeln, um sich vor ihren Rivalinnen zu schützen. Dadurch änderte sich im Laufe der Zeit auch die Stellung, die sie bei Hofe einnahm.

DER SKANDAL: LUDWIG XV.
ENTSCHEIDET SICH FÜR EINE MÄTRESSE
AUS DER BOURGEOISIE

Nach Madame de Châteauroux' Tod 1744 lauerten alle Hofdamen auf eine günstige Gelegenheit, neue Mätresse Ludwigs XV. zu werden. Der Abbé de Bernis schreibt in seinen Memoiren, der König sei ständig »von einer unendlichen Anzahl von Frauen umringt, [...] die alle einen Plan in der Tasche hatten, nach dem sie den Staat regieren wollten«.[1] Der König jedoch, so der Abbé, interessierte sich nicht für diese ehrgeizigen, Ränke schmiedenden Frauen; er hielt es für weit besser, sich eine Frau aus der Bourgeoisie zu nehmen, der die Liebe wichtiger wäre als ihre Karriere. Zum Erstaunen und Entsetzen der Hofgesellschaft fing er ein Verhältnis mit Antoinette Poisson an, der späteren Madame de Pompadour.[2]

Im 18. Jahrhundert war das Verhältnis von Adel und Bourgeoisie gespannt. Das Bürgertum war seit dem 16. Jahrhundert finanziell so stark geworden, daß es zunehmend mit dem Adel konkurrierte. Besonders die ärmeren Adligen fühlten sich in ihrer privilegierten Stellung bedroht, hatten jedoch wenig Möglichkeiten, sich gegen die reichen Bürger zur Wehr zu setzen. Daher versuchten sie, diese so gut es ging vom Hof fernzuhalten. Sie lehnten alles, was mit der Bourgeoisie zu tun hatte, als vulgär ab; eine königliche Mätresse aus dem Bürgertum wurde von vielen denn auch als Provokation empfunden.[3]

Die erste Begegnung des Königs mit Madame de Pompadour wurde von einem Neffen Madame de Pompadours vermittelt, der Kammerherr beim König war. Es heißt, der Kammerherr habe Ludwig XV., als dieser um Madame de Châteauroux trauerte, daran erinnert, daß ihm während der Jagd im Wald einmal eine besonders attraktive Frau begegnet sei, die keinerlei

Ansprüche stellte, und daß
er ihm angeboten habe,
ein Wiedersehen mit ihr zu
arrangieren. Ludwig XV.
nahm an und verabredete
ein Treffen mit ihr zum
Maskenball.[4]

Am 18. Februar 1745
empfing Madame de Pom-
padour folgenden Brief:

Ludwig XV. als Eibe

Madame,
M. le Duc de Richelieu
[der Kammerherr] hat
vom König den Befehl erhalten, Sie in seinem Namen
davon zu benachrichtigen, daß Mittwoch, den 24. Februar,
um fünf Uhr nachmittags in Versailles ein Ball gegeben
wird. Seine Majestät vertraut darauf, daß Sie bereit sein
werden, sich dort einzufinden. Die Damen, die tanzen,
werden gelocktes Haar tragen.[5]

1745 waren die Maskenbälle besonders ausgelassen, da gleichzeitig die Hochzeit des Kronprinzen gefeiert wurde. Drei Nächte lang waren die Fassaden des Schlosses und die großen und
kleinen Ställe auf der gegenüberliegenden Seite festlich er-
leuchtet. Abbé de Bernis zufolge kamen alle Schönheiten von
Paris und Versailles mit hohen Erwartungen zum Maskenball.
Wer jedoch gemeint hatte, direkt auf den König zutreten zu
können, sah sich getäuscht. Im Laufe des Abends erschienen
in der Tür zu den königlichen Kabinetten sieben als Eiben verkleidete Figuren, und es war unmöglich zu erkennen, welcher
dieser Bäume der König war. So konnte Ludwig XV. unerkannt
die Bekanntschaft Madame de Pompadours machen, die als
Göttin der Jagd verkleidet war.

In den Wochen, die folgten, wurden sowohl in der Stadt als auch am Hof verschiedene Bälle gegeben, bei denen der König mit Madame de Pompadour erschien. Ihre Kutsche wurde vor dem Schloß gesehen, und niemand glaubte ihrer Behauptung, sie sei gekommen, um ihren Mann für einen bestimmten Posten vorzuschlagen. Der Herzog von Luynes, ein guter Freund der Königin, schreibt am 10. März 1745 in seinen Memoiren:

Man behauptet, daß sie seit einiger Zeit ständig hier lebt und der König sich für sie entschieden habe. Falls das stimmt, wird es sich wahrscheinlich nur um ein Abenteuer und nicht um eine Mätresse handeln.[6]

Entgegen der Erwartung der Höflinge verstand sich Ludwig bald so gut mit seiner neuen Mätresse, daß er sie bei sich behielt. Er stellte ihr ein kleines Appartement im Schloß zur Verfügung und nahm sie zu öffentlichen Theatervorstellungen und Soupers in kleinem Kreis mit. Sie war dem Hof jedoch noch nicht offiziell vorgestellt worden; das erschwerte ihre Lage, denn die Privilegien des Höflings konnte ein Adliger erst nach der zeremoniellen Einführung beim König und der Königin in Empfang nehmen.

Die Vorstellung Madame de Pompadours brachte eine Menge Probleme mit sich, da eigentlich nur Adlige, deren Titel bis mindestens 1400 zurückreichte, bei Hofe zugelassen wurden. Es gab zwar Ausnahmen, doch da der Hof mit seinen viertausend Höflingen zu jener Zeit mehr als überfüllt war, waren sie sehr selten.

Schließlich wurde eine Lösung gefunden: Madame de Pompadour wurde von ihrem Ehemann geschieden, der König kaufte ihr ein Landgut, dessen Titel sie annehmen konnte, sobald sie in den Adelsstand erhoben worden war. Auf diese Weise wurde sie zur Marquise de Pompadour.

Im Sommer 1745, als Ludwig sich für einige Monate bei seinen Truppen aufhalten mußte, blieb Madame de Pompadour auf ihrem Landsitz, wo sie sich die Sitten und Gebräuche des Hofes aneignete. Abbé de Bernis schreibt:

Außer mir hatte nur noch der Herzog von Goutant dort Zutritt, der bisweilen einige Tage bei der Marquise zubrachte. Wir hatten oft lange Unterredungen miteinander. Ich riet ihr an, Dichter und Schriftsteller unter ihren Schutz zu nehmen, da diese es auch gewesen waren, die Ludwig dem Vierzehnten den Namen »der Große« eingetragen hätten. Ich hatte nicht nötig, ihr zu sagen, sie solle die ehrenwerten Leute aufsuchen und lieben. Dieser Grundsatz stand in ihrer Seele geschrieben.[7]

In diesem Sommer auf dem Lande lernte Madame de Pompadour alles, was sie für ihr Leben als Höfling brauchte. Sie wurde in die Verwandtschaftsbande und die Beziehungen der verschiedenen Adelsfamilien eingeweiht, sie übte sich in der Etikette und lernte die richtigen Worte zu wählen und die Art, wie sie sie aussprechen mußte. Obwohl Versailles nur fünfzehn Kilometer von Paris entfernt war, so war ihr doch, als reise sie in ein anderes Land.

DIE FREUNDE UND VERWANDTEN
MADAME DE POMPADOURS

Trotz des allgemeinen Widerstands gegen Madame de Pompadour blieb der König bei seinem Entschluß, sie zu seiner Mätresse zu machen. Neben seinem Wunsch nach einer romantischen Liebesbeziehung, die er de Bernis zufolge mit einer

Bürgerlichen eher verwirklichen zu können glaubte, gab es wahrscheinlich noch andere Gründe für die Wahl Madame de Pompadours, Gründe, die mit ihrem gesellschaftlichen Hintergrund zu tun hatten.

Antoinettes Vater hatte seinen Lebensunterhalt als Angestellter der Gebrüder Pâris verdient, dieser beiden mächtigsten und reichsten Mitglieder des Großbürgertums: Der eine war Hofbankier, der andere Heereslieferant; gemeinsam hatten sie großen Einfluß auf die Staatsfinanzen. Der Bankier war Antoinettes Patenonkel und sah sie regelmäßig.

1725, als Antoinette vier Jahre alt war, wurde ihr Vater, François Poisson, in Schwarzmarktgeschäfte verwickelt und mußte, um nicht ins Gefängnis zu kommen, ins Ausland fliehen. Während der Abwesenheit ihres Mannes wurde Madame Poisson die Geliebte von Monsieur Le Normant de Tournehem, einem sehr reichen *fermier général* oder Generalpächter, der wiederum gute Beziehungen zu den Gebrüdern Pâris unterhielt. Le Normant de Tournehem wurde für Antoinette zu einer Art Stiefvater. Er arrangierte für sie eine Ehe mit seinem Neffen, und er war es auch, der ihren Mann einige Monate später auf Geschäftsreise schickte, als Antoinette dem König zum erstenmal begegnet war.

Le Normant de Tournehem war durch das Eintreiben von Steuern reich geworden, etwas, was im 18. Jahrhundert nicht ungewöhnlich war. Ein Privatmann konnte, wenn er dem Staat einen bestimmten Betrag zahlte, sich das Recht auf Steuereinziehung beim Volk erwerben. Alles, was der *fermier général* zusätzlich einnahm, durfte er als sein wohlverdientes Einkommen betrachten. Auf diese Weise wurden Bankiers und Generalpächter so reich, daß sie eine Elite bildeten, die oft mehr Geld besaß als der alte Adel.[8]

Die Töchter dieser Geldelite wurden zu interessanten Partien für Söhne aus alten Adelsfamilien. Die verarmte Aristokratie sah solche Ehen allerdings nur als Notlösungen an:

Das Schließen vorteilhafter Mesalliancen ist wie das
Düngen des Bodens, und Gott weiß, daß der Boden ge-
düngt werden muß![9]

In Antoinettes Kindheit und Jugend wurden in ihrer Familie
fortwährend Anspielungen darauf gemacht, daß sie später einmal die Mätresse des Königs werden würde, und das, obwohl
dieser Posten für sie als Bürgermädchen damals ausgeschlossen
war. Als sie neun Jahre alt war, weissagte eine Wahrsagerin ihr,
sie werde »über das Herz eines Königs regieren«, und seitdem
wurde sie zu Hause »Reinette«, kleine Königin, genannt.

Ihre Erziehung war ganz auf die Ausübung ihres künftigen
Amtes konzentriert. Sie lernte Schauspiel, tanzen, singen und
Klavichord spielen; sie wußte bald über exotische Sträucher
und Vögel Bescheid, und sie war in der Lage, einen eigenen
Haushalt zu führen. Ihr Stiefvater meinte:

Man muß zugeben, daß die Tochter von Madame Poisson
ein Prachtstück ist.[10]

Die Protektion der Gebrüder Pâris und die ihres Stiefvaters
waren Antoinette unentbehrlich zur Erreichung ihres hoch-
gesteckten Ziels. Die ersteren finanzierten ihr die Ausbildung,
und durch den zweiten erhielt sie Zutritt zu den höchsten
Kreisen. Als sie die Mätresse des Königs wurde, war die Beziehung der Gebrüder Pâris zum König gerade besonders eng,
da sie für die Finanzgeschäfte während des Österreichischen
Erbfolgekriegs verantwortlich waren.[11] Antoinette war also
keine beliebige Frau aus der Bourgeoisie; sie wurde von den
mächtigsten Männern des Bürgertums gefördert, deren Einfluß
auf die Regierung des beinahe bankrotten Landes größer war
als der irgendeines Adligen.[12]

Ludwig XV. hatte eine genaue Kenntnis von Antoinettes
Hintergrund, als er beschloß, sie bei Hofe vorstellen zu lassen.

Doch die Hofleute zeigten sich weniger beeindruckt davon. Ludwig mußte lange suchen, bis sich die alte Prinzessin von Conti im Tausch für die Begleichung ihrer Spielschulden bereit fand, die junge Marquise de Pompadour einzuführen. Die Prinzessin tat es mit Widerwillen und entschuldigte sich auch gleich bei der Königin dafür, daß sie diese häßliche Rolle spielen müsse.

Es war das erste Mal, daß eine Bürgerliche dem Hof als königliche Mätresse vorgestellt wurde, und die Vorstellung erregte denn auch gehöriges Aufsehen. In den Prunksälen drängten sich die Schaulustigen. Choiseul, der später dank Madame de Pompadours Vermittlung Erster Minister und einer ihrer engsten Mitarbeiter werden sollte, schrieb in sein Tagebuch:

> Ich stellte fest, daß Madame de Pompadour *maîtresse en titre* des Königs und des Königreichs geworden war. Sie war bereits vorgestellt worden. Eine solche Vorstellung erschien damals als eine Ungeheuerlichkeit, denn es sah so aus, als verletze man alle Regeln der Polizei, der Justiz und der Etikette, um einem Steuerpächter im Herzen von Paris seine Frau zu entführen, die, nachdem sie einen anderen Namen erhalten hatte, zu einer Frau avanciert worden war, die vorgestellt werden konnte.[13]

DIE BEZIEHUNG ZWISCHEN ADEL UND BOURGEOISIE IM 18. JAHRHUNDERT

Viele Angehörige des reichen Bürgertums hatten den Ehrgeiz, in den Adelsstand erhoben zu werden. Um das zu erreichen, konnten sie verschiedene Wege beschreiten: So konnten sie für viel Geld ein Amt kaufen, das sie mit der Zeit zum Tragen eines Titels berechtigte. Viele Bürger hatten diese Möglichkeit genutzt, und so war eine eigene Adelsklasse entstanden. Da es sich vor allem um Ämter bei Gericht handelte, wurde der neue Adel *noblesse de robe*, Amtsadel, genannt, zur Unterscheidung von der alten Aristokratie, der *noblesse d'épée*, die sich ihren Titel mit dem Schwert erworben hatte. Im 18. Jahrhundert wurde auch der Zugang zum Amtsadel immer schwieriger, so daß schließlich die Heirat als wichtigster Weg nach oben blieb.[14]

Viele alte Adelsfamilien befanden sich durch die beschränkten Einkünfte aus ihren Ländereien in finanziellen Problemen, und die reichen Bürger nahmen die Chance wahr und kauften sich in die sonst so geschlossenen Reihen der Adligen ein. Die Heirat einer reichen Erbin aus dem Bürgertum mit dem Sohn einer alten Adelsfamilie hatte für beide Seiten Vorteile. Die Familie der Braut verband sich mit einer Adelsfamilie, und die Familie des Bräutigams konnte wieder wie früher auf großem Fuß leben. Es liegt auf der Hand, daß die Höhe des Brautschatzes in diesem Zusammenhang von großer Wichtigkeit war. Anhand einer Liste, die damals in Umlauf war, können wir uns einen Eindruck von den Beträgen verschaffen, die man für einen Bräutigam aus einer alten oder neuen Adelsfamilie »zahlte«. Man bekam für einen Brautschatz von

> 2 – 6 000 Livre: einen Kaufmann oder Sergeanten
> 12 – 20 000 Livre: einen Notar oder Schriftführer
> 20 – 30 000 Livre: einen Rechtsanwalt
> 35 – 45 000 Livre: einen Schatzmeister
> 45 – 75 000 Livre: einen Steuerbeamten
> 75 – 150 000 Livre: ein Parlamentsmitglied
> 200 – 600 000 Livre: wen man wollte.[15]

Namentlich die Adligen aus Paris und Versailles schlossen solche »Mischehen«. Der Landadel hielt an der Tradition fest, sich nicht mit Bürgern zu vermischen. Die Mesalliancen wurden von vielen abgelehnt und verurteilt. Ein Spottlied aus der Zeit besingt die in Verfall gekommenen Werte:

O Zeiten, o Sitten, o entgleistes Jahrhundert! In dem sich erniedrigt adligstes Blut; Molé, Mirepoix, Lamoignon vermählen sich Töchtern Bernards und hehlen mit dem von ihm gestohlenen Gut.[16]

Die Heirat eines Adligen mit einer Bürgerlichen kam jedoch in den besten Familien vor. So war Madame de La Rochfoucauld die Tochter eines Generalpächters, Madame Rohan-Chabot war das Kind eines Parlamentsmitglieds, und die Comtesse de Noailles kam aus einer Bankiersfamilie. All diese Frauen wurden in die Kreise der höchsten Adelsfamilien aufgenommen. Die Mesalliancen wurden vor allem zwischen Frauen aus dem Bürgertum und Männern der Aristokratie geschlossen. Adlige Frauen waren für die reiche Bourgeoisie weniger interessant, denn nach dem französischen Erbrecht konnten sie ihren Kindern ihren Titel nicht vererben.[17] Da sich ihre Chancen auf dem Heiratsmarkt durch diese Entwicklung verschlechterten, bemühten sich wahrscheinlich gerade diese Frauen darum, die Barriere zwischen Adel und Bürgertum aufrechtzuerhalten.

Dennoch verringerte sich der Abstand zwischen dem Hochadel und dem Großbürgertum im Laufe der Zeit, während der zwischen dem verarmten Adel und dem Bürgertum wuchs. In Paris wohnten Adlige und Bürger nebeneinander im Marais, einem Viertel mit kleinen Palästen und luxuriösen Herrenhäusern. 1701 war das seit dem frühen Mittelalter gültige Gesetz der *dérogeance* abgeschafft worden, das den Adligen verbot, sich kommerziell zu betätigen. Von nun an durften sie Geld investieren und mit den Bürgern Geschäfte machen, unter der Bedingung, daß sie keine eigenen Läden oder Banken eröffneten. Trotz der Aufhebung des Verbots ruhte noch lange ein Tabu auf der kaufmännischen Betätigung des Adels. Die meisten investierten daher unter dem Namen eines reichen Verwandten aus dem Bürgertum. So wurde die Spaltung der Elite des Landes allmählich wieder aufgehoben. Durch Nachbarschaft, Heiraten und Geldwirtschaft wurde die Beziehung der Adligen zum Bürgertum immer enger. Die Kluft lag nun zwischen dem armen Landadel und den Bürgern der Mittelschicht, die mit Geringschätzung auf die Lebensweise der Adligen herabblickten.[18]

Den Lebensstil der Adligen fanden viele lächerlich. So verspottet Louis-Sebastien Mercier in seinem Buch *Tableau de Paris* beispielsweise die Art, wie der König sich auf einer *chaise percée*, einem gelochten Stuhl, zu entleeren pflegt. Der Zensur wegen hat der Autor die Szene in ein exotisches Land verlegt:

Man hat uns von den Tahuglanken berichtet, die in der Gegend des 141. Längengrades im Norden Neu-Mexikos leben. Man erzählt von ihnen, sie seien ein zivilisiertes Volk, den schönen Künsten zugetan, wenn auch in ihren Sitten und Gebräuchen ziemlich eigen. So pflegt ein Tahuglanken-Prinz von Geblüt den Nachtstuhl mitten in seinem Audienzzimmer und umringt von seinem sämtlichen Gefolge zu besteigen. Das ist ein Vorrecht, über das er eifersüchtig wacht. Da thront er nun auf dem mobilen Sitz und schneidet, da er verstopft ist oder auch nicht, vor aller Augen, unverschleiert und auch von keiner spanischen Wand geschützt, sämtliche Grimassen, die der Situation gemäß sind. Von Zeit zu Zeit reicht ihm ein kerzengrader, höchst beflissener Kammerdiener Wattebäusche, mit denen er sich abwischt, damit sie der Lakai, dem alle zusehn, wie Butterbrote aufeinander schichte, auf daß der ganze Hof der Exkremente seines hohen Herrn ansichtig werde.[19]

Mercier zufolge hatten Adlige keine Vorstellung davon, was sich in der Welt abspielte, da sie niemals ein Wort mit einem Mitglied des Bürgertums wechselten:

> Der König, die Königin und die Prinzen kommunizieren ausschließlich mit den höchsten Adligen, die ihr einziger Umgang sind: So kann man behaupten, daß die Fürsten diese Welt verlassen, ohne sich jemals mit einem gewöhnlichen Bürger unterhalten zu haben. Sie unterhalten sich nie, oder sehr selten, mit einem Kaufmann, einem Fabrikanten, einem Bauern, einem Künstler, einem wohlhabenden Bürger aus Paris; es gibt demnach unendlich viele Dinge, die sie nicht in ihrer eigentlichen Erscheinungsform kennen, denn der Firnis der Sprache wird immer die Treue des Bildes verderben.[20]

Mercier hielt die Adligen für mitleiderregende *esclaves de faveur*, Sklaven der königlichen Gunst.[21] In der Tat waren die meisten politisch ziemlich machtlos, da sie keinen Zugang zu Regierungsposten hatten. Ihre wichtigste Aufgabe bestand darin, Ansehen, Macht und Größe des Königs zu bestätigen. Dies galt allerdings namentlich für die Adligen, die einen niedrigeren Rang in der Hierarchie einnahmen. Der höchste Adel, der sich durch Ehen mit dem Großbürgertum vermischt hatte, bildete durch seine Beziehungen zum Hof, zur Regierung und zur Hochfinanz ein bedeutendes Machtzentrum.[22]

Mit Madame de Pompadour kam also eine Frau aus den Kreisen des Großbürgertums auf einen sehr einflußreichen Posten. Es ist nicht undenkbar, daß sie diese Stellung der Protektion ihrer Gönner zu verdanken hatte, die damit ihren eigenen Interessen dienten.[23] Das Gerücht, der König habe keine ehrgeizige Frau zur Mätresse haben wollen, kann nicht darüber hinwegtäuschen, daß er sich in Madame de Pompadour die ehrgeizigste Mätresse auswählte, die je am Hof gelebt hatte.

Der Anfang ihrer Karriere kam Madame de Pompadour wie ein Märchen vor: Sie trat in eine Welt ein, die sie nur aus Geschichten kannte und die ihr voller Abenteuer und von Glanz erfüllt schien. Doch schon nach zwei Jahren büßte das Märchen an Zauber ein. Madame de Pompadour wurde mit den täglichen Geschäften des Hoflebens konfrontiert, und nicht alles verlief reibungslos. Sie fing an, ihre frühere Umgebung zu vermissen, und ihrer Freundin, der Comtesse de Noailles, die als Bankierstochter in einer vergleichbaren Situation lebte, gestand sie:

Erraten Sie, wie ich den heutigen Tag hingebracht habe? Ich bin um sechs Uhr früh aufgestanden und bin in den Park hinabgegangen, um mich auszuweinen unter den Büschen, wo die Nachtigallen ihren Sitz aufgeschlagen haben, die Nachtigallen, welche mein Weh unberührt ließ! Ich bin aus mehrfachen Gründen traurig und sehe täglich mehr ein, daß ich eine Torheit beging, an den Hof zu kommen. Der Pomp, die Macht und die Vergnügungen dieses verzauberten Terrains bezaubern mich lange nicht mehr; der Rausch ist verflogen und anstatt dessen fühle ich eine unsagbare Leere und Öde in meinem Herzen, die ich durch nichts auszufüllen imstande bin.[24]

DER NIEDERGANG DES HOFAMÜSEMENTS UND DIE SICH WANDELNDE ROLLE DER KÖNIGLICHEN MÄTRESSE

Unter der Regierung Ludwigs XIV. galt das Leben am Hof bis etwa 1684 als außerordentlich glanzvoll und aufregend. Als der König älter geworden war und die fromme Madame de

Maintenon ihren Einfluß geltend machte, fing man an, sich bei Hofe mehr und mehr zu langweilen.[25] Nach dem Tode Ludwigs XIV. hielt der Regent, der Herzog von Orléans, es für angemessen, den fünfjährigen Thronfolger Ludwig XV. in Paris erziehen zu lassen. Die Versailler Residenz blieb sieben Jahre lang geschlossen, so daß die Hofleute ihr Leben in der Stadt verbrachten, wo sie einander bei Bällen und Opern, im Theater und zu Hause trafen. Als Ludwig XV. volljährig geworden war, kehrte der Hof 1722 wieder nach Versailles zurück, und das alte Leben wurde zum Teil wieder aufgenommen. Der königliche Hof blieb weiterhin der Ort, dem der Adel nicht nur Rang und Ansehen, sondern auch sein Einkommen verdankte, doch das gesellschaftliche Leben fand anderswo statt. Der Hochadel hatte anfänglich in den Stadtpalästen neue Treffpunkte geschaffen, die nach einiger Zeit vom niederen Adel und dem reichen Bürgertum übernommen wurden.[26]

Da das gesellige Leben am Hof an Bedeutung einbüßte, kamen die Höflinge auch seltener nach Versailles. Unter Ludwig XIV. mußten sie sich wohl oder übel ständig dort aufhalten, doch als der Druck nachließ, gaben sie Paris den Vorzug. Die Art und Weise, wie der Herzog von Croy die Ostertage 1747 verbrachte, illustriert diese Entwicklung:

Was den Hof betrifft, sah mein Programm während der Fastenzeit wie folgt aus: Am Montag ging der König auf Hirschjagd, und am Abend wurde eine geschlossene Theatervorstellung in den Königlichen Gemächern gegeben. Da nur die Schauspieler an diesen Abenden mit dem König speisten, blieb ich an diesen Tagen in Paris, um nicht abgewiesen zu werden. Dienstag war *appartement* am Hof und keine Jagd, deshalb blieb ich in Paris. Mittwoch war Ballett oder Oper im großen Theater von Versailles und keine Jagd. Um nicht zuviel Zeit zu verlieren, blieb ich den ganzen Tag über in Paris, doch gegen zehn oder elf

Uhr abends brach ich nach Versailles auf, um dem coucher
des Königs beizuwohnen. Dadurch hatte ich in Paris den
Sonntagabend, den ganzen Montag, Dienstag und Mittwoch für mich, und ich nutzte sie vor allem zum Arbeiten.
Donnerstag ging ich auf die Jagd, und abends stellte ich
mich vor, um zum Souper in den Kabinetten zugelassen zu
werden. Freitag um zwei Uhr machte ich der Marquise [de
Pompadour] meine Aufwartung und erledigte alle meine
Geschäfte in Versailles. Samstag ging ich auf die Jagd und
versuchte, zum Souper zugelassen zu werden.[27]

Da viele Höflinge nur noch einen Teil der Woche in Versailles
verbrachten, änderte sich auch die Rolle, die die Mätresse bei
der Gestaltung der Geselligkeit spielte. Die Veranstaltungen
am Hof wurden allmählich für immer weniger Geladene zugänglich, so daß die Mätresse sich mehr und mehr auf das persönliche Vergnügen des Königs konzentrieren mußte. So hatte
sie beispielsweise ein Theater in den Kleinen Appartements, in
dem nicht mehr als zwanzig Zuschauer Platz hatten; die Rollen
der Theaterstücke, die sie dort in eigener Regie aufführte, wurden von einigen wenigen privilegierten Höflingen gespielt.

Dieses zurückgezogene Leben des Königs stieß nicht bei
allen auf Verständnis, im Gegenteil: Es hieß, die Bühnenbilder
und Kostüme dieses so exklusiven Theaters würden horrende
Summen verschlingen. Madame de Pompadour versuchte sich
zu verteidigen:

Was wird geredet? Daß das neue Theater zwei Millionen
Livre kostet? Jeder soll wissen, daß es nur zwanzigtausend
Ecus kostet, und ich möchte gern wissen, ob der König
diese Summe nicht für sein Vergnügen ausgeben darf?[28]

Auf die Dauer mußte der König das Theater jedoch der wachsenden Kritik wegen schließen. Madame de Pompadour setzte

die Aufführung ihrer Theaterstücke in ihrem eigenen Schloß Bellevue fort.

Obwohl das Privatvergnügen des Königs und eines kleinen Kreises von Intimi fortan im Vordergrund stand, fanden auch die großen Hoffestlichkeiten immer noch statt, bei denen die Mätresse eine wichtige Rolle spielte. Die königlichen Kammerherren waren von jeher verantwortlich für die *menus des plaisirs*, die Organisation der Unterhaltung. Als Ludwig XV. seine Mätresse offiziell über die Kammerherren stellte, bedeutete das für letztere eine empfindliche Kränkung. Madame du Barry, die Nachfolgerin von Madame de Pompadour, wurde nicht nur die Verantwortung für das ganze Unterhaltungs- und Veranstaltungsbudget übertragen, sondern auch die Programmierung des großen Theaters sowie die Organisation der Hochzeitsfeierlichkeiten des Kronprinzen.[29]

Die Dezentralisierung des Hoflebens erschwerte die Aufgabe der Mätresse beträchtlich. Sie mußte mit den Zerstreuungen konkurrieren, die die Stadt bot; zudem waren die Hofadligen, die eine Abneigung gegen das Bürgertum hatten, ihr nicht gerade gefällig. 1747, zwei Jahre nach dem Beginn ihrer Karriere als Mätresse, schrieb Madame de Pompadour:

Ich bin allein inmitten dieser kleinen »großen Herren«, die mich hassen und die ich verachte. Was die Frauen betrifft, so ist die Konversation mit der Mehrzahl von ihnen eine so läppische, daß ich stets die Migräne darauf be komme. Ihre Fitelkeit, ihr Hochmut, ihre kleinliche Auffassung sind mir unerträglich. Ich muß diese Ansicht natürlich für mich behalten und das macht mich nicht glücklicher.

Jetzt erst weiß ich, daß Könige auch weinen können, wie gewöhnliche Sterbliche. Was mich betrifft, so weine ich oftmals über die Ruhmsucht, die mich hierhergeführt hat, und über den Ehrgeiz, der mich hier festhält. Beklagen Sie meine Schwäche, liebe Freundin! Man sagt, daß der König von Monomotapa fünfhundert Hofnarren besitzt, die ihn stets begleiten müssen, um ihn bei guter Laune zu erhalten. Ludwig XV. hat fünfhundert Affen, die ihn Tag für Tag beklagen [belagern], ohne ihn zu erheitern. Denn er lacht äußerst selten und ist fast ebenso schwermütig wie ich selbst. Wie bedauere ich diese Götter der Erde, die man so glücklich wähnt! Nur wahre Freundschaft – weit eher als die Liebe – vermöchte sie zu trösten. Allein die Könige besitzen keine Freunde und die meisten unter ihnen sind auch der Freundschaft nicht wert. Deshalb sind sie auch nur von Sklaven und Schmeichlern umgeben.[30]

Eifersucht und Neid waren an der Tagesordnung, immer zahlreicher wurden die Cliquen, die einander bekämpften und die Höflinge in ihre Intrigen verwickelten. Mehr denn je bot die strikte Einhaltung der Etikette Schutz vor Verleumdungen. Dadurch wurde der Umgang der Hofleute miteinander immer steifer und formeller. Der Herzog von Croy beschreibt einen prächtigen Ballsaal, in dem die Elite des Landes sich 1770 zur Hochzeitsfeier des Kronprinzen mit Marie-Antoinette versammelte. Sowohl Adlige wie Bürger waren anwesend, doch nicht alle hatten die gleichen Rechte. Die Damen aus dem Pariser Finanzbürgertum mußten hinter einer Balustrade stehend zuschauen:

Abends versammelte man sich in der schön geschmückten Galerie. Vor allem die vergoldeten Brustbilder, die die Leuchter trugen, waren prachtvoll. Der König kam um halb sieben und setzte sich in der Mitte an einen großen runden Spieltisch. Die Damen spielten mal hier mal da, und das ergab, in Kombination mit den übrigen Höflingen und den Fremden, eine Galerie, die mit den herrlichsten Gewändern reichlich gefüllt war. Der Raum hinter der

Balustrade war für die Damen aus Paris reserviert, die nacheinander vorbeikamen und selbst auch ein besonderes Schauspiel boten.[31]

Obwohl sich De Croy hier eines Urteils enthält, muß die Trennung zwischen Adligen und Bürgern doch ein heikler Punkt gewesen sein, vor allem wenn man bedenkt, daß viele dieser Frauen Verwandte am Hof hatten. Die strenge Etikette wirkte fortan gekünstelt. Die gleichen Damen, die während der Hochzeitsfeierlichkeiten ihren Schwestern und Schwägerinnen von der Balustrade herunter beim Spiel mit dem König zusahen, waren eine Woche später wieder die erlauchten Gastgeberinnen der hohen Adligen, der reichen Bürger und Intellektuellen. Im Gegensatz zum Hof machte man in Paris keinen Unterschied zwischen Adel und Bürgertum.[32]

In den gesellschaftlichen Zentren im Paris des 18. Jahrhunderts verkehrte alles, was man damals *le monde* oder *la société* nannte. Der Begriff »Salon« sollte sich erst später einbürgern. *Le monde*, das war die Kulturelite, die sich bei den von den adligen oder bürgerlichen Damen organisierten Treffen einfand. Dabei stand abwechselnd Musik, Tanz, Literatur oder Diskussion im Mittelpunkt.[33] Schriftsteller wie Voltaire, Rousseau, Beaumarchais und Diderot wurden dazu eingeladen. Ihre niedere Herkunft stand ihrer Anerkennung nicht im Wege. Da sie bei Hofe nicht willkommen waren, wurden die Pariser Herrenhäuser allmählich zu bedeutenden Begegnungsstätten für Intellektuelle und Kritiker des Königs und der Regierung.[34]

Solange die Kulturelite dem Hof ferngehalten wurde, konnte die königliche Mätresse nicht mit den Pariser Zentren konkurrieren, denn der Erfolg einer Veranstaltung hing im 18. Jahrhundert hauptsächlich vom Charakter des Publikums ab. Man ging ins Theater, um Bekannten zu begegnen, und daher waren Foyer und angrenzendes Café mindestens so wichtig wie das Theater selbst. Kaffeehäuser wurden viel besucht, und bei schönem Wetter erging man sich im öffentlichen Park, wo man sich wieder unterhalten konnte.[35] Den Hofleuten, für die die Trennung zwischen privat und öffentlich nicht bestand und die daher auch nicht zwischen Arbeit und Freizeit unterschieden, waren die Besucher einer kulturellen Veranstaltung mindestens ebenso wichtig wie die Qualität der Darbietung. De Croy beschrieb den Besuch eines Balletts so:

Am dreizehnten ging ich um zwölf Uhr mittags nach Versailles, um das Ballett zu sehen. Ich war beim Duc de Gesvres zum Diner, und um vier Uhr kamen wir in den Ball- und Opernsaal, der beinahe schon vollbesetzt war. Dennoch bekam ich einen ausgezeichneten Platz auf halber Höhe, von wo aus ich sowohl die Bühne wie den Saal sehen konnte. Man hatte keine Zeit mehr gehabt, die Logen wieder einzurichten, so daß der Saal wie für einen Ball geschmückt und beleuchtet war. Ich glaube, daß ich so etwas Schönes noch nie sah, und daß dies das Beste ist, was Europa in diesem Genre zu bieten hat. Die unermeßliche Größe der Bühne und des Saales, der von herrlich gekleideten Personen überquoll! Rundherum, und oben, eine Reihe geschmückter Frauen, und in der Mitte, ein Parterre gefüllt mit allen Frauen, die am Hofe lebten oder bekannt waren, in ihrem schönsten Schmuck.[36]

Zwar schreibt De Croy auch ein paar Worte über die Vorstellung selbst, aber begeistert ist er vor allem vom Publikum. Bei jedem Vergnügen sucht er nach Möglichkeiten, seine Karriere zu fördern, und sogar in der Jagd sieht er ein Mittel dazu. Jahraus, jahrein notiert er jedesmal, wann er mit dem König auf die Jagd gegangen ist und wieviel Wild man geschossen hat. Doch eines Tages erkennt er, daß er seine Zeit womöglich besser hätte nutzen können:

Die Jagdgesellschaft des Königs wurde immer zahlreicher, so daß ich mich allmählich zurückzog und diesen Winter überhaupt nicht mehr jagte. Ich unterhielt meine Beziehungen zum Hof auf den Reisen, die ich ein paar Mal machen durfte, indem ich mir Briefe schreiben ließ, und nach Versailles ging ich nicht mehr so häufig, oder nur zu den Ministern und in geschäftlichen Angelegenheiten, und ich arbeitete viel zu Hause. Ich merkte, daß ich mich auf diese Weise weniger erniedrigte, daß mein Ansehen stieg, und daß achtzehn Jahre Jagdpartien mich nicht viel weiter gebracht hatten. Ich beschloß, solidere und weniger zeitraubende Mittel zu erkunden, um mir einen Namen zu machen.[37]

Das Vergnügen war im 18. Jahrhundert deshalb so wichtig, weil es Begegnungen ermöglichte, Kontakte förderte und Gelegenheit bot, Geschäfte zu machen, Ehen zu arrangieren und die letzten Neuigkeiten auszutauschen. Weil die Etikette am Hof eine so große Rolle spielte und so viele Menschen vom Leben dort ausschloß, war Versailles auf die Dauer nicht der Ort, an dem die Geselligkeit all diese Erwartungen erfüllen konnte. Mit der wachsenden Dezentralisierung mußte auch die Mätresse auf andere Mittel und Wege sinnen, um ihre Stellung zu behaupten.

Da ein großer Teil des sozialen Lebens sich jetzt außerhalb ihres Blickfeldes abspielte, wurde es schwieriger für sie vorherzusehen, woher ihr Gefahr drohte. Madame de Pompadour hatte nicht nur die Konkurrenz anderer Hofdamen zu befürchten, sondern auch – und dazu hatte sie selbst das Beispiel gegeben – die von Frauen aus dem Bürgertum. Durch die Vergrößerung des Schauplatzes war die Zahl ihrer potentiellen Rivalinnen gewachsen, und zugleich waren sie durch die Dezentralisierung der Geselligkeit schwieriger zu kontrollieren. Madame de Pompadour mußte sich darauf verlassen, daß gute

Freunde sie rechtzeitig warnten, wenn Gefahr drohte. Madame du Hausset,[38] ihre Kammerfrau und Vertraute, schrieb:

Einmal kam ich von einer Theatervorstellung in Compiègne zurück, und Madame stellte mir erst Fragen über das Stück, fragte dann, ob viele Leute da gewesen wären und ob ich nicht eine schöne junge Frau gesehen hätte. Ich antwortete ihr, daß in der Loge neben der meinen in der Tat eine junge Frau gesessen habe, die von allen jungen Männern des Hofes umringt gewesen sei. Sie lächelte und sagte: »Das ist Mademoiselle Dorothée; sie ist heute abend beim Souper des Königs zugegen gewesen, und morgen geht sie mit auf die Jagd. Du staunst, daß ich so gut unterrichtet bin, doch ich weiß noch mehr. Sie wurde von einem Gascogner namens Dubarré oder Dubarri hergebracht, der der größte Taugenichts von ganz Frankreich ist. Er verspricht sich viel von Mademoiselle Dorothées Reizen, denen der König, wie er glaubt, nicht werde widerstehen können. Sie ist in der Tat sehr schön. Ich konnte sie mir in meinem kleinen Garten anschauen, wohin man sie unter dem Vorwand eines Spaziergangs mitgenommen hatte.«[39]

Im 17. und frühen 18. Jahrhundert waren Freundinnen und Schwestern die Hauptrivalinnen der Mätressen gewesen; jetzt, ein halbes Jahrhundert später, drohte die Gefahr von allen Seiten. Es galt weiterhin, die Klatschszene und die Mode zu beherrschen, doch war dies nicht mehr mit den gleichen Mitteln zu erreichen wie früher.

VOM KLATSCH ZUR SENSATIONSPRESSE

Im 17. Jahrhundert war die königliche Mätresse nur Gesprächs-
gegenstand des Hofes gewesen. Sie selber hatte den Klatsch mit
Hilfe ihrer zuverlässigen Anhängerschaft noch überblicken und
notfalls korrigierend eingreifen können. Im 18. Jahrhundert
bestand diese Möglichkeit, die öffentliche Meinung zu beeinflussen, zwar weiterhin, doch die Arena war größer geworden
und dadurch änderte sich in gewissem Sinn auch der Charakter des Klatsches. Neben der Schilderung kleiner Entgleisungen und der Wiedergabe oft sehr subtiler Witze und Ausrut-
scher, wie sie sich in den Briefen der Madame de Sévigné
finden, entstand nun eine viel grobere Form des Klatsches: die
Verleumdung. Um diesen beiden Formen die Stirn bieten zu
können, mußte die Mätresse im 18. Jahrhundert dafür sorgen,
daß der Kreis ihrer Getreuen sich ständig erweiterte. Einer der
größten Widersacher Madame de Pompadours, Minister d'Argenson, hatte ein Verhältnis mit einer Hofdame und Vertrauten der Marquise angefangen, der Gräfin d'Estrades, wodurch
diese plötzlich zu einer gefährlichen Spionin zu werden drohte:

> Die Comtesse d'Estrades, die alles, was sie war, Madame
> [de Pompadour] zu verdanken hatte, tat nichts anderes als
> diese schikanieren, die Beweise dafür verbarg sie ge-
> schickt, doch sie konnte nicht verhindern, daß man sie
> verdächtigte. Ihre intime Beziehung zu Monsieur d'Argen-
> son machte Madame mißtrauisch, und seit einiger Zeit
> verhielt sie sich reservierter der Comtesse gegenüber.[40]

Nachdem Madame de Pompadour die Gräfin im Verdacht
hatte, einen Brief des Königs gestohlen zu haben, wuchs die
Spannung zwischen der Marquise und dem Minister:

Madame schrieb ihm die Verbreitung einer Schmähschrift zu, in der sie als alte Mätresse dargestellt wurde, die nur noch die üble Aufgabe gehabt habe, ihrem Geliebten neue [Liebes-]Objekte zu beschaffen. Sie sei die Oberintendantin des Hirschparks, von dem behauptet wurde, er hätte Millionen gekostet.[41]

Schmähschriften, politische Pamphlete und Karikaturen gehörten im Laufe des 18. Jahrhunderts immer mehr zur täglichen Praxis. Schon die Fronde hatte eine ständige Flut von *mazarinades*, von Schmähschriften gegen Kardinal Mazarin, mit sich gebracht.[42] Ludwig XIV. hatte die Veröffentlichung dieser Schriften zu verhindern gesucht, doch waren sie immer wieder aufgetaucht und immer schwieriger zu unterdrücken gewesen. Als Madame de Pompadour die Mätresse Ludwigs XV. wurde, war es unmöglich geworden, die Produktion und Verbreitung von Spottgedichten zu verhindern. Ganz Paris sang die nach ihrem Mädchennamen genannten Spottlieder, die *poissonades*.

Es gab kaum etwas, was man ihr nicht anlastete. Aus Eigennutz sorge sie dafür, daß der Krieg kein Ende nehme; sie habe alle Juwelen und Diamanten des Königreichs aufgekauft und ihren unermeßlichen Reichtum heimlich bei ausländischen Banken untergebracht; sie lasse acht Schlösser gleichzeitig bauen; ihre Kleider seien unermeßlich teuer, und in ihrem Privattheater habe sie ein Hundeballett aufführen lassen, das Unsummen verschlungen habe.

Die Lieder wurden von professionellen Sängern auf dem Pont-Neuf im Herzen von Paris gesungen, und die gedruckten Texte fanden ihren Weg in alle Häuser. Auch im Schloß von Versailles konnte man sie hören, und eines wurde sogar an die Tür des königlichen Appartements angeschlagen. Nach d'Argensons Tod fanden sich in den Archiven seiner Familie fünfundachtzig Poissonaden von seiner Hand!

Auch Madame de Pompadours Nachfolgerin Madame du Barry stieß auf großen Widerstand bei Hofe. In ihrem Fall war es der Duc de Choiseul, der ihr, aus Enttäuschung darüber, daß er seiner Schwester den Posten nicht hatte verschaffen können, das Leben so schwer wie möglich machte. Auch er beauftragte Liedermacher mit dem Schreiben satirischer Texte über sie und übernahm selber die Druckkosten.[43]

All diese Angriffe machten die Mätressen beim Volk nicht beliebter; sie selbst litten darunter. So schreibt Madame de Pompadour einmal:

> Man legt mir das allgemeine Elend zur Last, die verkehrten Pläne des Kabinetts, den Mißerfolg des Krieges und die Triumphe unserer Feinde. Man klagt mich an, daß ich alles verkaufte, in allem meine Hände hätte, alles beherrschte. Eines Tages passierte es tatsächlich, daß ein wackerer alter Mann sich beim Diner dem König näherte und ihn bat, er möchte ihn doch gütigst der Frau von Pompadour empfehlen. Alle lachten hell auf über die Einfalt des armen Mannes: aber ich – ich lachte nicht. Ein anderer überreichte vor einiger Zeit dem königlichen Rat eine großartige Denkschrift, wie man zu Geld kommen könne, ohne das Volk zu belasten: sein Projekt bestand darin, mich zu bitten, dem König hundert Millionen vorzuschießen. Auch über diesen schönen Plan lachte man; aber ich – ich lachte nicht.[44]

Es blieb nicht bei Beleidigungen und Spott; Madame de Pompadour bekam auch zahlreiche anonyme Drohbriefe, die sie um ihr Leben fürchten ließen.[45] Sich gegen all diese Angriffe zur Wehr zu setzen war ihr nicht möglich. Welches Ausmaß der Haß gegen sie annehmen konnte, berichtet sie selber in einem Brief an die Marquise de Saussay 1748:

Der König fährt morgen nach Compiègne, wohin ich ihm
zu folgen genötigt bin. Leider schleppe ich auch dahin
meine Melancholie mit. Es ist eben leichter, Orte zu wech-
seln, wie anderen Humors zu werden.
Wer ist denn der Unverschämte, der ganz laut ausgerufen
hat, als er mich mit dem Marschall von Sachsen auf der
Promenade sah: »Ah, da ist ja – der Degen des Königs,
und hier seine Scheide!« Dieser gemeine Witz hat bereits
seinen Weg durch ganz Paris gefunden. Und Sie haben ihn
zweifelsohne auch schon gehört? Ich möchte den Urheber
desselben kennenlernen, nicht um ihn bestrafen zu lassen – denn solcher Blödsinn vermag mich ja nicht zu be-
leidigen, sondern nur, um ihn bitten zu lassen, künftighin
weniger Unflätigkeit und mehr Geist in seine Bonmots zu
legen.[46]

Zu Madame de Pompadours Freunden gehörten ein Leutnant
der Polizei und der Generalpostmeister Jannel; beide wurden
zu Schlüsselfiguren in der Verteidigung der Marquise.[47]
Eines Tages wurde Madame de Pompadours Kammerfrau die
Kopie eines Liebesbriefes überreicht, den der König einer Frau
geschrieben hatte. Sobald die Marquise davon erfuhr, wandte
sie sich an den Leutnant, der ihr versprach, den Vorfall in seiner allwöchentlichen Unterredung mit dem König zur Sprache
zu bringen. Er teilte dem König mit, er sei in Paris einer Frau
auf die Spur gekommen, die ihn, den König, habe komprommit-
tieren wollen; es sei ihm jedoch gelungen, einen Brief abzufan-
gen, von dem behauptet werde, der König habe ihn geschrieben, und den man in Paris habe verbreiten wollen. Er fügte
hinzu, er wisse, daß die Dame eine Verabredung mit dem
König zum Ball in Versailles treffen wolle, doch daß sie allgemein als Intrigantin bekannt sei. Daraufhin meinte der
König, dies sei wohl nicht ohne Grund so, und beschloß, sich
nicht weiter mit ihr einzulassen.

Auch der Generalpostmeister verstand es, den König an Liebesaffären in der Stadt zu hindern, indem er die Briefzensur, die er in des Königs Auftrag ausübte, auch zu Madame de Pompadours Vorteil nutzte. So übermittelte er dem König regelmäßig Auszüge aus Briefen, aus denen die große Aufregung über Ludwigs Interesse an einer Rivalin der Marquise hervorging. Mit Recht ging Jannel davon aus, daß dem König die Vorstellung, die ganze Stadt beschäftige sich mit seinem Privatleben, höchst unangenehm sein würde.[48]

Madame du Barry, die Nachfolgerin der Marquise, hatte weniger einflußreiche Freunde als Madame de Pompadour und war daher auch weniger als diese gegen ihre Feinde gewappnet. So konnte ein Buch über sie, *Vie de La Bourbonnaise*, erscheinen und in Paris einen so großen Erfolg erzielen, daß es auch als Theaterstück aufgeführt wurde. Da viele der verbotenen Schriften, die der Polizeileutnant zu Madame du Barrys Verdruß die Zensur passieren ließ, in London gedruckt wurden, gab Ludwig XV. einmal den Auftrag, eine ganze Auflage aufzukaufen und zu vernichten.[49]

Der Klatsch war zu einer Art öffentlicher Verleumdung geworden, der die Mätressen ziemlich machtlos gegenüberstanden. Sie waren immer üblerer Nachrede schutzlos ausgeliefert. Voll Verbitterung erkannte Madame de Pompadour die Grenzen ihrer Macht:

Endlich hat auch der kleine Marquis sein Ziel erreicht! Er war gefügig, aalglatt, schmeichlerisch und zutunlich wie ein Schoßhündchen, sagte jenen Elogen, die sich über ihn lustig machten, erduldete jede Beleidigung, und bedankte sich bei denen, die sie ihm zugefügt hatten. Das ist der Weg, um bei Hofe vorwärts zu kommen.[50]

FRISEURE UND COUTURIERS STEHEN
DER MÄTRESSE BEI

Im 17. Jahrhundert hatte die königliche Mätresse neue Frisuren und Kleidermoden eingeführt, um ihren Status zur Geltung zu bringen. Da solche Neuerungen nur eine beschränkte Anzahl Menschen betraf, war es relativ leicht gewesen festzustellen, wer die Urheberin einer neuen Mode war. Im 18. Jahrhundert veränderte sich sowohl die Art und Weise, wie Moden verbreitet wurden, als auch die Atmosphäre, in der dies geschah.

Für die Damen des Hofes und der reichen Bourgeoisie bildete das Zurschaustellen ihrer körperlichen Reize einen wichtigen Bestandteil des gesellschaftlichen Lebens. Für ihre Morgentoilette war ein eigenes Zimmer reserviert, in dem sie Gäste empfingen, die der täglichen Zeremonie beiwohnen durften. Eine Schilderung aus dem Jahr 1770 vermittelt einen Eindruck von der verspielten, erotisch gefärbten Atmosphäre des Beisammenseins:

Da steht der Thron des Liebeslebens, Liebesbriefe werden in Empfang genommen und erwidert, der Geliebte wird hereingelassen und wieder weggeschickt, liebkost oder bestraft, verführt oder gebremst; da streiten sich der Marquis und der Chevalier um die Eroberung einer charmanten Witwe oder einer göttlichen Gräfin und wetteifern in Scharfsinn; da treten die Papageien, Kanarienvögel und Schoßhunde einer nach dem andern ein, um sich bewundern, küssen und abschlecken zu lassen; da werden die wie Schilf bebenden Kammerzofen weggeschickt, wieder zurückgerufen und immer getadelt; da wartet ein armer Friseur, der schon zwei Stunden seinen Kamm hochhält, bis ein Kopf, der sich wie ein Fähnchen im Wind dreht, endlich stillhält, so daß er ein verspieltes Löckchen drehen kann. [...] Im gleichen Ankleideraum schließlich erzählt ein angeheuerter Priester pikante Geschichten und markiert den Spaßvogel, bewundert gemeinsam mit dem Doktor Madames wunderbaren Teint, ihre glänzende Gesundheit, ihre vielen Reize und ihren aufgeräumten Geist, und kommentiert die neueste Schmähschrift, denn eine Morgentoilette ist nichts wert ohne ihre Schmähschriften.[51]

Auch die Morgentoilette von Madame du Barry muß sich in einer ähnlichen Atmosphäre abgespielt haben. Nachdem sie sich morgens um neun Uhr hatte wecken lassen, nahm sie ein Bad, während ihr die Post vorgelesen wurde. In ihr Zimmer zurückgekehrt, hüllte sie sich in einen seidenen Morgenrock und ließ sich von Zamor, ihrem indischen Diener, eine Tasse Kaffee servieren. Danach durften die Besucher, die bereits im Antichambre warteten, eintreten. Schon bald hatte sich der Raum mit Kaufleuten und Modeschöpfern gefüllt, die Kleider, Hemden, Schuhe, Accessoires und Federn zum Kauf anboten. Auch die königlichen Juweliere kamen mit einem Sortiment von Perlen und Edelsteinen herein, aus dem Madame ihre Wahl für den bevorstehenden Tag traf.[52]

Nun machten sich die Friseure und der Parfümierer an die Arbeit, während ihr die Höflinge ihre Aufwartung machten. In ihrer Gegenwart puderte sich Madame du Barry das Gesicht, sie legte Rouge und Lippenstift auf und zeichnete sich mit einem blauen Stift feine Äderchen auf die Haut. Gegen Ende der Sitzung trat der König ein, und die Höflinge zogen sich zurück, während Madame du Barry die letzten Anweisungen für die Kleider gab, die sie an diesem Tag zu tragen geruhte.[53]

Madame de Pompadour und Madame du Barry waren dafür bekannt, daß sie großen Wert auf ihre modische Erscheinung

legten. Es wurde jedoch immer schwieriger, die Urheberin eines neuen Stils auszumachen. 1671 konnte Madame de Sévigné ihrer Tochter noch ganz genau
berichten, welche Damen zuerst in einer
neuen Toilette erschienen waren. 1745
war so etwas nicht mehr möglich.

Auch an der Benennung von Klei-
dungsstücken kann man die wachsende
Anonymität der Modeschöpfung ablesen. Im 17. Jahrhundert begegnen wir
Namen wie *Fontange* (für eine bestimm-

*Karikatur von
Madame du Barry,
die hier
»Mme du Barril«
(Faß) genannt wird*

te Haartracht) oder *Palatine* (für einen
bestimmten pelzumrandeten Aus-
schnitt), die auf die Urheberinnen ver-
weisen. Im 18. Jahrhundert bekamen
neue Moden meist den Namen eines aktuellen Ereignisses.[54]
So hießen Modeartikel etwa *à la comète*, weil gerade ein Komet
gesichtet, oder *à la rhinocéros*, nachdem erstmals ein Rhino-
zeros in Frankreich eingeführt worden war. So gab es auch zwei
Sorten von Reifröcken, von denen der eine *Jansenist* und der
andere *Molinist* genannt wurde, nach zwei religiösen Strö-
mungen der katholischen Kirche.[55]

Für die Mätresse wurde es immer schwieriger, sich regelmäßig als Erfinderin neuer Moden hervorzutun. Moden wurden inzwischen im Theater, auf den Promenaden und in Zeit-
schriften eingeführt, und in viel geringerem Maße am Hof. Die
Mätresse konnte mit all diesen Entwicklungen in keiner Weise
Schritt halten und nahm daher immer öfter Zuflucht zu Spezialisten. Friseure und Haute Couturiers wurden zu wichtigen
Beratern und machten sich durch ihre Kundschaft einen Namen. Im Gegensatz zum 17. Jahrhundert, als reiche adlige
Damen ihre eigene Dienerschaft zur Versorgung ihrer Garde-
robe und oft auch ihrer Frisur hatten, stellten Madame de

Pompadour und Madame du Barry nunmehr Leute dafür an, die sie sich mit anderen angesehenen Hofdamen teilen mußten.

Das Ansehen der Haar- und Kleiderkünstler stieg durch diese Entwicklung enorm. So bat die gerade erst zur Mätresse aufgestiegene Madame de Pompadour den berühmten Friseur Dagé, er möchte sie zu seiner Kundschaft zählen; als sie ihn bei dieser Gelegenheit fragte, welchem Umstand er seine Bekanntheit verdanke,

Morgentoilette einer eleganten Frau

erwiderte er zum großen Vergnügen ihrer Feinde, er habe bereits »die andere«, und damit meinte er ihre Vorgängerin, zur Kundin gehabt. Eine solche Provokation konnte ein Mann wie Dagé sich damals offenbar erlauben. Doch auch die Couturiers wurden immer wichtiger: Sie sorgten für alle Accessoires und berieten die Damen beim Anordnen der Schleifen, Spitzen und Seidenblumen. Rose Bertin wurde als Modeschöpferin sowohl für Madame de Pompadour wie für Madame du Barry so bekannt, daß man sie am Hof die Modeministerin nannte.[56]

Im 18. Jahrhundert wurde die Mätresse mehr und mehr am Einführen neuer Moden gehindert.[57] Das lag nicht nur an der Dezentralisierung des Hoflebens, sondern auch an der Erstarrung der Hofetikette. Die offizielle Hofkleidung, die sich seit dem 17. Jahrhundert kaum mehr verändert hatte, war inzwischen fast eine Uniform geworden. Dennoch investierten die Mätressen besonders viel Zeit und Geld in ihr Äußeres. Durch ihre üppige Kleidung und die Art, wie sie bestehende Elemente der Mode neu kombinierten, zogen sie die Aufmerksamkeit auf sich. Daß es nicht ganz einfach war, den An-

forderungen zu genügen,
die an eine elegante Er-
scheinung gestellt wurden,
bestätigt Madame de Pom-
padour 1747:

Die Kunst des Politikers
besteht im Täuschen,
und wenn es die Situa-
tion erheischt, zugun-
sten des Staates, auch
im Lügen. Mir scheint
diese Kunst nicht schwer
zu sein. Und jetzt will
ich Ihnen einen närri-
schen Einfall anvertrau-

Ludwig XV.

en, der sich mir eben aufgedrängt hat: Ich glaube, daß so
manche hübsche Frau mehr Geist und eine tiefere Politik
zur Erhöhung ihrer Reize ins Treffen führt, als sämtliche
Kabinette Europas zusammengenommen. Denn die Kunst,
zu gefallen, ist bisweilen mit größeren Schwierigkeiten verbunden, als die Kunst, zu täuschen.[58]

So sah sich die Mätresse im 18. Jahrhundert gezwungen, ihren
Status durch übertriebenen Luxus zu betonen. Damit impo-
nierte sie vielen, andere jedoch reagierten mit scharfer Kritik,
die sich in Schmähschriften entlud.

Madame du Barry war zu einem bestimmten Zeitpunkt in
Paris so unbeliebt geworden, daß sie in aller Öffentlichkeit als
königliche Hure beschimpft wurde. Man machte sie für viele
umstrittene Maßnahmen der Regierung, für Armut und Ar-
beitslosigkeit verantwortlich. In den Straßen von Paris wurde
sie einmal von einer wütenden Menge angegriffen, der sie nur
mit knapper Not entkam. Wenige Jahre später, als die Franzö-

sische Revolution die Herrschaft des Adels definitiv beendete, wurde sie verhaftet und als Spionin verurteilt. Durch ihre Vergangenheit als äußerst unbeliebte königliche Mätresse hatte sie wenig Chancen, der Todesstrafe zu entgehen. Im Dezember 1793 starb sie unter der Guillotine.[59]

EPILOG

Mit dem Tod Ludwigs XV. nahm 1774 auch die Herrschaft der königlichen Mätressen ein Ende. Zum Mißvergnügen vieler Höflinge interessierte sich Ludwig XVI. nicht für Frauen, und daher mußte der Hof bis zur Revolution ohne königliche Mätresse auskommen. Spätere französische Herrscher des 19. Jahrhunderts hatten zwar Geliebte; diese wurden jedoch im Gegensatz zu ihren Vorgängerinnen sorgfältig vom öffentlichen Leben ferngehalten, wenn auch ihre Existenz in vielen Fällen ein offenes Geheimnis war.

Auf den ersten Blick erscheint es keineswegs selbstverständlich, daß die Mätresse am Anfang des 19. Jahrhunderts hinter die Kulissen verschwand, denn auch nach der Revolution gab es in Frankreich noch immer ein blühendes Hofleben. Napoleon Bonaparte (1804–1815) verfügte bereits wenige Jahren nach seinem Staatsstreich über einen Hof, der an Prachtentfaltung in Europa seinesgleichen suchte. Auch seine Nachfolger, Ludwig XVIII. und Karl X., unterhielten einen Hofstaat, dessen zahlreiche Bankette, Bälle und Zeremonien große Ähnlichkeit mit denen des königlichen Hofes des Ancien régime aufwiesen.[1] Aber eine *maîtresse en titre* im Sinne des 17. und 18. Jahrhunderts sollte es am Hof nicht mehr geben.

Napoleon hielt sein jahrelanges Verhältnis mit der polnischen Gräfin Maria Walewska völlig geheim. Sie begleitete ihn zwar auf seinen Feldzügen, doch manchmal hielt sie sich tagelang in einem verschlossenen Zimmer auf, damit niemand ihre Gegenwart bemerkte. Als sie einen Sohn zur Welt brachte, kaufte der Kaiser ihr in Paris ein Haus, doch die Verbindung wurde nie in die Öffentlichkeit gebracht.[2]

DIE HEIMLICHEN MÄTRESSEN
KAISER NAPOLEONS III.

Auch Napoleons Neffe, Louis Napoleon, der spätere Napoleon III., von 1852 bis 1870 Kaiser der Franzosen, hatte verschiedene Liebschaften.[3] Eine seiner ersten Mätressen war die Engländerin Elizabeth Ann Hayett, die im Alter von etwa sechzehn Jahren mit einem berühmten Jockey durchgebrannt war; um ihrer Familie die Schande zu ersparen, nannte sie sich fortan Harriet Howard. Sie war dreiundzwanzig Jahre alt, als sie Napoleon in London begegnete, der dort nach seinem mißglückten Staatsstreich im Exil lebte. Sie sorgte für Unterkunft und Geld, das sie von verflossenen reichen Liebhabern erhielt. Als König Louis-Philippe zwei Jahre später, 1848, abdankte und Louis Napoleon wieder politisch aktiv werden konnte, ging sie mit ihm nach Frankreich. Er erhielt einen Sitz in der Nationalversammlung und wurde anschließend zum Präsidenten gewählt.

Als neues Staatsoberhaupt Frankreichs bezog Napoleon den *Palais de l'Elysée*. Harriet wurde unweit des Palastes in einem Haus in der Rue du Cirque einquartiert, wo sie ihren Sohn zusammen mit zwei Söhnen Napoleons aus einer anderen Beziehung großzog. In der Gartenmauer des Palastes befand sich eine Tür, durch die Napoleon jederzeit auf diskrete Weise zu ihr gelangen konnte. Harriet blieb bescheiden im Hintergrund, wenn ihre Existenz auch im kleinen Kreis sehr wohl bekannt war, da sie regelmäßig in der Rue du Cirque Diners für Napoleon und seine Freunde gab.

Harriet Howard hoffte, irgendwann einmal die Ehefrau Napoleons zu werden, doch Napoleon strebte eine Heirat mit
einer Prinzessin aus einem der ersten europäischen Königs-
häuser an, und daher durfte sie nicht einmal zu einem kurzen
Besuch am Hof erscheinen. Ein französisches Staatsoberhaupt,
das sich in der Öffentlichkeit mit einer Mätresse zeigte, wurde
nun nicht mehr akzeptiert. So erhielt Napoleon einmal einen
tadelnden Brief von einem Herrn, der über Harriets Rolle
Bescheid zu wissen schien. Er schrieb unter anderem:

Sind wir etwa zu der Epoche zurückgekehrt, in der die
königlichen Mätressen in allen Städten Frankreichs ganz
öffentlich ihr schändliches Leben führten?[4]

Napoleon nahm sich die Mühe, sich zu rechtfertigen, und antwortete:

Ich gebe zu, daß ich illegitime Beziehungen, in denen ich
die Zuneigung suche, nach der mein Herz sich so sehnt,
eingegangen bin. Meine Stellung hat mich bisher daran
gehindert, eine Ehe zu schließen, und da [...] ich in mei-
ner Heimat, aus der ich so lange vertrieben war, weder
nahe Freunde noch Beziehungen aus der Jugend, noch
Verwandte habe, die mir die Freude des Familienlebens
zuteil werden lassen könnten, meine ich, man könnte mir
eine Zuneigung verzeihen, mit der ich niemandem etwas
zuleide tue, und die ich auch nicht in die Öffentlichkeit
bringen will.[5]

Die Position der Mätresse war ungewiß, und Harriet begann
Forderungen zu stellen. Sie beanspruchte ein Appartement auf
dem Landsitz Napoleons in Saint-Cloud und eine ehrenhafte
Stellung am Hof, damit sie bei offiziellen Anlässen zugegen
sein könnte, ohne das Protokoll zu verletzen. Napoleon ging

nicht auf ihre Wünsche ein, und als er durch einen Staatsstreich Kaiser Napoleon III. geworden war, machte er sich
ernsthaft auf die Suche nach einer geeigneten Kaiserin. Seine
verschiedenen Heiratsanträge wurden von den wichtigsten
europäischen Königshäusern, die ihn als Parvenü betrachteten,
zurückgewiesen. Schließlich wandte er sich Eugénie de
Montijo zu, der Tochter eines spanischen Grafen und einer
Amerikanerin, deren Vater Konsul in Malaga gewesen war.
Eugénies Herkunft löste Bedenken beim Pariser Adel aus – sie
würde kaum zur vornehmen Gesellschaft zugelassen –, doch
Napoleon kannte sie noch aus seiner Emigrantenzeit in London, und da er es eilig hatte mit der Gründung seiner Dy-
nastie, beschloß er, um ihre Hand anzuhalten.

Harriet schickte er am Abend vor der Bekanntmachung seiner Verlobung auf eine sogenannte geheime Mission nach England. Das Schiff, das sie über den Kanal setzen sollte, konnte
jedoch des schlechten Wetters wegen den Hafen nicht verlassen. Dadurch las Harriet am nächsten Morgen die Ankündi-
gung von Napoleons bevorstehender Heirat mit Eugénie in der
Zeitung und kehrte augenblicklich nach Paris zurück. In der
Rue du Cirque mußte sie feststellen, daß man ihr Haus völlig
auf den Kopf gestellt und alles mitgenommen hatte, was als
Beweis ihrer Beziehung zu Napoleon hätte dienen können.
Harriet hatte ihre Stellung als Mätresse verloren. Sie bekam
eine stattliche Abfindung und ein Schloß in der Nähe von
Paris mit dem dazugehörigen Titel einer Gräfin, doch auch das
verhalf ihn nicht mehr zu größerer Anerkennung bei der Pa-
riser Elite.

Die neue Kaiserin glänzte bei Hofe mit ihren extrem weiten
Seiden- und Spitzenkrinolinen und ihrem wertvollen Schmuck.
Sie umgab sich mit Hofdamen, die ihrer Extravaganz bei den
zahlreichen Bällen und Maskenzügen am Hof und in Paris
nacheiferten. Doch Napoleon hielt sich nicht länger als ein
halbes Jahr an den Treueschwur.

Da man in ausländischen Regierungskreisen von Napoleons oft kurzen Affären unterrichtet war und außerdem vom Hörensagen wußte, daß er ziemlich leicht zu beeinflussen war, faßte Graf Camillo Cavour, der Erste Minister von Sardinien, den Plan, die zwanzigjährige Virginia Oldoïni, Gräfin von Castiglione, mit einem Geheimauftrag nach Paris zu schicken. Sie sollte den Kaiser zu einem Bündnis mit dem sardinischen König Vittorio Emanuele II. überreden und ihn um Unterstützung bei der Eroberung der wohlhabenden nördlichen Provinzen Italiens bitten, die Vittorio Emanuele seinem Reich einverleiben wollte. Dieses Gebiet zwischen den Alpen und dem Po war im Besitz Kaiser Franz Josephs von Österreich, sollte jedoch mit Hilfe der französischen Truppen erobert werden.

Durch ihre adlige Herkunft und ihren Ruf als schönste Frau Europas bereitete es Virginia keine Mühe, sich Zugang zur vornehmen Pariser Gesellschaft zu verschaffen, und im November 1855 gelang es ihr, Napoleon III. auf einem Ball in den Tuilerien zu verführen. Er besuchte sie fortan regelmäßig in ihrem Haus in der Pariser Vorstadt Auteuil. Damit seine nächtlichen Visiten möglichst unbeachtet blieben, gab er dem Polizeipräfekten Befehl, in der Gegend keine Wachen aufzustellen. Doch trotz dieser Vorsichtsmaßnahmen sprach sich sein Verhältnis mit der Gräfin schon bald herum.

Die Minister erkundigten sich besorgt nach seinen außenpolitischen Plänen, aber Napoleon weigerte sich, etwas von den geheimen Verhandlungen preiszugeben, die er über Virginia, die zu diesem Zweck regelmäßig nach Piemont reiste, mit Italien führte.

Von mehreren Seiten wurde der Versuch gemacht, Napoleon vom Interesse der italienischen Sache zu überzeugen, und schließlich war er erfolgreich: Im Juli 1858 fand in Plombières eine Begegnung zwischen dem Kaiser und Graf Cavour statt. Napoleon versprach, den König von Sardinien mit Truppen zu unterstützen. Damit war Virginias Anteil an der Verschwörung des Grafen Cavour beendet.

Über das Ende der Beziehung sind verschiedene Versionen in Umlauf. Virginia de Castiglione soll am Plan eines Mordanschlags gegen Napoleon beteiligt gewesen sein, doch da sämtliches Beweismaterial verschwunden ist, ist es ebensogut möglich, daß es sich dabei um ein Gerücht handelt, das die Pariser Polizei verbreitete, um sie zu kompromittieren. Die Wahrheit läßt sich heute nicht mehr rekonstruieren. Fest steht jedenfalls, daß die Gräfin 1859 öffentlich Kritik an Napoleon übte, als er, allen Verabredungen mit Vittorio Emanuele zum Trotz, mit Kaiser Franz Joseph Frieden schloß und Österreich die Provinz Venetien überließ. Virginia wurde daraufhin für eine Weile aus Frankreich verbannt und zog sich nach Turin zurück.

DAS ENDE DER MAITRESSE EN TITRE

Welche Veränderungen haben dazu geführt, daß es nach dem 18. Jahrhundert keine offiziellen königlichen Mätressen mehr gab? Anscheinend waren nach der Revolution die meisten Bedingungen für ihre Existenz noch immer erfüllt. Noch immer gab es Könige und Kaiser, es gab ein Leben am Hof, und es gab eine große Gruppe von Konservativen, die nichts lieber wollten als den vorrevolutionären Faden wieder aufnehmen. Und die Hofgeistlichen, die immer die Hauptwidersacher der Mätressen gewesen waren, hatten inzwischen bei den Höflingen so an Ansehen eingebüßt, daß ihre Meinung kein Gewicht mehr hatte.[6]

Veränderte Auffassungen über eheliche Treue, Sexualität und die Stellung der Frau könnten als Grund angeführt werden. Doch damit läßt sich das Verschwinden eines Amtes, das so eng mit dem des Königtums selbst verknüpft gewesen war, nicht wirklich befriedigend erklären. Da der Status der Mätresse vor allem von der Position des Königs bestimmt worden war, muß auch ihr Verschwinden im Rahmen der politischen Figuration betrachtet werden, in der der König stand.

Das ganze 19. Jahrhundert über blieben die politischen Verhältnisse schwankend. Zwischen 1789 und 1870 unternahm die Armee in Frankreich dreimal den Versuch eines Staatsstreichs, und fünfmal wurden Staatsoberhäupter vertrieben.[7] Die bedeutendsten Vertreter des Ancien régime waren während der Revolution von 1789 bedroht oder ermordet worden; es gab aber auch viele Adlige, die die Ausschreitungen mühelos überlebt hatten, indem sie sich auf ihre Landgüter zurückzogen und abwarteten, bis der Sturm sich ausgetobt hatte. Auch die Finanzbourgeoisie hatte kaum Schaden gelitten. Obwohl also die Zusammensetzung der Eliten ziemlich gleich geblieben war, hatten diese doch ihre Privilegien eingebüßt, und so mußten die politischen Verhältnisse im Laufe des 19. Jahrhunderts wieder zu einem neuen Gleichgewicht kommen.

Nachdem Napoleon I. 1814 abgedankt hatte, wurde ein parlamentarisches System eingeführt, dessen eine Kammer vom König ernannt und dessen andere von allen Bürgern gewählt wurde, die über dreihundert Francs Steuern zahlten. So wuchs die Zahl derer, die Einfluß auf die Regierung hatten – wenn es sich auch immer noch um eine sehr beschränkte Gruppe handelte, nämlich etwa 100 000 gegenüber einer Gesamtbevölkerung von 29 Millionen.[8] Fortan war nicht Herkunft, sondern Vermögen die Voraussetzung für die Teilnahme an politischen Entscheidungen.

Die alte, auf dem Mäzenat beruhende Struktur des Ancien régime war abgebaut worden. Hof und Regierung waren unabhängig voneinander geworden, und der König überließ die meisten Entscheidungen seinen Ministern. Auch in individuelle Ernennungen mischte er sich nur noch selten ein.[9]

Bewerber für einen Posten mußten bestimmte Bedingungen hinsichtlich ihrer Ausbildung und Qualität erfüllen. So konnte man jetzt in die Armee aufgenommen werden, nachdem man eine Militärschule absolviert hatte, während man früher erst und vor allem bei Hofe Page gewesen sein mußte. Durch Machenschaften hinter den Kulissen konnte man im Palast fortan kaum mehr etwas erreichen, und damit war die Macht der Hofcliquen gebrochen.[10]

Dem Anschein nach wurde das Hofleben nach der Revolution fortgesetzt, als sei nichts geschehen, doch in Wirklichkeit hatte die Machtbalance sich so tiefgreifend verändert, daß eine völlig neue Figuration entstanden war. Da die Adligen mit der Schirmherrschaft auch ihre Macht verloren hatten, spielte die Verteilung von Gunstbeweisen auch keine große Rolle mehr im Hofleben. Es wurde für einen Gönner immer schwieriger, seinem Schützling einen Posten zu besorgen, und auch das Verleihen sonstiger Privilegien war problematisch geworden, da der höchste Schirmherr, der König, nicht mehr der einzige war, der über die Verteilung von Geld und Ämtern verfügte.

Mit dem Rückgang der Schirmherrschaft verschwand auch die öffentliche Funktion der königlichen Mätresse. Sie war nicht mehr in der Lage, dem König beim Bewahren des politischen Gleichgewichts zwischen den Hofparteien beizustehen. Und auch für den König war die Notwendigkeit, den Einfluß der Königin mit Hilfe seiner Mätresse zu beschränken, nicht mehr vorhanden, da auch sie kaum mehr Gunstbeweise zu verteilen hatte. Nachdem der Einfluß der königlichen Familie nach der Revolution derart zurückgegangen war, fand die Mätresse kaum mehr Unterstützung am Hof.[11] Sie hatte wenig zu bieten, und die Höflinge waren nicht mehr bereit, ihr Respekt zu zollen. Eine bedeutende Rolle konnte sie innerhalb der neuen Hoffiguration nicht mehr spielen. Das einzige, was ihr blieb, war ihre rechtswidrige Position.

Die Mätresse eines französischen Königs oder Kaisers tat also besser daran, sich vom öffentlichen Leben fernzuhalten, und das war im 19. Jahrhundert leichter möglich als in der Zeit davor. Jahrhundertelang war der Hof sowohl Regierungszentrum wie königliche Residenz gewesen; da der königliche Haushalt sich jedoch allmählich immer mehr von der Regierung löste, konnte das Staatsoberhaupt erstmals sein öffentliches Amt von seinem Privatleben trennen. Diese Entwicklung wird unter anderem an Veränderungen des Hofzeremoniells sichtbar. So fand zwar die öffentliche Zeremonie des *lever* und des *coucher* beispielsweise auch noch nach der Revolution statt, doch die Höflinge durften beim *lever* erst erscheinen, nachdem Napoleon sich schon völlig angekleidet hatte. Auch die neue Einteilung der Prunkgemächer wies auf ein größeres Bedürfnis nach Privatsphäre hin. Nun stand nicht mehr das königliche Schlafzimmer im Mittelpunkt, sondern der Thronsaal; auch wurde dem Publikum der Zugang zu mehreren Räumen des Palastes verwehrt. Louis-Philippe, der die Macht 1830 übernahm, ging sogar so weit, daß er den Palast zu einer Privatwohnung machte.[12]

Da sich das Leben des Staatsoberhauptes inzwischen zu einem viel größeren Teil hinter den Kulissen abspielte, konnte auch die Mätresse dahinter verschwinden. Es bestand keine Notwendigkeit mehr, ihr ein öffentliches Amt zu verleihen. Der König trat in der Öffentlichkeit denn auch nie mehr mit seiner Geliebten auf.

GEFLÜSTERTE GERÜCHTE GEHEN
DURCH EUROPA

Das Phänomen der königlichen Mätresse hatte sich nicht auf den französischen Hof beschränkt. Im 17. und 18. Jahrhundert hatten auch englische Könige Mätressen. Die Geliebten König Karls II. (1630–1685), unter ihnen die berühmt gewordene Schauspielerin Nell Gwyn und Louise de Kéroualle, spielten eine auffällige Rolle am Hof. Auch Jakob II. (1633–1701) hatte bereits als Thronfolger mehrere Affären, unter anderem mit Catherine Sedley, Susan Lady Belasyse und Elizabeth, Gräfin von Chesterfield. Diese Frauen wohnten jedoch nicht im Palast.[13] Auch alle folgenden englischen Könige hatten außereheliche Beziehungen; namentlich Georg IV. (1762–1830) verlor dadurch seine Beliebtheit beim Volk.[14]

Die Ehe zwischen Georg IV. und der Prinzessin Karoline von Braunschweig war vom ersten Tag an schlecht gewesen. Nach der Geburt einer Tochter war Georg der Ansicht, er habe seinen ehelichen Pflichten genügt, und kündigte an, er erwarte nicht, daß seine Frau und er weitere Kinder bekommen würden.[15] Er teilte ihr mit, daß er nicht länger mit ihr zusammenleben wolle, und versuchte, ihr in einem Brief seinen Standpunkt klarzumachen. Seine Gefühle könne man nicht ändern, schrieb er, man könne höchstens höflich zueinander sein.

Schon vor seiner Eheschließung war Georg IV., damals noch Prince of Wales, eine Beziehung zu Lady Jersey eingegangen. Karoline, die allmählich begriff, daß sie sich keine Hoffnungen mehr zu machen brauchte, beschloß, auf Reisen zu gehen. Sie zog nach Mailand, wo sie mit einem Italiener, Bertolomeo Bergami, Freundschaft schloß. Die Art der Beziehung war nicht ganz deutlich, doch sobald sie Georg zu Ohren kam, beauftragte er eine Kommission, Beweise für die Untreue sei-

ner Frau zu sammeln, damit er sich von ihr scheiden lassen
könne.

Nach dem Tod seines Vaters wurde Georg 1820 König von
England. Feiern fanden jedoch vorläufig nicht statt, denn
durch seine Eheprobleme und die Aussicht auf eine eventuelle
Scheidung mußte die Krönungszeremonie aufgeschoben werden. Prinzessin Karoline war nach England zurückgekehrt, um
sich einem strengen Untersuchungsverfahren zu unterziehen,
in dem die Frage ihres vermeintlichen Ehebruchs geklärt werden sollte. Noch vor Anfang des Prozesses gab die Prinzessin
bekannt, daß sie sich mit Händen und Füßen zur Wehr setzen
und dabei auch alles über ihre Beziehung zum König und über
sein Privatleben enthüllen würde. Während des Prozesses
wuchs Karolines Beliebtheit beim Volk, das in ihr die Gegen-
spielerin zum wenig beliebten Georg sah. Bei verschiedenen
Anlässen sammelten sich Menschenmengen und zogen mit
dem Ruf »Long live the Queen« durch die Straßen. Inzwischen
hatte der König eine neue Mätresse, Lady Conynghams, in
deren Haus er sich täglich aufhielt. Das Gerichtsverfahren
gegen Karoline endete mit Freispruch. Damit war Georgs Ehe-
problem allerdings nicht gelöst, doch die Krönung konnte nun
nicht länger aufgeschoben werden und fand am 29. April 1821
statt. Die Prinzessin hatte keine Einladung zu der Feierlichkeit
in Westminster Abbey erhalten; ihr Versuch, dennoch Einlaß
zu bekommen, war vergeblich, und so mußte sie der Krönung
in der Menge der Schaulustigen draußen beiwohnen. Wenige
Wochen später starb sie ganz plötzlich, und viele vermuteten,
sie sei vergiftet worden. Ihr Tod erlöste das britische Königshaus von einem drückenden Problem, doch Georg IV. sollte für
immer unbeliebt bleiben.

Für Königin Victoria (1819–1901), die die Herrschaft 1837
übernahm, waren außereheliche Beziehungen nichts weiter als
sexuelle Ausschweifungen. Prinz Albert und sie stellten das
ideale Ehepaar dar, für das eine Beziehung außerhalb der Ehe

einfach undenkbar war. Da der englische Königshof durch den
großen Reichtum und die enorme Expansion des britischen
Reiches für viele andere europäische Höfe tonangebend geworden war, fanden auch Königin Victorias Normen in ganz
Europa Anklang. So war beispielsweise Napoleon III. sehr
erleichtert, als er trotz seiner Affären von Victoria und Albert
mit allen Ehren empfangen wurde.

Edward VII., Victorias ältester Sohn, der 1901 König von
England wurde, hegte allerdings eine völlig andere Auffassung über die eheliche Treue.[16] Er hatte drei längere Liebes-
beziehungen mit Lillie Langtry, Daisy Warwick und Alice
Keppel.

Alice Keppel wohnte mit ihrem Mann George und ihren beiden Töchtern in Portman Square in London; dort besuchte
König Edward VII. sie regelmäßig am Nachmittag. Edward war
sechsundfünfzig und Alice neunundzwanzig, als sie einander
1898 kennenlernten. George Keppel hatte offenbar wenig
gegen die Beziehung seiner Frau zum König einzuwenden,
denn er zog sich meistens bescheiden in seinen Club zurück,
wenn Edward Alice besuchte.

Der König bemühte sich nicht sonderlich darum, sein Verhältnis mit Alice geheimzuhalten. Seinen Wagen ließ er ruhig
vor der Haustür der Familie Keppel stehen. Vor Königin Alexandra, seiner Ehefrau, brauchte er nichts geheimzuhalten: Sie
hatte schon vor langer Zeit lernen müssen, mit seinen Affären
zu leben. Vor Journalisten hatte er keine Angst, denn damals
wurde in den Zeitungen über solche Dinge geschwiegen.

In der Londoner Society war Alices Stellung bekannt.
Manche fühlten sich dadurch in Verlegenheit gebracht: Einer-
seits wollten sie Edward nicht vor den Kopf stoßen, indem sie
Alice nicht einluden; andererseits befürchteten sie, Königin
Alexandra zu verletzen. Es gab auch Leute, die Alice prinzi-
piell nicht einluden. Manchmal kam sie in die königliche
Residenz, wurde dort jedoch nie als die Mätresse des Königs

vorgestellt. Sie blieb zeitlebens sehr diskret und pochte nie auf ihr Verhältnis mit dem König.

In England lebten Edward und Alice getrennt, dafür verbrachten sie jedes Jahr im Frühling einige gemeinsame Wochen im französischen Biarritz. Sie wohnten dort zwar nicht im selben Hotel, machten jedoch jeden Mittag zusammen einen Spaziergang auf der Promenade, wobei sie manchmal von Journalisten fotografiert wurden. Doch einen Skandal brauchte der König auch dort nicht zu fürchten, denn die Fotografen sorgten dafür, daß Alices Gesicht auf dem Foto in der Zeitung nicht zu erkennen war.

Offiziell war das Verhältnis von Alice Keppel mit dem König den Engländern unbekannt; dem Erzbischof von Canterbury zufolge handelte es sich sogar um eine platonische Liebe. Der Graf von Crawford und Balcarres berichtet, worauf der Erzbischof seine Überzeugung gründete:

> Seine Majestät gab dies zu erkennen, indem er ihr [Alice] bei Tisch immer einen Platz neben dem Erzbischof anwies, was er niemals getan hätte, wenn sie, wie allgemein angenommen wurde, tatsächlich seine Mätresse gewesen wäre. Denn das hätte eine Beleidigung der Kirche bedeutet, und so etwas entsprach nicht seiner Art.[17]

Im 19. Jahrhundert hatten viele europäische Fürsten Liebesverhältnisse, die im kleinen Kreis bekannt waren und im Volk nur als Gerücht zirkulierten. So erzählte man sich in den Niederlanden, Prinz Hendrik (1876–1934) habe sich in Schulden gestürzt, um seinen Freundinnen teure Geschenke machen zu können; er gebe sich dem Alkohol und sexuellen Ausschweifungen hin.[18]

Der belgische König Leopold II. (1835–1909) wurde *le roi des Belges et des belles* (König der Belgier und der Schönen) genannt, womit unter anderem auf seine Affären mit der

Tänzerin Cléo de Mérode und der Kurtisane Caroline Dela-
croix angespielt wurde. Und Zar Alexander II. von Rußland
(1845–1881) hatte vierzehn Jahre lang eine heimliche
Beziehung zu der Prinzessin Katherina Dolgoruky. Solange eine
königliche Mätresse zur Diskretion bereit war, konnte ein ver-
heirateter europäischer Fürst sich ohne allzu große Schwierigkeiten eine Geliebte leisten. So hatte Ludwig I. von Bayern
(1786–1868) während seiner zwanzigjährigen Regierungszeit
verschiedene Mätressen, an denen niemand Anstoß nahm; als
er jedoch ganz offen ein Verhältnis mit der extravaganten Lola
Montez anfing, führte das zu einer Katastrophe. 1848 diente
Lola als Vorwand zu einem großen Aufruhr, in dessen Folge
Ludwig I. zugunsten seines Sohnes abdanken mußte.[19]

VERÄNDERUNGEN IM VERHÄLTNIS ZWISCHEN
JOURNALISTEN UND POLITIKERN

Während des 19. und zu Anfang des 20. Jahrhunderts waren
Journalisten oft über außereheliche Beziehungen von Staats-
oberhäuptern unterrichtet, ließen aber nichts davon verlaut-
baren. Trotz der veränderten Einstellung zur Sexualität gilt
dies merkwürdigerweise heute nicht mehr. Außereheliche
Beziehungen werden sensationell aufgemacht, als handle es
sich um eine politische Todsünde.[20]
  Die vielen Seitensprünge John F. Kennedys wurden von der
Presse immer diskret behandelt. Sogar als Marilyn Monroe, mit
der er ein kurzes Verhältnis hatte, 1962 anläßlich seines
Geburtstags in einem tief ausgeschnittenen Abendkleid ein
schwüles *Happy Birthday, Mr. President* für ihn sang, berich-
teten die Zeitungen darüber ohne irgendwelche Anzüglich-
keiten. Ab und zu mußte sein Bruder Robert eingreifen, wenn

es zu einem Skandal zu kommen drohte, doch Journalisten zeigten damals, wie gesagt, wenig Interesse an solchen Affären.

Erst in den siebziger Jahren fingen Journalisten in den Vereinigten Staaten an, Enthüllungen über sexuelle Abenteuer von Politikern in die Zeitungen zu bringen. So erschienen etwa Berichte über einen Politiker, der Umgang mit einer Prostituierten hatte; ein zweiter wurde von seiner Exgeliebten an den Pranger gestellt. Seitdem hat die Presse eine Unmenge Skandale untersucht.[21] Die Wichtigkeit dieser Enthüllungen wird vor allem von den Journalisten selbst betont, die Reaktion der Leser ist im allgemeinen eher gemäßigt. Aus einer Umfrage anläßlich der Affäre des amerikanischen Präsidentschaftskandidaten Gary Hart ergab sich, daß die Mehrheit der Befragten sich weniger über seine sexuellen Abenteuer Sorgen machte als vielmehr über die Frage, ob er die Wahrheit sagte. Und als 1992 behauptet wurde, Bill Clinton hätte eine außereheliche Beziehung gehabt, reagierten die Wähler noch gleichgültiger: »Wir wählen einen Präsidenten, keinen Papst«, und: »Wenn wir alles über JFK gewußt hätten, wäre er nie ins Weiße Haus gekommen. All diese Schnüffeleien gehen zu weit.«[22]

Die moralische Entrüstung, die sich in der Presse Luft macht, spiegelt nicht die Normen des Publikums, sondern wird offensichtlich von den Journalisten aufgebauscht. Diese Entwicklung kann man unter anderem auf die harte Konkurrenz in den Medien zurückführen.[23] Doch eine befriedigende Erklärung für die Enthüllungen der letzten Jahre hat man damit noch nicht gefunden. Auch vor dem Zweiten Weltkrieg haben Journalisten miteinander konkurriert, doch damals veröffentlichten sie nicht alles, was sie wußten. Der Grund für die heutige ausführliche Berichterstattung über das Liebesleben bekannter Persönlichkeiten liegt anderswo.

Nach dem Zweiten Weltkrieg hat sich das Verhältnis der Presse zur Politik in den Vereinigten Staaten wie in den meisten europäischen Ländern geändert. Der Regierungsapparat wuchs und wurde immer komplexer. Politiker stellten Spezialisten als PR-Mitarbeiter an, die die Aufgabe hatten, den Kontakt zu Journalisten zu pflegen, was wiederum zur Folge hatte, daß die Presse von strikt persönlichen Beziehungen unabhängiger wurde. Heute sorgen Pressestellen über Presseberichte und Pressekonferenzen für eine systematische Verbreitung von Informationen, so daß Journalisten ein großer Teil ihrer Nachrichten leicht zugänglich ist. Dadurch ist der persönliche Kontakt zu Politikern für sie weniger wichtig geworden, und sie können es sich erlauben, ein weniger gutes Verhältnis zu ihnen zu haben.

Außerdem fingen Journalisten zu Beginn dieses Jahrhunderts an, sich zu organisieren. Es gab bald eigene Berufsverbände, die die Interessen der Presse wahrnahmen. Im Laufe der Jahre nahm ihre Macht durch Gesetze, die die Transparenz der Regierungsarbeit erzwangen und die Einsicht in Dossiers erleichterten, immer mehr zu. In der Gesellschaft herrscht heute überwiegend die Ansicht, daß Offenheit und Ehrlichkeit Grundvoraussetzungen für einen guten Politiker sind. Lügen werden einem Politiker schwer angelastet und können seinem Ansehen beträchtlich schaden.[24]

Die wachsenden Befugnisse der Presse führten zu einer Einschränkung der Macht von Behörden und Politikern. Inzwischen ist ein Politiker während des Wahlkampfs in starkem Maße davon abhängig geworden, wie die Medien ihn porträtieren. Es ist, als wären die Rollen in den letzten Jahren vertauscht worden. Nun müssen Politiker sich darum bemühen, daß die Presse ihnen günstig gesinnt bleibt. Enthüllungen (vermeintlicher) Liebesaffären bilden für die Journalisten, die kaum mehr persönlichen Kontakt zu ihren Informanten haben, kein wirkliches Risiko mehr. Wenn ein solcher Bericht zu einer höheren Auflage der Zeitung führen oder ihren Namen bekannter machen kann, besteht kein Grund, die Veröffentlichung zu unterlassen.

DIE ENTDECKUNG VON
MITTERRANDS MÄTRESSE

Am 10. November 1994 erfuhren die Franzosen durch einen Artikel in *Paris Match*, daß ihr Präsident eine natürliche Tochter namens Mazarine aus einer schon zwanzig Jahre dauernden außerehelichen Beziehung hatte. Während seiner ganzen Amtszeit, von 1981 bis 1995, hatten seine Geliebte und die gemeinsame Tochter sich in seiner unmittelbaren Nähe aufgehalten – sie wohnten sogar einige Jahre in einem Flügel des Elyséepalastes –, doch diskret vor der Öffentlichkeit verborgen. Nun aber hatte der Journalist Philippe Alexandre ein Buch über Mitterrands außereheliche Beziehung veröffentlicht: Anlaß für *Paris Match*, ein kritisches Gespräch über das Interesse seiner Enthüllungen mit ihm zu führen. Alexandre vertrat die Meinung, es gebe in Paris keinen einzigen Journalisten, der von dieser Affäre nicht unterrichtet gewesen sei:

> Doch es galt unter französischen Journalisten eine kollektive Schweigepflicht. Ich glaube, daß unsere Presse außerordentlich regierungstreu ist. Man betrachtet den Präsidenten der Republik als einen gottgesandten König, der durch die Weihe des allgemeinen Wahlrechts einen heiligen Charakter angenommen hat, der ihn über jegliches Urteil erhaben macht. Einerseits toleriert man, daß er in [satirischen Programmen wie] Les Guignols oder in der Bébète Show lächerlich gemacht wird, andererseits gibt es bei uns auch Tabus, die von einem ungeschriebenen Gesetz auferlegt werden.[25]

Die Aufdeckung von Mitterrands außerehelicher Beziehung fand gleichzeitig mit der Enthüllung einer Reihe von Skandalen statt, bei denen nächste Mitarbeiter des Präsidenten der Korruption beschuldigt wurden. Alexandre meint, ein Teil dieser Fälle werde erst verständlich, wenn man sie mit Mitterrands Privatleben in Zusammenhang brächte. Darin sehe er den Zweck seiner Enthüllungen.

Zwei enge Freunde von Mitterrand, Patrice Pelat und François de Grossouvre, waren auch mit Mitterrands Geliebter gut befreundet gewesen. De Grossouvre, der sich im April 1994 das Leben nahm, war Mazarines Patenonkel. Der Bankier Pelat, der in einen Börsenskandal verwickelt war, hatte für Mitterrands Geliebte ein Sommerhaus in Südfrankreich gekauft.

Aus den Fragen, die *Paris Match* Alexandre stellte, geht hervor, wie selten außereheliche Beziehungen französischer Politiker an die Öffentlichkeit gebracht wurden:

> Man wird Ihnen diese Enthüllung bestimmt vorwerfen und Ihnen vor allem übelnehmen, daß Sie ausgerechnet jetzt damit an die Öffentlichkeit treten. [...] Haben Sie das Gefühl, ein Tabu gebrochen zu haben, indem Sie über das Privatleben eines Politikers sprechen, und fürchten Sie nicht, daß man es Ihnen nachmachen wird?[26]

Die Zeitschrift, die sich über die Verletzung von Mitterrands Privatsphäre Sorgen machte, scheute sich nicht, bei der Gelegenheit im selben Heft vier große Farbfotos von Mazarine zu bringen, die eindeutig aus großer Entfernung und ohne Mitwissen der Betroffenen gemacht worden waren. Mitterrand bezeichnete den Artikel später als indiskret.

Der Präsident gab sich keine besondere Mühe, seine illegitime Beziehung geheimzuhalten. Er scheint davon ausgegangen zu sein, daß sie irgendwann sowieso bekannt würde. Wenige Monate nach Erscheinen des Buches von Alexandre wurde er gefragt, ob es ihm lieber gewesen wäre, wenn nie jemand etwas von seiner Geliebten erfahren hätte. Er gab zur Antwort: »Wie hätte es nicht bekannt werden können?«

Und bei seinem Begräbnis am 11. Januar 1996 sah es so aus, als habe er die ganze Welt noch einmal über seine illegitime Familie unterrichten wollen. Während bei der offiziellen Trauerfeierlichkeit in Notre-Dame siebzig Staatsoberhäupter zugegen waren, fand in seinem Geburtsort Jarnac ein kleines, einfaches Begräbnis statt, das viele Fernsehzuschauer mindestens genauso beeindruckte. Mitterrands Geliebte Anne Pingeot und ihre Tochter Mazarine standen neben seiner Ehefrau Danielle und deren beiden Söhnen am Grab des einstigen Staatsoberhaupts. So wurde die Mätresse des Präsidenten noch nach seinem Tod von der Öffentlichkeit anerkannt.

CHARLES UND CAMILLA,
EINE KÖNIGLICHE AFFÄRE
AM ENDE DES 20. JAHRHUNDERTS

Im Januar 1992 wurde Camilla Parker-Bowles weltweit bekannt durch eine Biographie über Prinzessin Diana, in der sie als Geliebte des britischen Kronprinzen Charles erwähnt wird.[27] Sie verbringe mit großer Regelmäßigkeit, so Andrew Morton, der Autor des Buches, ganze Tage und Nächte bei Charles in Highgrove, wo sie nicht nur die Rolle der Gastgeberin bei den Mahlzeiten spiele, sondern auch die Kontrolle habe über Menüs und Gästelisten und sogar über das Küchenpersonal das Zepter schwinge. Diese Entdeckung machte Schlagzeilen in der Presse und entlockte prominenten Persönlichkeiten Kommentare in der Öffentlichkeit, so daß die britische Königsfamilie ernstlich in Verlegenheit gebracht wurde.

Das Verhältnis zwischen dem Prinzen und Camilla hatte den Berichten zufolge schon 1972 angefangen, war nach Camillas Verheiratung mit Andrew Parker-Bowles jedoch eine Zeitlang abgekühlt. Als Charles Diana heiratete, hatte er die Verbindung zu Camilla bereits Jahre zuvor wieder aufgenommen. Da Prinzessin Diana die Beziehung jedoch nicht akzeptieren konnte und sie von der königlichen Familie keinerlei Unterstützung erfuhr, wandte sie sich an die Öffentlichkeit.

In früheren Zeiten hätte man Dianas Verhalten als skandalös bezeichnet, und bis heute vertritt die königliche Familie den Standpunkt, nicht Charles, sondern Diana habe sich schlecht benommen, da sie ihre schmutzige Wäsche vor anderen Leuten gewaschen habe. Beim britischen Publikum bewirkte Dianas Geschichte jedoch vor allem, daß Prinz Charles an Beliebtheit einbüßte. Die königliche Familie hätte Diana gerne abgeschoben, doch sie selber ließ – wie 1820 Prinzessin Karoline – keinen Zweifel darüber bestehen, daß sie bis zum Ende kämpfen werde.

Das Erscheinen von *Diana. Her True Story* brachte große Unruhe in Camillas Leben. Journalisten der Boulevardpresse belagerten sie Tag und Nacht, sie bekam stapelweise Schmähbriefe, und beim Einkaufen im Supermarkt wurde sie eines Tages von wütenden Hausfrauen mit Broten beworfen. Sie mußte sich in ihrem Haus verschanzen, und sogar ihr Mann und ihre beiden Söhne konnten sich kaum mehr in der Öffentlichkeit sehen lassen, ohne belästigt zu werden.

Noch peinlicher wurde die Lage für den Prinzen, als im darauffolgenden Jahr, im Januar 1993, die sogenannten *Camillagate tapes* bekanntgemacht wurden. In einem illegal aufgenommenen Telefongespräch bekennt Charles seiner Geliebten, er sehne sich so danach, in ihrer Nähe zu sein, daß er sich am liebsten in einen Tampon verwandeln würde. Eine solche Äußerung konnte dem Ruf des zukünftigen Königs von Großbritannien natürlich nur schaden.[28]

An den Vorfällen im britischen Königshaus verdienen Verleger und Medien Millionen. Andrew Morton, der Autor der Diana-Biographie, ist inzwischen Multimillionär, ebenso wie Jonathan Dimbleby, der Autor einer autorisierten Biographie über Prinz Charles. Die kurz nacheinander erschienenen sensationellen Berichte über das Königshaus führten in Großbritannien dazu, daß wieder Stimmen laut wurden, die die Einschränkung der Pressefreiheit forderten. Viele glaubten, der Eingriff in Charles' und Dianas Privatleben sei einer der Gründe für das Mißlingen ihrer Ehe. Später stellte sich heraus, daß der Prinz, die Prinzessin und Mitglieder ihrer Hofhaltung selber für viele undichte Stellen verantwortlich gewesen waren. Anscheinend spielte hier nicht nur das wirtschaftliche Interesse der Medien eine Rolle – Journalisten ließen sich auch bereitwillig vor den Karren von Leuten spannen, die darauf aus waren, bestimmten Mitgliedern des Königshauses zu schaden.

Das Aufheben, das von Prinz Charles' Geliebte gemacht wurde, läßt sich nicht einfach mit der Prüderie oder der Sensationssucht des englischen Volkes erklären. Es steckt mehr dahinter. Seit das britische Königshaus so negativ in die Schlagzeilen gekommen ist, ist immer wieder vom Ende der Monarchie die Rede. Bischöfe der anglikanischen Kirche erklärten wiederholt, sie fänden Prinz Charles nicht mehr für das Königtum geeignet, und Republikaner nutzten die gesunkene Popularität des Prinzen, um darauf hinzuweisen, daß die Krone zu viele Befugnisse habe und daß die britische Monarchie in ihrer jetzigen Form nicht mehr zu einem demokratischen Land passe. Kritiker des Königshauses sind der Ansicht, daß mit der Erweiterung der Befugnisse des Europarats auch die Position des englischen Königs neu hinterfragt werden wird. Die Aufregung über das Privatleben von Prinz Charles diente als Aufhänger für diese politisch heikle Diskussion. Charles' Stellung als künftiger König ist nicht mehr selbstverständlich: Er muß sich ständig darüber im klaren sein, daß sein Tun und Lassen sorgfältig beobachtet wird, was wiederum seinen Umgang mit Camilla beeinflußt. Camillas zukünftige Akzeptanz und Rolle hängen denn auch größtenteils davon ab, wie Charles und seine Familie die Angriffe gegen die Monarchie parieren werden. Denn ob es sich nun um die Entrüstung über das Eheleben des britischen Prinzen Charles im 20. Jahrhundert handelt oder um den Respekt, der der Mätresse Ludwigs XIV. gezollt wurde: Die Frage, weshalb sich die Stellung der Mätresse im Laufe der Jahrhunderte gewandelt hat, ist vor allem eine Frage nach den Veränderungen der politischen Verhältnisse.

KURZBIOGRAPHIEN DER
KÖNIGLICHEN MÄTRESSEN
UND ANDERER WICHTIGER PERSONEN

Ludwig XIV. (1638–1715), von 1643 bis 1715 König von Frankreich. Von 1660 bis 1683 war er mit Marie-Thérèse verheiratet.

Marie-Thérèse (1638–1683) war die Tochter Philipps IV. von Spanien. Nach dem Friedensschluß zwischen Frankreich und Spanien wurde sie 1660 die Gemahlin Ludwigs XIV. Von ihren fünf Kindern starben vier sehr früh.

Louise de La Vallière (1644–1710) war die Tochter eines armen Offiziers und wurde Hofdame bei der Schwägerin des Königs. 1661 wurde sie die Mätresse Ludwigs XIV., der sie 1666 zur Herzogin erhob. Nachdem sie von ihrer Rivalin, Madame de Montespan, verdrängt worden war, trat sie 1674 in ein Karmeliterinnen-Kloster in Paris ein. Ihre zwei Kinder wurden von Ludwig XIV. legitimiert.

Françoise-Athénaïs de Montespan (1641–1707), Tochter von Gabriel de Rochechouart, Marquis de Mortremart. 1663 heiratete sie den Marquis de Montespan. Sie wurde Hofdame der Königin und war von 1667 bis 1681 die Geliebte Ludwigs XIV., dem sie sechs Kinder gebar. Nach der Giftaffäre blieb sie noch einige Jahre am Hof, bis sie 1691 in ein Kloster eintrat.

Marie-Isabelle de Ludres (1648–1726) war von 1676 bis 1677 Mätresse Ludwigs XIV.

Marie-Angelique de Fontanges (1661–1681) wurde von ihrer Familie an den Hof geschickt, um die Mätresse Ludwigs XIV. zu werden. Von 1679 bis 1680 teilte sie diese Stelle mit Madame de Montespan. 1681 starb sie möglicherweise an den Folgen einer schweren Geburt. Madame de Montespan wurde beschuldigt, sie vergiftet zu haben.

Madame de Maintenon (1635–1719), geborene Françoise d'Aubigné. Sie entstammte einer armen, adligen Familie. Mit sechzehn Jahren heiratete sie den bürgerlichen Dichter Paul Scarron (1610–1660), der unter anderem satirische Stücke gegen die Monarchie verfaßte. Als Witwe wurde sie mit der Erziehung der Kinder des Königs und der Marquise de Montespan betraut, deren Stelle als Mätresse sie übernahm. 1674 schenkte ihr der König das Landgut Maintenon. Sie wurde 1683, nach dem Tod der Königin Marie-Thérèse, vermutlich die morganatische Ehefrau des Königs. Nach dem Tod Ludwigs XIV. im Jahre 1715 zog sie sich nach Saint-Cyr zurück, wo sie eine Mädchenschule leitete.

Liselotte von der Pfalz, Elisabeth Charlotte, Herzogin von Orléans (1652–1722), Tochter des pfälzischen Kurfürsten Karl Ludwig, zweite Gemahlin Philippes von Orléans, des Bruders von Ludwig XIV. In ihren Briefen an ihre Verwandtschaft in Deutschland zeichnete sie ein scharfes und kritisches Bild des französischen Hofes unter Ludwig XIV.

Duc de Saint-Simon, Louis de Rouvroy (1675–1755) vermittelt in seinen ausführlichen Memoiren ein anschauliches Bild des französischen Hofes zwischen 1694 und 1723.

Madame de Sévigné, Marie de Rabutin-Chantal, Marquise (1626–1696), berühmt durch ihre Briefe an ihre Tochter in der Provinz.

Ezechiel Spanheim (1629–1710) war von 1680 bis 1689 Gesandter des Kurfürsten von Brandenburg am französischen Hof.

Ludwig XV. (1710–1774), von 1715 bis 1774 König von Frankreich. Er war der Urenkel Ludwigs XIV. Von 1725 bis 1768 war er mit Maria Leszczynska verheiratet.

Maria Leszczynska (1703–1768) war die Tochter des polnischen Königs Stanislaus I., der 1709 abgesetzt worden war. Sie wurde 1725 mit Ludwig XV. vermählt. Zwischen 1727 und 1737 gebar sie ihm zehn Kinder, von denen drei früh starben.

Louise Julie de Mailly-Nesle (1710–1751) war von etwa 1737 bis 1739 die erste Mätresse Ludwigs XV. Sie entstammte einer armen, adligen Familie und heiratete 1726 ihren Neffen Louis, Herzog von Mailly. Als ihre Mutter 1729 starb, nahm sie deren Platz als Hofdame der Königin ein. Als Mätresse des Königs wurde sie von ihrer Schwester, der Marquise de Vintimille, verdrängt.

Marquise de Vintimille (1712–1741), geborene Pauline Felicité de Mailly-Nesle. Sie war die zweite von den fünf Schwestern Mailly-Nesle, mit der Ludwig XV. ein Verhältnis hatte. Sie starb 1741 im Kindbett.

Duchesse de Lauraguais (1714–1769), geborene Diane-Adelaïde de Mailly-Nesle. Sie war wie ihre Schwester Herzogin von Châteauroux kurze Zeit die Mätresse Ludwigs XV.

Madame de Flavacourt (1715–1797), geborene Hortense-Félicité de Mailly-Nesle. Sie war die vierte von fünf Schwestern, die ein Verhältnis mit Ludwig XV. hatten. Die Beziehung war jedoch nur von kurzer Dauer.

Duchesse de Châteauroux (1717–1744), geborene Marie Anne de Mailly-Nesle. Sie heiratete 1734 den Marquis de la Tournelle. 1742 wurde sie die Mätresse Ludwigs XV., der sie 1743 in den Herzogstand erhob. Sie war mit ihrer Schwester, der Herzogin von Lauraguais, in den Skandal in Metz verwickelt und starb kurz darauf.

Madame de Pompadour (1721–1764), geborene Jeanne Antoinette Poisson. Sie entstammte dem reichen Pariser Bürgertum und unterhielt gute Beziehungen zu den größten Bankiers des Landes. Sie heiratete Charles Guillaume Le Normant d'Etioles. 1744 wurde sie die Geliebte Ludwigs XV., der sie in den Adelsstand erhob. Zwanzig Jahre lang übte sie großen Einfluß auf alle Bereiche des Hoflebens aus.

Madame du Barry (1743–1793), geborene Jeanne Bécu. Sie war die uneheliche Tochter einer Frau aus der unteren Schicht des Bürgertums. In einem Kloster erzogen, arbeitete sie als Angestellte in einem Modehaus. Ab 1769 war sie bis zum Tode des Königs im Jahre 1774 die Mätresse Ludwigs XV. Sie starb 1793 unter der Guillotine.

Duc de Croy, Emmanuel (1718–1784), stammte aus einer alten, adligen Familie und trat 1736 in das Regiment der Musketiere ein. Er machte im französischen Heer Karriere. Ob die Tagebücher, die der Herzog führte, zur Veröffentlichung bestimmt waren, ist unbekannt. Sie erschienen erst 1906.

EINIGE BEMERKUNGEN ÜBER DAS EINKOMMEN
DES HOFADELS UND ÜBER DEN GELDWERT

Die reichsten Adligen bezogen ihr Einkommen aus verschiedenen Quellen: aus Landgütern, Zuweisungen und Geschenken
des Königs, Besoldung für die Arbeit am Hof und manchmal
auch aus Gewinnen aus kommerziellen Betrieben (Chaussinand-
Nogaret 1989, S. 52).

Die Höhe eines Jahreseinkommens am Hof war von dem
Ansehen des Amtes abhängig. In der zweiten Hälfte des
18. Jahrhunderts zum Beispiel:

Hofdame der Königin	78 000 Livre
Erster Reiter des Königs	50 000 Livre
Garderobemeister	31 590 Livre
Gesellschaftsdame der Prinzessin	4 000 Livre

Es ist schwierig, den Wert eines Livre in heutiger Währung
anzugeben. Ein sichererer Maßstab ist eine Übersicht des
Wohlstandsniveaus. Chaussinand-Nogaret teilt die Adligen in
fünf Gruppen ein:

1. Adlige mit einem Einkommen von mehr als 50 000 L.
   bis (in einigen Fällen) zu 200 000 L. Zu dieser Gruppe
   gehörten etwa 160 bis 200 Familien (noch nicht einmal
   ein Prozent aller Adligen) und 50 Bankiers. Sie lebten
   in größtem Luxus.

2. Etwa 3 500 adlige Familien (13 % aller Adligen) hatten
   ein Einkommen von 10 000–50 000 L. Diese konnten

sich in der Provinz einen sehr hohen Lebensstandard erlauben. In Paris wäre ihr Einkommen jedoch relativ bescheiden gewesen.

3. 7 000 Familien (25 %) hatten 4 000–10 000 L. Diese Familien konnten ein angenehmes Leben führen, sich einige Diener erlauben, fünf oder sechs Pferde halten und ein paar Mal im Monat Gäste empfangen.

4. 11 000 adlige Familien (41 %) nahmen 1 000–4 000 L. ein. Sie lebten noch recht anständig, wenn sie sich auch keine Extravaganzen erlauben konnten. Sie hatten zwei Dienstmädchen, waren sparsam und gaben wenig Geld für Luxus aus.

5. 5 000 Familien (18 %) erhielten weniger als 1 000 L. Wer weniger als 500 L. an Einnahmen hatte, bewegte sich auf die Armutsgrenze zu. Diese Adligen waren, was ihr Einkommen betraf, mit Landarbeitern zu vergleichen.

Bedenkt man, daß das Gehalt, das man am Hof bezog, nur einen Teil der Einkünfte einer adligen Familie ausmachte, dann wird deutlich, daß ein Amt am Hof sehr gut bezahlt war. Hinzu kamen für die meisten Höflinge (manchmal enorme) Geschenke des Königs und Zahlungen für erwiesene Dienste. Die Gesellschaftsdamen konnten bis zu 50 000 L. extra verdienen, indem sie die Reste der Kerzen, die jeden Tag ausgewechselt wurden, verkauften (Chaussinand-Nogaret 1989, S. 52–56).

Madame du Barry erhielt als *maîtresse en titre* monatlich 200 000 bis 300 000 Livre (Castelot 1989, S. 143; Haslip 1991, S. 52).

ANHANG

ANMERKUNGEN

Einleitung

1 L. Steinfeld, *Ludwig XIV. Memoiren*, Basel und Leipzig 1931, S. 274.

2 Vgl. Guy Chaussinand-Nogaret, *La Vie Quotidienne des Femmes du Roi*, Paris 1990. Dieses Buch gibt einen guten Überblick über die unterschiedlichen sozialen Aspekte des Lebens der Mätressen am französischen Hof. Die langfristige Entwicklung ihrer Stellung kommt jedoch weniger nachdrücklich zur Sprache, ebenso der Zusammenhang mit Staatsbildungsprozessen.

3 Vgl. Stephen Mennell, *Norbert Elias. An Introduction*, Oxford 1992. Mennell verschafft einen Überblick über Elias' Gesamtwerk und gibt die Diskussion wieder, die einzelne Aspekte seines Werkes ausgelöst haben. Viele von Elias verwendete Termini wie Macht-balance, Figuration, Verflechtung und Interdependenz werden er-klärt in: Nobert Elias, *Was ist Soziologie?*, München 1971.

4 Ivan Cloulas, *La vie quotidienne dans les châteaux de la Loire au temps de la Renaissance*, Paris 1983, S. 97. Norbert Elias, *Die hö-fische Gesellschaft. Untersuchungen zur Soziologie des Königtums und der höfischen Aristokratie*, Berlin 1969, S. 243.

5 Cloulas, a.a.O., S. 68. Norbert Elias, *Über den Prozeß der Zivi-lisation. Soziogenetische und psychogenetische Untersuchungen*, Frankfurt a. M. 1977, Bd. 2, S. 113–116 und S. 306–311.

6 Elias (1969), a.a.O., S. 178 f.

Von Dachstühlen und Prunksälen

1 Diese Beschreibung aus dem Jahr 1778 fällt zwar in die Zeit Ludwigs XVI., die Etikette hatte sich jedoch nicht geändert. Vgl. Elias (1976), a.a.O., S. 131. Erst gegen 1788 sah sich der König zu Einsparungen gezwungen und wurde das soziale Leben einfacher (Philip Mansel, The Court of France 1789–1830, Cambridge 1991, S. 4).

2 H. A. Höweler, Een Amsterdammer naar Parijs in 1778. Reisverslag van de koopman Jacob Muhl, Zutphen 1978, S. 35.

3 Elias (1969), a.a.O., S. 211. Vgl. auch Peter Burke, Ludwig XIV. Die Inszenierung des Sonnenkönigs, übersetzt von Matthias Fienbork, Berlin 1993.

4 Vgl. Yi-Fu Tuan, Space and Place. The perspective of experience, London 1977, S. 34.

5 Zu Louise de La Vallière vgl. H. Carré, Mlle de La Vallière. De la cour de Louis XIV aux Grandes Carmelites, 1644–1710, Paris 1938. Jean Christian Petitfils, Louise de La Vallière, Paris 1990.

6 Eine ausführliche Beschreibung des Zusammenhangs zwischen den Entwicklungen auf dem Gebiet der Kriegsführung und der Steuereinnahmen und der sich daraus ergebenden Abhängigkeit der Adligen vom König, wodurch der Hof sich von einem umherziehenden Heereslager zu einer sozialen Elite mit einer ganz eigenen Kultur wandelt, findet sich in Norbert Elias' Über den Prozeß der Zivilisation.

7 Jean Louis Flandrin: Familien. Soziologie – Ökonomie – Sexualität, übers. von Eva Brückner-Pfaffenberger, Frankfurt a. M., Berlin, Wien 1978, S. 210–213.

8 Chaussinand-Nogaret (1990), a.a.O., S. 46; Flandrin, a.a.O., S. 182.

9 Ezechiel Spanheim, Relation de la Cour de France, Paris 1973, S. 41.

10 Peter Robert Campbell, Louis XIV, 1661–1715, London 1993, S. 87.

11 Ebd., S. 29.

12 R. Mettam, *Power and Faction in Louis XIV's France*, Oxford 1988, S. 55.

13 Elias (1969), a.a.O., S. 244.

14 Paul Lacroix, *XVIIme Siècle: France, 1590–1700. Institutions, Usages et Costumes*, Paris 1880, S. 212.

15 Elias (1969), a.a.O., S. 123, 125, 242. Edmond und Jules de Goncourt, *La duchesse de Châteauroux et ses soeurs*, Paris 1879, S. 238.

16 Elias (1969), a.a.O., S. 69, 208 f.

17 Lyne Lawner, *Lives of the Courtesans. Portraits of the Renaissance*, New York 1987, S. 9–34.

18 Zu Madame de Montespan vgl. H. Carré, *Mme de Montespan – grandeur et décadence d'une favorite, 1640–1707*, Paris 1939. Michel de Decker, *Madame de Montespan. La Grande Sultane*, Paris 1985. Jean Christian Petitfils, *Mme de Montespan*, Paris 1988.

19 Eine ausführliche Beschreibung der Einführung Louises am Hof findet sich im dritten Kapitel dieses Buches.

20 Carré (1939), a.a.O., S. 83.

21 Elias (1969), a.a.O., S. 262, 299. Elias (1977), a.a.O., Bd. 2, S. 264 f.

22 Spanheim, a.a.O., S. 134.

23 Peter Robert Campbell, *The Ancien Régime in France*, London 1988, S. 54. Campbell (1993), a.a.O., S. 42.

24 Zum Schloß von Versailles vgl. Pierre Lemoine, *Versailles and Trianon. Guide to the Museum and national Domain of Versailles and Trianon*, Paris 1990. Pierre de Nolhac, *Versailles résidence de Louis XIV – Versailles et la cour de France*, Paris 1925. *Versailles au XVIIIe siècle – Versailles et la cour de France*, Paris 1926. Guy Walton, *Louis XIV's Versailles*, New York 1986.

25 Zit. nach: Campbell (1993), a.a.O., S. 121.

26 Saint-Simon, *Memoiren*, Gernsbach 1967, S. 371.

27 Elias (1969), a.a.O., S. 77 f.

28 Cloulas, a.a.O., S. 95, 132.

29 De Goncourt, a.a.O., S. 202–206.

30 Die Reihenfolge der *Entrées* wird von Elias (1969) etwas anders

dargestellt als von Nolhac, aber es geht hier in erster Linie um die Tatsache, daß am Hof eine strenge Hierarchie herrschte. Zur Art und Weise, wie der König durch Gunstbeweise die Höflinge an sich band, vgl. das dritte Kapitel dieses Buches.

31 Der Brandenburgische Gesandte Spanheim widmet in seinem Bericht vom französischen Hof Madame de Montespan etwa eine Seite. Er hält es für wichtig genug zu erwähnen, daß sie ihre eigenen Appartements in Saint-Germain, Versailles und Fontainebleau hat (Spanheim, a.a.O., S. 43).

32 Zu Madame de Maintenon vgl. Charlotte Haldane, *Mme de Maintenon: Uncrowned Queen of France*, New York 1970.

33 Madame de Sévigné, *Correspondance I–III*, Paris 1972–1978, Bd. 2, S. 982.

34 Saint-Simon, *Mémoires 1691–1723*, Paris 1977–1979 (17 Bände), Bd. 6, S. 11. Spanheim, a.a.O., S. 45.

35 Saint-Simon (1977–1979), a.a.O., Bd. 1, S. 20.

36 René Duc de Castries, *La du Barry*, Paris 1986, S. 43.

37 Zu Madame de Mailly und ihren Schwestern vgl. Edmond und Jules de Goncourt (1879), a.a.O.

38 Elias (1969), a.a.O., S. 210.

39 Joachim Bumke, *Höfische Kultur. Literatur und Gesellschaft im hohen Mittelalter*, München 1986, S. 151. Flandrin, a.a.O., S. 116 ff.

40 Elias (1969), a.a.O., S. 84.

41 Ebd., S. 133. Vgl. auch François Joachim de Pierre de Bernis, *Staatsmann und Weltmann. Erinnerungen und Briefe von Kardinal Bernis*, übers. und hg. von Heinrich Conrad, München/Leipzig 1917, S. 66.

42 Emmanuel Duc de Croy, *Le journal inédit du Duc de Croy (1718–1784)*, Paris 1906–1907 (4 Bde.) Bd. 1, S. 73. Zit. nach: Olivier Bernier, *Ludwig XV. Eine Biographie*, Zürich, Köln 1986, S. 301.

43 De Croy, a.a.O., Bd. 1, S. 150.

44 Ebd., Bd. 1, S. 119.

45 De Bernis, a.a.O., S. 66.

46 De Croy, a.a.O., Bd. 1, S. 97.

47 Vgl. De Croy, a.a.O., Bd. 1, S. 157.

48 De Croy, a.a.O., Bd. 1, S. 157.

49 Zu Madame de Pompadour vgl. Danielle Gallet, *Madame de Pompadour: ou le pouvoir féminin*, Paris 1985. Jacques Levron, *Secrète Madame de Pompadour*, Paris 1961. Nancy Mitford, *Madame de Pompadour. Eine Biographie*, übers. von Theresia Mutzenbecher und W. Cordes, Hamburg 1954. Jean Nicolle, *Madame de Pompadour et la société de son temps*, Paris 1980.

50 De Nolhac (1926), a.a.O., S. 124.

51 De Croy, a.a.O., Bd. 1, S. 73. Zit. nach: Jacques Levron, *Ludwig XV. Der Vielgeliebte*, Stuttgart 1967, S. 125.

52 Zu Madame du Barry vgl. André Castelot, *Madame du Barry*, Paris 1989. De Castries, a.a.O. Joan Haslip, *Madame du Barry, the Wages of Beauty*, London 1991. Claude Saint-André, *Mme du Barry: d'après les documents authentiques*, Paris 1909.

53 Die *dauphine* war die Kronprinzessin.

54 Zit. nach: Haslip, a.a.O., S. 48.

Der verdorbene Hof und die devoten Königinnen

1 So zum Beispiel: »Charles V's granddaughter [Marie-Thérèse] lacked the physical charms and conversational ease which might have ensured her a more agreeable private life« (F. Bluche, *Louis XIV.*, Oxford 1990, S. 357).

»Die Ehe war jahrelang glücklich und wäre es auch geblieben, hätte Maria Leczinska [!] das Zeug dazu gehabt, Mätresse und Gattin zugleich zu sein. [...] Die Königin, herzensgut, aber langweilig, hatte leider nicht den Schwung, einen gleichgestimmten Freundeskreis um sich und den lebenslustigen Gemahl zu sammeln.« (Mitford, a.a.O., S. 19) Die Brüder de Goncourt führen die Anwesenheit der Mätressen auf menschliche Schwächen sowohl des Königs wie der Königin zurück. Ludwig XV. habe sich mit zwanzig noch wie »ein verwöhntes, mißmutiges und trübseliges Kind« verhalten; und die Königin sei »langweilig und gehorsam« gewesen. Der König habe eine Frau nötig gehabt, die ihn amüsieren und aufheitern konnte (De Goncourt, 1879, a.a.O., S. 46, 49).

Levron zufolge verlor Ludwig XV. bald das Interesse an Maria Leszczynska, weil sie von ihm eine religiöse Lebensweise erwartete (Jacques Levron, *La vie quotidienne à la cour de Versailles au XVIIe et XVIIIe siècles*, Paris 1990, S. 227).

2 Über Marie-Thérèse vgl. zum Beispiel De Sévigné (1972–1978), a.a.O., Bd. 1, S. 656, 734; über Maria Leszczynska z.B. De Croy, a.a.O., Bd. 1, S. 56, und Lievin Bonaventure Proyart, *Vie de la reine de France, Marie Lecksinska, princesse de Pologne, par m. l'abbé Proyart*, Paris 1826.

3 Campbell, a.a.O., S. 57.

4 Elias (1969), a.a.O., S. 80.

5 Vgl. Liselotte Palatine, *Lettres de Madame duchesse d'Orléans née Princesse Palatine*, Paris 1985, S. 274.

6 *Briefe der Herzogin Elisabeth Charlotte von Orléans*, hg. von Dr. Wilhelm Ludwig Holland, Bd. 6, Stuttgart 1867–1881, S. 248 f.

7 Pierre Goubert, *Ludwig XIV. und zwanzig Millionen Franzosen*, übers. von Eva Rechel-Mertens, Berlin 1973, S. 65.

8 Carré (1938), a.a.O., S. 56.

9 De Sévigné (1972–1978), a.a.O., Bd. 1, S. 493.

10 Zit. nach: Orest und Patricia Ranum, *The Century of Louis XIV.*, New York 1972, S. 103.

11 Elias (1969), a.a.O., S. 306.

12 Elias (1969), a.a.O., S. 262–266, 306.

13 Primi Visconti, *Mémoires sur la cour de Louis XIV*, Paris 1908, S. 250.

14 Saint-Simon (1977–1979), a.a.O., Bd. 9, S. 209.

15 Steinfeld, a.a.O., S. 296 f.

16 Vgl. Elias (1969), a.a.O., S. 183.

17 Castelot, a.a.O., S. 15.

18 Haldane, a.a.O., S. 165. Zit. nach: Bernd-Rüdiger Schwesig, *Ludwig XIV. mit Selbstzeugnissen und Bilddokumenten*, Reinbek bei Hamburg 1993, S. 87.

19 Steinfeld, a.a.O., S. 297.

20 Philippe Erlanger, *The age of Courts and Kings: Manners and Morals*, 1558–1717, New York 1970, S. 108.

21 Carré (1938), a.a.O., S. 83.

22 Ebd., S. 180.

23 Visconti, a.a.O., S. 214.

24 De Sévigné, a.a.O., Bd. 1, S. 656.

25 Petitfils (1988), a.a.O., S. 215.

26 De Croy, a.a.O., Bd. 1, S. 161 f.

27 Haldane, a.a.O., S. 99.

28 Bluche, a.a.O., S. 486.

29 Burke (1993), a.a.O., S. 35; Carré (1939), a.a.O., S. 100.

30 Campbell (1993), a.a.O., S. 85.

31 Carré (1939), a.a.O., S. 102.

32 Carré (1939), a.a.O., S. 101 ff., George Minois, *Le confesseur du Roi*, Paris 1988, S. 419, Petitfils (1988), a.a.O., S. 123.

33 De Decker, a.a.O., S. 130.

34 Madame de Sévigné erwähnt die Besuche in ihren Briefen vom 29. Mai 1675, 14. Juni 1675, 29. April 1676 und 17. Mai 1676.

35 De Sévigné (1972–1978), a.a.O., Bd. 1, S. 734. Zit. nach: *Madame de Sévigné. Briefe*, hg. und übers. von Theodora von der Mühll, Frankfurt a. M. 1979, S. 112.

36 Mettam, a.a.O., S. 248.

37 Campbell (1988), a.a.O., S. 52 f.

38 Mettam, a.a.O., S. 249 f.

39 Minois, a.a.O., S. 394.

40 Jeffrey W. Merrick, *The Desacrilization of the French Monarchy in the Eighteenth Century*, Baton Rouge 1990, S. 2.

41 Marc Bloch, *Les rois thaumaturges. Etude sur le caractère surnaturel attribué à la puissance royale particulièrement en France et en Angleterre*, Paris 1961, S. 345–352. Jacques Truchet, *Politique de Bossuet*, Paris 1966, S. 80.

42 Bloch, a.a.O., S. 360–364.

43 Carré (1939), a.a.O., S. 103.

44 De Sévigné (1972–1978), a.a.O., Bd. 1, S. 738. Zit. nach: *Mar-*

quise de Sévigné. Ausgewählte Briefe, hg. von F. Lotheißen, München 1925, S. 69.

45 Minois, a.a.O., S. 418.

46 Ebd., S. 418.

47 Ebd., S. 419.

48 Frances Mossiker, *Madame de Sévigné: A life and letters*, New York 1983, S. 285.

49 Bluche, a.a.O., S. 813. Eine *chaise de commodité* ist ein Nachtstuhl.

50 Zu Maria Leszczynska vgl. Pierre de Nolhac, *Ludwig XV. und Maria Leszczynska*, übers. von Th. Müller-Fürer. Berlin/Leipzig 1906. Proyart, a.a.O.

51 So hat Königin Maria, Nolhac zufolge, den Dialog später wiedergegeben. Leider gibt Nolhac keine Quelle an. Nolhac, a.a.O., S. 32.

52 Saint-Simon (1977–1979), a.a.O., Bd. 16, S. 207.

53 Nolhac (1906), a.a.O., S. 86 f.

54 Ebd., S. 98.

55 Ebd., S. 109 f.

56 De Goncourt (1879), a.a.O., S. 70.

57 Levron (1990), a.a.O., S. 45.

58 De Croy, a.a.O., Bd. 1, S. 59. Teilweise zit. nach: Bernier, a.a.O., S. 296.

59 De Croy, a.a.O., S. 56.

60 Ebd., S. 59. Teilweise zit. nach: Bernier, a.a.O., S. 295 f.

61 Proyart, a.a.O., S. 1.

62 Es läßt sich nur schwer feststellen, in welchem Maße Proyarts Biographie auf Tatsachen beruht. Da die Königin ein recht zurückgezogenes und unauffälliges Leben führte, fühlten sich nur wenige berufen, über sie zu schreiben. In zeitgenössischen Briefen und Memoiren wird sie kaum erwähnt. Möglicherweise hat Proyart ihre Güte ein wenig übertrieben, aber seine Charakterisierung zeichnet, mögen auch einige Geschichten nicht ganz der Wahrheit entsprechen, in großen Linien das Bild, das man (das Volk und die Höflinge) sich von ihr machte. Nolhac, der diese Quelle ebenfalls benutzt, weist darauf hin, daß alle anderen zeit-

genössischen Zeugnisse über Maria Leszczynska ohne Wert seien. Vgl. Nolhac (1906), a.a.O., S. 302.

63 Proyart, a.a.O., S. 152.

64 Olwen H. Hufton, *The Poor of Eighteenth Century France 1750–1789*, Oxford 1974, S. 24.

65 Vgl. De Croy, a.a.O., Bd. 3, S. 110.

66 Levron (1990), a.a.O., S. 251.

67 Bloch, a.a.O., S. 315. De Goncourt (1879), a.a.O., S. 166.

68 Minois, a.a.O., S. 497.

69 Bloch, a.a.O., S. 397. Nolhac (1906), a.a.O., S. 134.

70 Elias (1969), a.a.O., S. 202–205.

71 Merrick, a.a.O., S. 34.

72 Zit. nach: Nolhac (1906), a.a.O., S. 246 f.

73 De Goncourt (1879), a.a.O., S. 325–346.

74 Ebd., S. 353. Minois, a.a.O., S. 498.

75 Minois, a.a.O., S. 499. Nolhac (1906), a.a.O., S. 265. Proyart, a.a.O., S. 185.

76 Minois, a.a.O., S. 499.

77 De Goncourt (1879), a.a.O., S. 371–407.

78 *Putain* bedeutet hier »Sünderin«.

79 Minois, a.a.O., S. 502.

80 De Bernis, a.a.O., S. 234.

81 Zit. nach: Minois, a.a.O., S. 503.

82 Ebd., S. 503.

83 Ebd., S. 500.

84 *Die Briefe der Marquise de Pompadour*, übers. und hg. von Max Adler, Dresden 1922, S. 138 f.

85 Ebd., S. 139.

86 Minois, a.a.O., S. 501.

87 Alfred Cobban, *A History of Modern France (1715–1799)*, Harmondsworth 1976, S. 88.

88 Minois, a.a.O., S. 509.

89 De Croy, a.a.O., Bd. 2, S. 359.
Ob die Devoten damit auch ihren Widerstand gegen das Mätres-senwesen im allgemeinen aufgaben, wird nicht erwähnt. Da der

König inzwischen Witwer war, behandelte der Beichtvater vielleicht eine Liebschaft mit größerer Nachsicht.

90 De Sévigné (1972–1978), a.a.O., Bd. 1, S. 182.

Vom heimlichen Liebchen zur maîtresse en titre

1 Mit der *Funktion* einer königlichen Mätresse ist hier nicht gemeint, daß sie ein Amt im heutigen Sinne ausübte. Im 17. und 18. Jahrhundert war die Bürokratie viel weniger reglementiert; Aufgaben und Befugnisse der meisten Amtsinhaber waren nicht deutlich festgelegt. Auch eine Vermischung privater und öffentlicher Interessen war nicht ungewöhnlich. Viele Ämter in der Verwaltung waren das persönliche Eigentum einer Familie. Die gesamte königliche Familie bekleidete Ämter in eigenem Namen, und die Vorstellung, daß die Mätresse durch ihre Beziehung zum König ein öffentliches Amt bekleidete, war daher an den Höfen des 17. und 18. Jahrhunderts nichts Ungewöhnliches.

2 In den Briefen, die Liselotte von der Pfalz zwischen 1672 und 1722 schrieb, ist die Rede von der »metres«; Saint-Simon spricht von der *maîtresse du Roi* (Saint-Simon [1977–1979], a.a.O., Bd. 6, S. 3) und von ihrer *règne* (Ebd., Bd. 6, S. 4), aber nicht von der *maîtresse en titre*. Vgl. auch Spanheim, a.a.O., S. 54.

3 Diese Bezeichnung findet sich z.B. bei dem Schriftsteller Barbier in seiner Chronik, die er zwischen 1718 und 1763 schrieb, und der Herzog von Croy spricht in seinem Tagebuch 1745 von der *maîtresse très déclarée*. Barbier, in: De Goncourt (1897), a.a.O., S. 226. De Croy, a.a.O., Bd. 1, S. 56.

4 Vgl. Duc de Choiseul, *Mémoires du Duc de Choiseul*, Paris 1987, S. 63. De Croy, a.a.O., Bd. 3, S. 110.

5 Carré (1938), a.a.O., S. 50.

6 Visconti, a.a.O., S. 40.

7 Carré (1938), a.a.O., S. 85 ff.

8 Bluche, a.a.O., S. 390.

9 Petitfils (1990), a.a.O., S. 192.

Zwei Söhne Louises starben sehr früh; 1666 wurde eine Tochter geboren, die ebenso wie ihr ein Jahr später geborener Sohn von Ludwig XIV. anerkannt wurde.

10 Elias hat die Wichtigkeit der Etikette ausführlich in *Die höfische Gesellschaft* im Kapitel »Etikette und Zeremoniell: Verhalten und Gesinnung von Menschen als Funktionen der Machtstrukturen ihrer Gesellschaft« behandelt. Vgl. Elias (1969), a.a.O., S. 120–178.

11 Ebd., S. 144.

12 Campbell (1988), a.a.O., S. 65.

13 Ebd., S. 58.

14 Antoine de Courtin, *The rules of civility or, certain ways of deportment observed amongst all persons of quality upon several occasions*. Es handelt sich um die Übersetzung des *Nouveau traité de la civilité qui se pratique en France parmi les honnestes gens*, Paris 1671. London 1685, S. 4.

15 Ebd., S. 21, 23, 48.

16 Ebd., S. 116.

17 Carré (1938), a.a.O., S. 100.

18 Elias (1969), a.a.O., S. 126 ff.

19 Philippe Perrot, *Le travail des apparences: ou les transformations du corps féminin au XVIIIe–XIXe siècle*, Paris 1984, S. 16 f.

20 Paolo Cangioli, *Versailles*, Alphen aan de Rijn 1989, S. 7 ff.

21 Visconti, a.a.O., S. 35.

22 W. H. Lewis, *The Splendid Century. Life in the France of Louis XIV*, New York 1957, S. 46–57.

23 Steinfeld, a.a.O., S. 262.

24 Die hier zitierte Stelle hatte Ludwig XIV. für seine Memoiren zum Jahr 1667 geschrieben, aber später fortgelassen. Sie hat sich in einer früheren, unfertigen Version erhalten. Seine Memoiren waren in erster Linie für seinen Sohn bestimmt; für den Fall, daß dieser seine Nachfolge antreten würde, sollten sie ihn instruieren.

25 Steinfeld, a.a.O., S. 273 f.

26 Zur Auffassung der Liebe in der damaligen Zeit vgl. Flandrin, a.a.O., S. 187–193.

27 Spanheim, a.a.O., S. 42. Visconti, a.a.O., S. 304.

28 Visconti, a.a.O., S. 304.

29 Steinfeld, a.a.O., S. 274 f.

30 Ebd., S. 275.

31 Jacques Levron, »Louis XIV's Courtiers«, in: *Louis XIV and Absolutism*, hg. von R. Hatton, London 1976, S. 145.

32 Bonnie S. Anderson und Judith P. Zinsser, *Eine eigene Geschichte. Frauen in Europa*, Frankfurt a. M. 1995, Bd. 2, S. 25.

33 Campbell (1993), a.a.O., S. 29. Elias (1969), a.a.O., S. 69.

34 Carolyn C. Lougee, *Le Paradis des Femmes. Women, salons and social stratification in seventeenth century France*, Princeton, New Jersey 1976, S. 48.

35 Zit. nach: *Aus den Briefen der Herzogin Elisabeth Charlotte von Orléans an die Kurfürstin Sophie von Hannover. Ein Beitrag zur Kulturgeschichte des 17. und 18. Jahrhunderts*, hg. von Eduard Bodemann, 2 Bände, Hannover 1891, Bd. 1, S. 286 f.

36 De Sévigné (1972–1978), a.a.O., Bd. 2, S. 965.

37 Zit. nach: De Sévigné, (1979) a.a.O., S. 256.

38 Visconti, a.a.O., S. 187. Zit. nach: *Der Hof Ludwigs XIV. in Augenzeugenberichten*, hg. von Gilette Ziegler, übers. v. Elisabeth Hort, Düsseldorf 1964, S. 134.

39 Ebd., S. 267. Zit. nach: Ziegler, a.a.O., S. 175.

40 Haldane, a.a.O., S. 173. Lougee, a.a.O., S. 189.

41 Zit. nach: Bernard Champigneulle, *Versailles und Fontainebleau*, übers. von Thurid Pieler, München 1971, S. 110 f.

42 Donald Kagan, Steven Ozment, Frank M. Turner, *The Western Heritage*, New York 1991, S. 436, 485.

43 Levron (1990), a.a.O., S. 147.

44 Haldane, a.a.O., S. 166–170.

45 Spanheim, a.a.O., S. 48. Zit. nach: Ziegler, a.a.O., S. 224.

46 Vgl. Bluche, a.a.O., S. 406 ff. Campbell (1988), a.a.O., S. 20, 30.

47 De Sévigné (1972–1978), a.a.O., Bd. 2, S. 982.

48 De Castries, a.a.O., S. 43.

49 De Goncourt (1879), a.a.O., S. 64–67.

50 Pierre de Nolhac zufolge war der Plan der Höflinge sorgfältig

überlegt und nicht weniger genau berechnet als der, der zur Heirat mit der Königin führte. Vgl. De Nolhac (1906), a.a.O., S. 165.

51 Zu Madame de Mailly vgl. auch De Goncourt (1879), a.a.O.

52 Ebd., S. 226.

53 Ebd., S. 228.

54 Zu Madame de Pompadour vgl. auch Gallet, a.a.O.

55 Vgl. Burke (1993), a.a.O.

56 Elias (1969), a.a.O., S. 202.

57 De Croy, a.a.O., Bd. 1, S. 418.

58 Ebd., Bd. 1, S. 149.

59 Ebd., S. 126.

60 De Bernis, a.a.O., S. 103.

61 Ebd., S. 134. Zit. nach: Conrad, a.a.O., S. 110.

62 Levron (1990), a.a.O., S. 235.

63 Levron (1961), a.a.O., S. 123 f.

64 De Castries, a.a.O., S. 50.

65 Levron (1961), a.a.O., S. 125.

66 Choiseul, a.a.O., S. 185.

67 Ebd., S. 186.

68 Ebd., S. 186–199, De Croy, a.a.O., Bd. 2, S. 359–365.

69 Castelot, a.a.O., S. 84, Saint-André, a.a.O., S. 274.

70 *Woman and Society in 18th century France. Essays in honour of John Stephenson Spink*, hg. von Eva Jacobs, London 1979, S. 4.

Die bewegte Karriere der Madame de Montespan

1 Vgl. François Boucher, *20 000 Years of Fashion*, New York 1987, S. 318; Frantz Funck-Brentano, *Die Giftmordtragödie nach den Archiven der Bastille*, übers. von Nina Knoblich, München 1905, S. 102; Blanche Payne, *History of Costume. From the Ancient Egyptians to the Twentieth Century*, New York 1965, S. 423.

2 Elizabeth Wilson, *Adorned in Dreams, Fashion and Modernity*, London 1987, S. 53.

3 Thorstein Veblen, *Theorie der feinen Leute. Eine ökonomische Untersuchung der Institutionen*, übers. von Suzanne Heintz und Peter von Haselberg, Frankfurt a. M. 1986, S. 104.

4 Elias (1969), a.a.O., S. 103.

5 Vgl. z. B. René König, *Macht und Reiz der Mode. Verständnisvolle Betrachtungen eines Soziologen*, Düsseldorf/Wien 1971, S. 101 ff.; Susan B. Kaiser, *The Social Psychology of Clothing and Personal Adornment*, New York 1985, S. 335–342; Fred Davis, *Fashion, Culture and Identity*, Chicago 1992.

6 Vgl. James Laver, *Costume and fashion. A concise history*, London 1995, S. 122, über Mlle de Fontanges, die »aus Versehen« eine neue Frisur kreierte, oder Boucher (a.a.O., S. 254), dem zufolge das Bürgertum den Adel nachahmte, worauf dieser sich wiederum neue Moden ausdenken mußte, um sich von den Bürgern zu unterscheiden.

7 Vgl. Alison Lurie über Kleidung als »Sprache« in *The Language of Clothes* (1981). Roland Barthes entwarf in *Die Sprache der Mode*, Frankfurt 1993, ausgehend vom Werk des Semiologen Saussure eine strukturalistische Methode zur Analyse der Kleidung. Auch Dick Hebdiges *Schocker. Stile und Moden der Subkultur*, Reinbek bei Hamburg 1983, gehört zu dieser Tradition, die Kleidung als einen Code betrachtet.

Zu Kleidung als gesellschaftliches Phänomen vgl. zum Beispiel Boucher, *20 000 Years of Fashion* (1987), James Laver, *Costume and fashion. A concise history* (1995), Elizabeth Wilson, *Adorned in Dreams* (1987), Aileen Ribeiro, *Dress in Eighteenth-Century Europe* (1984) und die Arbeit des Anthropologen Michael O'Hanlon, *Reading the Skin. Adornment Display and Society among the Wahgi*, London 1989.

8 Carré (1938), a.a.O., S. 125.

9 Zit. nach: Mossiker, a.a.O., S. 54.

10 Ebd., S. 54.

11 Campbell (1988), a.a.O., S. 30.

12 Zu Madame de Montespan vgl. Carré (1939), a.a.O.; Funck-Brentano (1905), a.a.O.; Petitfils (1988), a.a.O.

13 Zit. nach: Carré (1939), a.a.O., S. 27.

14 Ebd., S. 27.

15 Zit. nach: Mossiker, a.a.O., S. 55.

16 Anderson, a.a.O., Bd. 2, S. 16.

17 Spanheim, a.a.O., S. 43.

18 Funck-Brentano (1905), a.a.O., S. 127.

19 Zit. nach: De Sévigné (1979), a.a.O., S. 256.

20 De Sévigné (1972–1978), a.a.O., Bd. 2, S. 898.

21 Funck-Brentano (1905), a.a.O., S. 128.

22 Spanheim, a.a.O., S. 134.

23 Steinfeld, a.a.O., S. 134 f.

24 Zit. nach: Robert M. Isherwood, *Music in the Service of the King. France in the seventeenth century*, Ithaca, N.Y. 1973, S. 42.

25 Ebd., S. 250.

26 Zit. nach: *Die Briefe der Liselotte von der Pfalz, Herzogin von Orleans*, Ebenhausen bei München 1935, S. 44 f.

27 Zit. nach: Nolhac (1925), a.a.O., S. 265.

28 Zit. nach: De Sévigné (1979), a.a.O., S. 157 f.

29 Visconti, a.a.O., S. 10.

30 Nichten von Madame de Montespan.

31 De Sévigné (1978), a.a.O., Bd. 1, S. 195.

32 Boucher, a.a.O., S. 258; Diana de Marly, *Louis XIV and Versailles*, New York 1987, S. 61.

33 Richard Sennett, *Verfall und Ende des öffentlichen Lebens. Die Tyrannei der Intimität*, übers. von Reinhard Kaiser, 4. Auflage, Frankfurt a. M. 1986, S. 93.

34 Paul Lacroix, *XVIIIme Siècle. France, 1700–1789. Institutions, usages et costumes*, Paris 1875, S. 476; Jacques Ruppert, *Le costume, époques Louis XIV et Louis XV*, Paris 1990, S. 5.

35 Boucher, a.a.O., S. 263, 296; M. Davenport, *The Book of Costume*, New York 1976, S. 519; Paola Placella Somella, *La mode au XVIIIe siècle d'après la »Correspondance« de Madame de Sévigné*, Paris 1985, S. 39; Ruppert, a.a.O., S. 23.

36 Vgl. Anm. 228.

37 Zit. nach: De Sévigné (1925), a.a.O., S. 139.

38 Lacroix (1880), a.a.O., S. 550.

39 Zit. nach: De Sévigné (1979), a.a.O., S. 175.

40 Zit. nach: *Briefe der Liselotte von der Pfalz*, Hg. und eingeleitet von Helmuth Kiesel, Frankfurt a. M. 1981, S. 41.

41 Visconti, a.a.O., S. 207. Teilweise zit. nach: Ziegler, a.a.O., S. 160.

42 Ebd., a.a.O., S. 46.

43 Ebd., S. 41.

44 Sennett, a.a.O., S. 89.

45 Visconti, a.a.O., S. 304.

46 Zit. nach: Carré (1939), a.a.O., S. 74.

47 Spanheim, a.a.O., S. 44. Teilweise zit. nach: Ziegler, a.a.O., S. 189.

48 Kurt Baschwitz, *Hexen und Hexenprozesse*, München 1963, S. 235 f.

49 De Sévigné (1972–1978), a.a.O., Bd. 2, S. 817.

50 Visconti, a.a.O., S. 294.

51 Die Kommission ist auch unter dem Namen *Commission de l'Arsenal* bekanntgeworden. Siehe auch Schwesig, a.a.O., S. 85 ff.

52 Zit. nach: De Sévigné (1979), a.a.O., S. 238.

53 Visconti, a.a.O., S. 277.

54 Zit. nach: Petitfils (1988), a.a.O., S. 202.

55 Zit. nach: Petitfils (1988), a.a.O., S. 176.

Die ruhmreichen Mätressen des Bürgertums

1 De Bernis (1986), a.a.O., S. 86.

2 Ebd., S. 86 f.

3 Elias (1977), a.a.O., Bd. 2, S. 414; Levron (1990), a.a.O., S. 232.

4 Zu Madame de Pompadour vgl. Chaussinand-Nogaret (1990), a.a.O.; Gallet, a.a.O., und Levron (1990), a.a.O.

5 Gallet, a.a.O., S. 32.

6 Zit. nach: Levron (1967), a.a.O., S. 111 f.

7 Zit. nach: De Bernis (1917), a.a.O., S. 63.

8 Elinor G. Barber, *The Bourgeoisie in 18th Century France*, Princeton, New Jersey 1973, S. 30; Campbell (1988), a.a.O., S. 50.

9 Barber, a.a.O., S. 100.

10 Chaussinand-Nogaret (1990), a.a.O., S. 190.

11 J. Bouvier, »The Protestant bankers in France«, in: R. Hatton, *Louis XIV and absolutism*, London 1976, S. 273.

12 Barber, a.a.O., S. 30.

13 Choiseul, a.a.O., S. 63.

14 Barber, a.a.O., S. 57, 106–114.

15 Ebd., S. 100.

16 Ebd., S. 104.

17 Guy Chaussinand-Nogaret, *The French Nobility in the Eighteenth Century. From Feudalism to Enlightenment*, Cambridge 1989, S. 47; Anderson, a.a.O., Bd. 2, S. 47 f.

18 Barber, a.a.O., S. 102; Chaussinand-Nogaret (1989), a.a.O., S. 91, 112.

19 Louis-Sébastien Mercier. *Mein Bild von Paris. Mit dreiundvierzig Wiedergaben nach zeitgenössischen Kupferstichen*, übers. und hg. von Jean Villain, Frankfurt a. M. 1979, S. 318 f.

20 Louis-Sébastien Mercier, *Tableau de Paris*. Paris 1908, S. 141.

21 Ebd., S. 141.

22 Chaussinand-Nogaret (1989), a.a.O., S. 14, 115, 126.

23 Barber, a.a.O., S. 30; Cobban, a.a.O., S. 61.

24 Pompadour (1922), a.a.O., S. 26.

25 Spanheim, a.a.O., S. 134, 353.

26 Elias (1969), a.a.O., S. 121.

27 De Croy, a.a.O., Bd. 1, S. 84.

28 Levron (1990), a.a.O., S. 236.

29 Saint-André, a.a.O., S. 274.

30 Pompadour (1922), a.a.O., S. 10 f.

31 De Croy, a.a.O., Bd. 2, S. 397.

32 Barber, a.a.O., S. 133.

33 Damave, a.a.O., S. 9, 12.

34 Edmond und Jules de Goncourt, *Die Frau im 18. Jahrhundert*, München 1920, Bd. 1, S. 93.

35 Sennett, a.a.O., S. 109, 112 f.

36 De Croy, a.a.O., Bd. 1, S. 80.

37 Ebd., S. 298.

38 Über den historischen Wert der Memoiren von Madame du Hausset sind die Meinungen geteilt, da die Herkunft des Manuskripts ungewiß ist, auch sind einige Orts- und Zeitangaben durcheinandergeraten. Gallet, der Biograph von Madame de Pompadour, vermutet, daß die Memoiren von Senac de Meilhan aufgezeichnet wurden, dem Sohn des Leibarztes Ludwigs XV., als Madame du Hausset bereits alt war. Personen und Situationen sind Gallet zufolge sehr authentisch (Gallet, a.a.O., S. 254).

39 Madame du Hausset, *Mémoires de Mme du Hausset: femme de chambre de madame de Pompadour*, Brüssel 1825, S. 110.

40 Ebd., S. 119.

41 Ebd., S. 120.

42 Peter Burke, *Helden, Schurken und Narren. Europäische Volkskultur in der frühen Neuzeit*, übers. von Susanne Schenda, Stuttgart 1981, S. 276.

43 Gallet, a.a.O. S. 95 f.; Levron (1990), a.a.O., S. 210.

44 Pompadour (1922), a.a.O., S. 109.

45 Du Hausset, a.a.O., S. 105.

46 Pompadour (1922), a.a.O., S. 48 f.

47 Du Hausset, a.a.O., S. 38.

48 Ebd., S. 101–107.

49 Castelot, a.a.O., S. 138; Saint-André, a.a.O., S. 40.

50 Zit. nach: *Briefe der Marquise von Pompadour*, hg. von Henry Perl, Leipzig 1907, S. 51.

51 Zit. nach: Perrot, a.a.O., S. 42 f.

52 Castelot, a.a.O., S. 128.

53 Saint-André, a.a.O., S. 243 ff.

54 Boucher, a.a.O., S. 320.

55 Der einzige mir bekannte Hinweis auf einen Stil à la Pompadour ist der Titel eines Buches *Life à la Pompadour or the Quintessence of the Mode, by a true Dutchman*. Vgl. De Goncourt (1920), a.a.O., Bd. 2, S. 83 ff.

56 Boucher, a.a.O., S. 315; De Goncourt (1920), a.a.O., Bd. 2, S. 98; Aileen Ribeiro, *Dress in Eighteenth-Century Europe, 1715–1789*, London 1984, S. 50, 123.

57 In der Literatur wird oft darauf hingewiesen, daß Madame de Pompadour großen Einfluß auf die Hofmode hatte (Boucher, a.a.O., S. 318; Chaussinand-Nogaret (1990), a.a.O., S. 181; Payne, a.a.O., S. 423; Ribeiro, a.a.O., S. 18, 98). Konkrete Beispiele werden jedoch nicht gegeben, wie im Falle von Madame de Montespan und Mlle de Fontanges. Madame de Pompadour hat sich gewiß modisch gekleidet und möglicherweise andere beeinflußt, aber da es keine Belege für wirklich modische Neuheiten von ihrer Hand gibt, ist man vielleicht allzu selbstverständlich davon ausgegangen, daß sie wie ihre berühmten Vorgängerinnen modische Neuerungen eingeführt hat.

58 Pompadour (1922), a.a.O., S. 12.

59 Castelot, a.a.O., S. 303; Haslip, a.a.O., S. 94.

Epilog

1 Philip Mansel, *The Court of France 1789–1830*, Cambridge 1991, S. 51, 65.

2 Princess Michael of Kent, *Cupid and the King. Five royal Paramours*, London 1991, S. 231–312.

3 Betty Kelen, *The Mistresses. Domestic Scandals of 19th-Century Monarchs*, New York 1966, S. 79–121; Roger L. Williams, *The Mortal Napoleon III*, Princeton, New Jersey 1971, S. 48–74.

4 Zit. nach: Kelen, a.a.O., S. 89.

5 Ebd., S. 89.

6 Mansel (1991), a.a.O., S. 146.

7 1793 Ludwig XVI. und Marie Antoinette werden guillotiniert.
   1804 Napoleon Bonaparte verübt als General einen Staatsstreich.
   1814 Napoleon dankt ab und wird nach Elba verbannt.
   1815 Napoleon kehrt von Elba zurück und wird bei Waterloo endgültig geschlagen.

1830 Juli-Revolution in Paris. Karl X. dankt ab und flüchtet nach England.

1848 Februar-Revolution in Paris. Louis-Philippe dankt ab und flüchtet nach England.

1851 Staatsstreich des Präsidenten Charles Louis (Napoleon III.).

1870 Napoleon III. wird in der Schlacht bei Sedan gefangenge-nommen und nach England deportiert. Die Republik wird ausgerufen.

8 Philip Mansel, *Louis XVIII King of France*, London 1981, S. 184.

9 Die Hofelite setzte sich 1820 aus dem früheren Hofadel (38,5 %), dem Provinzadel (39 %) und Vertretern der Bourgeoisie (22,5 %) zusammen. Die verschiedenen Gruppen standen einander jetzt nicht mehr gegenüber. Man erhielt Zugang zum Hof aufgrund eines militärischen Rangs oder durch dem König erwiesene Dienste, nicht aufgrund der Abstammung. Vgl. Mansel (1991), a.a.O., S. 124, 189.

10 Mansel (1991), a.a.O., S. 95, 131 f., 164, 189.

11 Mansel (1981), a.a.O., S. 391.

12 Mansel (1991), a.a.O., S. 67–73, 191.

13 Erlanger, a.a.O., S. 238.

14 David Cannadine, »The Context, Performance and Meaning of Ritual. The British Monarchy and the ›Invention of Tradition‹, ca. 1820–1977«, in: Eric Hobsbawm and Terence Ranger, *The Invention of Tradition*, S. 101–165, Cambridge 1983, S. 109.

15 H. Montgomery Hyde, *A Tangled Web. Sex scandals in British politics and society*, London 1986, S. 50–57.

16 Theo Aronson, *The King in Love. Edward VII's minnaressen*, Antwerpen 1989, S. 205–291.

17 Ebd., a.a.O., S. 276.

18 J. A. de Jonge, *Hendrik, Prins der Nederlanden Hertog van Mecklenburg-Schwerin*, Amsterdam 1988, S. 102–112.

19 Kelen, a.a.O., S. 49–79; Kent, a.a.O., S. 312–362.

20 Suzanne Garment, *Scandal. The crisis of mistrust in American politics*, New York 1991, S. 169.

21 Garment, a.a.O., S. 15, 91, 169–198.

22 *Newsweek*, 3. Februar 1992, S. 41.

23 Larry Sabato beschreibt dieses Phänomen in *Feeding Frenzy. How attack journalism has transformed American politics*, New York 1991.

24 Mitchell Stephens, *A history of news. From the drum to the satellite*, New York 1988, S. 250–263.

25 *Paris Match*, 10. Nov. 1994, S. 49.

26 Ebd., S. 49.

27 Christopher Wilson, *A Greater Love. Charles and Camilla, the inside story of their twenty-three-year relationship*, London 1995.

28 Ebd., a.a.O., S. 181.

VERZEICHNIS DER ABBILDUNGEN

S. 32 Der Eingang des Versailler Schlosses. Stich von Israèl Silvestre.

S. 33 nach dem Grundriß aus: Pierre Lemoine, Versailles and Trianon. *Guide to the Museum and National Domain of Versailles and Trianon*, Paris 1990, S. 28, 70.

S. 41 Das Prunkschlafgemach Ludwigs XIV. Aus: Manfred Kossok, *Aan het hof van Lodewijk XIV*, Haarlem 1989, Abb. 35.

S. 47 links: Die junge Madame de Pompadour. Gemälde von François Boucher, nicht datiert. Musée du Louvre, Paris.

S. 47 rechts: Die alte Madame de Pompadour. Gemälde von François-Hubert Drouais, 1763/64. National Gallery, London.

S. 49 Das Versailler Appartement von Madame du Barry. Aus: André Castelot, *Madame du Barry*, Paris 1989, S. 123.

S. 57 Die Übergabe von Marie-Thérèse. Stich nach der Tapisserie *Entrevue de Louis XIV, Roi de France, et du futur Beau-Père Philippe IV, Roi d'Espagne* von Charles Le Brun, 1669. Musée de Versailles, Paris.

S. 66 Königin Marie-Thérèse 1660. Gemälde von Charles Beaubrun, 1660. Musée de Versailles, Paris.

S. 67 Ludwig XIV., 1661. Stich von Robert Nanteuil nach einem Gemälde von Pierre Mignard.

S. 71 links: Bourdaloue. Stich von Pierre de Rochefort nach einem Gemälde von Louis Chéron.

S. 71 Mitte: Bossuet. Gemälde von Hyacinthe Rigaud, 1702. Musée du Louvre, Paris.

S. 71 rechts: Madame de Maintenon. Gemälde von Pierre Mignard, 1691. Musée du Louvre, Paris.

BIBLIOGRAPHIE

Zeitgenössische Quellen

Bernis, François Joachim de Pierre de, *François Joachim de Pierre de Bernis. Staatsmann und Weltmann. Erinnerungen und Briefe von Kardinal Bernis*, übers. und hg. von Heinrich Conrad, München/ Leipzig 1917.

Ders., *Mémoires du Cardinal de Bernis*, Paris 1986.

Choiseul, Duc de, *Mémoires du Duc de Choiseul*, Paris 1987.

Courtin, Antoine de, *The rules of civility or, certain ways of deportment observed amongst all persons of quality upon several occasions* (Übers. von: *Nouveau traité de la civilité qui se pratique en France parmi les honnestes gens*, Paris 1671), London 1685.

Croy, Emmanuel Duc de, *Le journal inédit du Duc de Croy* (1718–1784), 4 Bde., Paris 1906–1907.

Elisabeth Charlotte von der Pfalz, *Briefe der Herzogin Elisabeth Charlotte von Orléans*, hg. von Dr. Wilhelm Ludwig Holland, 6 Bde., Stuttgart 1867–1881.

Dies., *Aus den Briefen der Herzogin Elisabeth Charlotte von Orléans an die Kurfürstin Sophie von Hannover. Ein Beitrag zur Kulturgeschichte des 17. und 18. Jahrhunderts*, hg. von Eduard Bodemann, 2 Bde., Hannover 1891.

Dies., *Die Briefe der Liselotte von der Pfalz, Herzogin von Orleans*, Ebenhausen bei München 1935.

Dies., *Briefe der Liselotte von der Pfalz*, hg. und eingeleitet von Helmuth Kiesel, Frankfurt a. M. 1981.

Dies., *Lettres de Madame duchesse d'Orléans née Princesse Palatine*, hg. von Olivier Amiel, Paris 1985.

Hausset, Madame du, *Mémoires de Mme du Hausset: femme de chambre de madame de Pompadour*, Brüssel 1825.

Höweler, H. A., *Een Amsterdammer naar Parijs in 1778. Reisverslag van de koopman Jacob Muhl*, Zutphen 1978.

Mercier, Louis-Sébastien, *Tableau de Paris*, Paris 1908.

Ders., *Mein Bild von Paris. Mit dreiundvierzig Wiedergaben nach zeitgenössischen Kupferstichen*, übers. und hg. von Jean Villain, Frankfurt a. M. 1979.

Pompadour, Jean Antoinette Poisson, Marquise de, *Briefe der Marquise von Pompadour*, hg. von Henry Perl, Leipzig 1907.

Dies., *Die Briefe der Marquise de Pompadour*, übers. und hg. von Max Adler, Dresden 1922.

Dies., *Lettres de madame la marquise de Pompadour*, Troyes 1985.

Saint-Simon, Louis de Rouvroy, Herzog von, *Memoiren*, Gernsbach 1967.

Ders., *Mémoires 1691–1723*, 17 Bde., Paris 1977–1979.

Sévigné, Madame de, *Marquise de Sévigné. Ausgewählte Briefe*, hg. von F. Lotheißen. München 1925.

Dies., *Correspondance I–III*, hg. von Roger Duchêne, Paris 1972–1978.

Dies., *Madame de Sévigné Briefe*, übers. und hg. von Theodora von der Mühll, Frankfurt a. M. 1979.

Spanheim, Ezechiel, *Rélation de la Cour de France*, Paris 1973.

Steinfeld, L., *Ludwig XIV. Memoiren*, Basel und Leipzig 1931.

Visconti, Primi, *Mémoires sur la cour de Louis XIV*, Paris 1908.

Sekundärliteratur

Anderson, Bonnie S. und Judith P. Zinsser, *Eine eigene Geschichte. Frauen in Europa*, 2 Bde., Frankfurt a. M. 1995.

Anthony, Carl Sferrazza, *First Ladies. The saga of the presidents' wives and their power, 1789–1961*, New York 1990.

Aronson, Theo, *The King in Love. Edward VII's minnaressen*, Antwerpen 1989.

Barber, Elinor G., *The Bourgeoisie in 18th Century France*, Princeton, New Jersey 1973.

Barthes, Roland, *Die Sprache der Mode*, übers. von Horst Brühmann, Frankfurt a. M. 1993.

Baschwitz, Kurt, *Hexen und Hexenprozesse*, München 1963.

Bell, Quentin, *On Human Finery*, London 1976.

Bernier, Olivier, *Ludwig XV. Eine Biographie*, Zürich/Köln 1986.

Bloch, Marc, *Les rois thaumaturges. Etude sur le caractère surnaturel attribue à la puissance royale particulièremant en France et en Angleterre*, Paris 1961.

Bluche, F., *Louis XIV.*, Oxford 1990.

Boehn, Max von, *Die Mode. Menschen und Moden im 18. Jahrhundert*, München 1963.

Boucher, François, *20 000 Years of Fashion*, New York 1987.

Bouvier, J., »The Protestant bankers in France«, in: R. Hatton, *Louis XIV and absolutism*, London 1976.

Bumke, Joachim, *Höfische Kultur. Literatur und Gesellschaft im hohen Mittelalter*, München 1986.

Burke, Peter, *Helden, Schurken und Narren. Europäische Volkskultur in der frühen Neuzeit*, Stuttgart 1981.

Ders., *Ludwig XIV. Die Inszenierung des Sonnenkönigs*, Frankfurt a. M. 1995.

Campbell, Peter Robert, *The Ancien Régime in France*, London 1988.

Ders., *Louis XIV, 1661–1715*, London 1993.

Cangioli, Paolo, *Versailles*, Alphen aan de Rijn 1989.

Cannadine, David, »The Context, Performance and Meaning of Ritual. The British Monarchy and the ›Invention of Tradition‹, ca. 1820–1977«, in: Eric Hobsbawm und Terence Ranger, *The Invention of Tradition*, Cambridge 1983, S. 101–165.

Carré, H., *Mlle de la Vallière. De la cour de Louis XIV aux Grandes Carmelites, 1644–1710*, Paris 1938.

Ders., *Mme de Montespan. Grandeur et décadence d'une favorite, 1640–1707*, Paris 1939.

Castelot, André, *Madame du Barry*, Paris 1989.

Castries, René Duc de, *Madame du Barry*, Paris 1986.

Champigneulle, Bernard, *Versailles und Fontainebleau*, übers. von Thurid Pieler, München 1971.

Chaussinand-Nogaret, Guy, *The French Nobility in the Eighteenth Century. From Feudalism to Enlightenment*, Cambridge 1989.

Ders., *La vie quotidienne des femmes du roi. D'Agnès Sorel à Marie Antoinette*, Paris 1990.

Cloulas, Ivan, *La vie quotidienne dans les châteaux de la Loire au temps de la Renaissance*, Paris 1983.

Cobban, Alfred, *A History of modern France (1715–1799)*, Harmondsworth 1976.

Davenport, M., *The Book of Costume*, New York 1976.

Davis, Fred, *Fashion, Culture and Identity*, Chicago 1992.

Decker, Michel de, *Madame de Montespan. La Grande Sultane*, Paris 1985.

Elias, Norbert, *Die höfische Gesellschaft. Untersuchungen zur Soziologie des Königtums und der höfischen Aristokratie*, Berlin 1969.

Ders., *Was ist Soziologie?*, München 1971.

Ders., *Über den Prozeß der Zivilisation. Soziogenetische und psychogenetische Untersuchungen*, Frankfurt a. M. 1977.

Erlanger, Philippe, *The Age of Courts and Kings. Manners and Morals, 1558–1717*, New York 1970.

Flandrin, Jean-Louis, *Familien. Soziologie – Ökonomie – Sexualität*, Frankfurt a. M./Berlin/Wien 1978.

Funck-Brentano, Frantz, *Die Giftmordtragödie nach den Archiven der Bastille*, übers. von Nina Knoblich, München 1905.

Gallet, Danielle, *Madame de Pompadour: ou le pouvoir féminin*, Paris 1985.

Garment, Suzanne, *Scandal. The crisis of mistrust in American politics*, New York 1991.

Gooch, G. P., *Courts and Cabinets*, New York 1946.

Ders., *Louis XV. The monarchy in decline*, London 1956.

Goncourt, Edmond et Jules de, *La duchesse de Châteauroux et ses soeurs*, Paris 1879.

Dies., *Die Frau im 18. Jahrhundert*, München 1920.

Goubert, Pierre, *Ludwig XIV. und zwanzig Millionen Franzosen*, übers. von Eva Rechel-Mertens, Berlin 1973.

Goudsblom, Johan, E. L. Jones, Stephen Mennell, *Human History and Social Process*, Exeter 1989.

Green, Frederick Charles, *The Ancien Regime. A manual of French institutions and social classes*, Edinburgh 1960.

Haldane, Charlotte, *Mme de Maintenon. Uncrowned Queen of France*, New York 1970.

Haslip, Joan, *Madame du Barry, the Wages of Beauty*, London 1991.

Hebdige, Dick, *Schocker. Stile und Moden der Subkultur*, hg. von Diedrich Diedrichsen, Dick Hebdige und Olaph-Dante Marx, Reinbek bei Hamburg 1983.

Hilton, Wendy, *Dance of Court and Theater. The French noble style 1690–1725*, London 1981.

Hufton, Olwen H., *The Poor of Eighteenth Century France 1750–1789*, Oxford 1974.

Hyde, H. Montgomery, *A Tangled Web. Sex scandals in British politics and society*, London 1986.

Isherwood, Robert M., *Music in the Service of the King. France in the seventeenth century*, Ithaca, N.Y. 1973.

Jacobs, Eva (Hg.), *Woman and Society in 18th Century France. Essays in honour of John Stephenson Spink*, London 1979.

Kagan, Donald, Steven Ozment, Frank M. Turner, *The Western Heritage*, New York 1991.

Kaiser, Susan B., *The Social Psychology of Clothing and Personal Adornment*, New York 1985.

Kelen, Betty, *The Mistresses. Domestic Scandals of 19th-Century Monarchs*, New York 1966.

Kent, Prince Michael of, *Cupid and the King. Five royal Paramours*, London 1991.

Kettering, S., *Patrons, Brokers and Clients in Seventeenth Century France*, New York 1986.

Knecht, R. J., *Francis I.*, Cambridge 1982.

König, René, *Macht und Reiz der Mode. Verständnisvolle Betrachtungen eines Soziologen*, Düsseldorf/Wien 1971.

Lacroix, Paul, *XVIIIme Siècle. France, 1700–1789. Institutions, Usages et Costumes*, Paris 1875.

Ders., *XVIIme Siècle. Institutions, Usages et Costumes*, Paris 1880.

Laver, James, *Costume and fashion. A concise history*, London 1995.

Lawner, Lyne, *Lives of the Courtesans. Portraits of the Renaissance*, New York 1987.

Lemoine, Pierre, *Versailles and Trianon. Guide to the Museum and national Domain of Versailles and Trianon*, Paris 1990.

Levron, Jacques, *Secrète Madame de Pompadour*, Paris 1961.

Ders., *Ludwig XV. Der Vielgeliebte*, Stuttgart 1967.

Ders., »Louis XIV's Courtiers«, in: R. Hatton (Hg.), *Louis XIV and Absolutism*, London 1976, S. 130–154.

Ders., *La vie quotidienne à la cour de Versailles au XVIIe et XVIIIe siècles*, Paris 1990.

Lewis, W. H., *The Splendid Century. Life in the France of Louis XIV*, New York 1957.

Lougee, Carolyn C., *Le Paradis des Femmes. Women, salons and social stratification in seventeenth century France*, Princeton, New Jersey 1976.

Lurie, Alison, *The Language of Clothes*, London 1981.

Mansel, Philip, *Louis XVIII King of France*, London 1981.

Ders., *The Court of France 1789–1830*, Cambridge 1991.

Marly, Diana de, *Louis XIV and Versailles*, New York 1987.

Marwick, Arthur, *Beauty in History. Society, politics and personal appearance ca. 1500 to the present*, London 1988.

Mennell, Stephen, *Norbert Elias. An Introduction*, Oxford 1992.

Merrick, Jeffrey W., *The Desacrilization of the French Monarchy in the Eighteenth Century*, Baton Rouge 1990.

Mettam, R., *Power and Faction in Louis XIV's France*, Oxford 1988.

Minois, George, *Le confesseur du Roi*, Paris 1988.

Mitford, Nancy, *Madame de Pompadour. Eine Biographie*, übers. von Theresia Mutzenbecher und W. Cordes, Hamburg 1954.

Moine, Marie-Christine, *Les fêtes à la cour du roi soleil, 1653–1715*, Paris 1984.

Mossiker, Frances, *Madame de Sévigné. A life and letters*, New York 1983.

Nicolle, Jean, *Madame de Pompadour et la societé de son temps*, Paris 1980.

Nolhac, Pierre de, *Ludwig XV. und Maria Leszczynska*, übers. von Th. Müller-Fürer, Berlin/Leipzig 1906.

Ders., *Versailles résidence de Louis XIV – Versailles et la cour de France*, Paris 1925.

Ders., *Versailles au XVIIIe siècle – Versailles et la cour de France*, Paris 1926.

O'Hanlon, Michael, *Reading the Skin. Adornment Display and Society Among the Wahgi*, London 1989.

Parker, David, *The Making of French Absolutism*, London 1983.

Payne, Blanche, *History of Costume. From the Ancient Egyptians to the Twentieth Century*, New York 1965.

Perrot, Philippe, *Le travail des apparences: ou les transformations du corps feminin XVIIIe–XIXe siècle*, Paris 1984.

Petitfils, Jean Christian, *Mme de Montespan*, Paris 1988.

Ders., *Louise de la Vallière*, Paris 1990.

Placella Somella, Paola, *La mode au XVIIIe siècle d'après la »Correspondance« de Madame de Sévigné*, Paris 1985.

Proyart, Lievin Bonaventure, *Vie de la reine de France, Marie Lecksinska, princesse de Pologne, par m. l'abbé Proyart*, Paris 1826.

Ranum, Orest und Patricia, *The Century of Louis XIV*, New York 1972.

Ribeiro, Aileen, *Dress in Eighteenth-Century Europe, 1715–1789*, London 1984.

Ruppert, Jacques, *Le costume époques Louis XIV et Louis XV*, Paris 1990.

Sabato, Larry, *Feeding Frenzy. How attack journalism has transformed American politics*, New York 1991.

Saint-André, Claude, *Mme du Barry: d'après les documents authentiques*, Paris 1909.

Schalk, Ellery, *From Valor to Pedigree. Ideas of nobility in France in the sixteenth and seventeenth centuries*, Princeton, New Jersey 1986.

Schwesig, Bernd-Rüdiger, *Ludwig XIV. mit Selbstzeugnissen und Bilddokumenten*, Reinbek bei Hamburg 1993.

Seagrave, Kerry, *Politicians' Passions. The love affairs of the world's most powerful men*, New York 1992.

Sennett, Richard, *Verfall und Ende des öffentlichen Lebens. Die Tyrannei der Intimität*, übers. von Reinhard Kaiser, Frankfurt a. M. 1986.

Seward, Desmond, *The Bourbon Kings of France*, London 1976.

Stephens, Mitchell, A history of news. From the drum to the satellite, New York 1988.

Terasse, Charles, François Ier, le roi et le règne, Paris 1970.

Truchet, Jacques, Politique de Bossuet, Paris 1966.

Tuan, Yi-Fu, Space and Place. The perspective of experience, London 1977.

Veblen, Thorstein, Theorie der feinen Leute. Eine ökonomische Untersuchung der Institutionen, übers. von Suzanne Heintz und Peter von Haselberg, Frankfurt a. M. 1986.

Vidal, Mary, Watteau's Painted Conversations. Art, literature and talk in seventeenth and eighteenth century France, New Haven 1992.

Walton, Guy, Louis XIV's Versailles, New York 1986.

Williams, Roger L., The Mortal Napoleon III., Princeton, New Jersey 1971.

Wilson, Christopher, A Greater Love. Charles and Camilla, the inside story of their twenty-three-year relationship, London 1995.

Wilson, Elisabeth, Adorned in Dreams. Fashion and Modernity, London 1987.

Ziegler, Gilette, Der Hof Ludwigs XIV. in Augenzeugenberichten, übers. von Elisabeth Hort, Düsseldorf 1964.